欧阳国忠◎著

焦点

对话中国著名电视制片人

南方日报出版社
NAN FANG DAILY PRESS

图书在版编目（CIP）数据

焦点：对话中国著名电视制片人 / 欧阳国忠著. —广州：南方日报出版社，2006

ISBN 7-80652-372-3

Ⅰ.焦…　Ⅱ.欧…　Ⅲ.电视节目—制作—文艺工作者—访问记—中国　Ⅳ.K825.78

中国版本图书馆 CIP 数据核字（2006）第 001389 号

焦点：对话中国著名电视制片人　　欧阳国忠 著

出版发行：南方日报出版社

地　　址：广州市广州大道中 289 号

电　　话：（020）87373998-8502

经　　销：全国新华书店

印　　刷：湛江日报社印刷厂

开　　本：787mm×1092mm　1/16

印　　张：21.5

字　　数：350 千字

印　　数：1-8600 册

版　　次：2006 年 4 月第 1 版第 1 次印刷

定　　价：36.00 元

投稿热线：（020）87373998-8503　**读者热线**：（020）87373998-8502

网址：http://www.nanfangdaily.com.cn/press　http://www.southcn.com/ebook

目录

目录 MULU

目录 MULU

目录 MULU

目录 MULU

序言

奔跑的思考者

中央电视台研究室主任　王甫

想法与现实的距离有多远？有的是永远，有的则很快就能抵达，不同的人会有不同的答案。能成事与不能成事的人差别只有一点，前者是在做事情的同时也在不停地思考，后者则是只空想很少去做或只做很少去想。

欧阳国忠有个非常明显的特点，就是走起路来像急行军，干起活来也是风风火火，雷厉风行，说干就干。今天他说打算要做一件事，隔不多久你可能就会惊奇地发现，他已把设想变成了现实。

我所熟悉的欧阳先生信奉一句话："奔跑的姿态离理想最近。"他本人就是个奔跑者，在传媒领域不断开拓进取，甚至在某些方面已成为领跑者。在国内欧阳国忠是较早启动栏目活动化的电视人之一，先后策划和操作了几十个有影响力的媒体大型活动；2004 年他又投身列车电视产业运营实践，将这一新兴传媒做得有声有色。欧阳国忠还是个勤奋的思考者，不断奔跑的姿态并没有妨碍他对传媒业的理论思考和探索，反而使他的思维触角能够更好地与传媒实践相结合，深入、前瞻而又契合实际。在繁忙的日常事务之余，他会把自己一路征程中体悟到的思想凝练成文字与大家一起分享，同时也作为自己上一阶段传媒实践与思考的结晶，然后轻装上阵，开始下一段征程。

在先后出版了《中国电视前沿调查》、《中国传媒大转析》、《媒体活动实战报告》等传媒专著之后，他的新著《焦点——对话中国著名电视制片人》又要与读者见面了。欧阳先生曾先后担任湖南电视台《流动记者站》制片人、湖南卫视《新青年》及《千年论坛》执行制片人，创办湖南电视台《科技环线》并任总制片人等，后来又在中央电视台研究室主持过电视节目创新方面的研究课题，在电视栏目管理与节目创新方面经验颇丰。他的新著《焦点——对话中国著名电视制片人》对包括中央电视台多个栏目在内的近二十档各种类型名牌栏目的制片人进行了深入的调查式访谈，挖掘和探析了这些名牌栏目之所以成为名牌的背后故事和成功要素。

绝大部分电视节目通常以栏目的形态出现，电视频道的竞争归根结底是频道中一个个电视栏目的竞争，强势频道的背后其实是一个个名牌栏目在支撑。经过四十多年的发展特别是 20 世纪 90 年代以来，中国电视传媒业加速奔跑，电视频道和栏目的数量呈几何级数增长，中国已经成为全球的电视大国。目前中央电视台仅栏目化生存的节目就超过四百多档，各个省市级电视台也有几十档甚至上百档节目。如此之多的节目资源，表面上看观众可收看的节目很多，实际上各个频道的节目大同小异，千人一面，观众可选择的余地很小，品牌节目屈指可数，更不用说全国瞩目的名牌节目了。在这样一种背景之下，名牌栏目对于其他成千上万的中国电视栏目来说，就具有非同一般的借鉴意义。

总体来讲，中国电视栏目大多数还存在于电视台传统体制内，生存能力还较差，市场意识、受众意识、品牌意识还较弱，还很难适应即将到来的电视节目市场化竞争。严峻的外部环境形势也使我们不得不居安思危。目前，在中国内地落地的境外媒体和频道已经超过 30 个，它们都是国际知名的传媒集团，如新闻集团、时代华纳和迪斯尼等。它们的电视节目有强大的资金支持、良好的市场营销和品牌推广体系，已经形成较为成熟的产业经营模式。它们的目标很明确，就是图谋占领中国电视市场。值得庆幸的是，在这种与国际传媒集团同台竞技的赛跑场上，中国电视传媒已经觉醒并奋起直追。2005 年初，国家广电总局接连发布了《关于促进广播影视产业发展的意见》、《关于推进广播电视有线数字付费频道运营产业化的意见》，其中特别提到要深化体制机制改革，培育发展市场主体，同时要积极走出去参与国际竞争，做大、做强一批有影响、有实力的广播电视品牌。2005 年，中央电视台在原有“节目精品化、栏目个性化、频道专业化”战略的基础上，又提出了频道品牌化战略。频道品牌化一个很重要的组成部分就是打造一批有影响力的品牌栏目。各省市电视媒体也都纷纷启动了品牌化战略。

电视栏目的灵魂人物是制片人，电视媒体从很大程度上说是制片人媒体。就中国电视界来说，制片人实际上是一个舶来品，由《东方时空》最早在国内电视界引用。但到现在为止，我们并没有真正的制片人，我们的制片人大多数只是电视节目产品的生产者和管理者，还没有成为电视节目市场营销和品牌推广的主体。一个栏目发展的好坏，与栏目制片人的眼光、思路、魄力等因素有很大的关系，优秀的节目往往会打上栏目制片人的个人风格印记。从节目的风格和定位，到节目的标准化生产，从节目各生产要素之间的均衡调配，到节目资源的有效开发以及节目经费的有效控制，从团队建设、充分发挥创作人员积极性，到栏目的品牌推广和对外市场开拓……都需要制片人来统一协调和管理。在名牌栏目的背后，往往是栏目制片人以及他带领的团队付出了很多汗水和智慧。正是一大批优秀电视栏目制片人的努力，制造了名牌电视栏目，他们是中国电视节目快速发展的推动者和领跑者。《焦点——对话中国著名电视制片人》通过与名牌栏目制片人对话栏目管理与节目创新这个视角来探讨名牌栏目的成功要素，可以说是找到了一个很好的观察角度，必将给业界及其从业人员带来现实的指导意义。

中国电视节目市场正面临历史上最好的黄金机遇期，中国电视媒体同行应抓住这次机遇，不断学习国内外优秀电视节目的先进经验，以打造出一大批具有原创特色和强大影响力的名牌电视栏目。《焦点——对话中国著名电视制片人》的出版，我想必将为中国名牌电视栏目建设增砖添瓦，贡献一份力量。

第 1 章

绪 论

——电视栏目管理的困惑与出路探析

在电视频道数量激增、受众注意力成为稀缺资源的情形下，同等覆盖面的电视频道之争实际上就成了内容之争。换言之，当技术瓶颈突破之后，迎来的必定是内容为王的时代。中央电视台总编室每五年进行一次的全国电视观众抽样调查结果显示：从 1997 年到 2002 年，全国的电视观众数量从 10.94 亿增长到 11.15 亿，五年时间仅增加了 2000 万人，观众数量增长接近极限。与此同时，随着各地地面频道扩增、省台上星以及有线电视网的快速发展，普通观众家中能够接收到的频道数量成倍增长。观众市场容量饱和、频道数量激增，标志着电视市场进入“零和博弈”竞争阶段，电视媒体的品牌战和淘汰赛已经打响。

而电视栏目管理水平的高低，则直接决定了节目质量的好坏。综观中国成千上万个电视栏目，普遍存在着管理上的瓶颈制约。

面临的困惑

1. 栏目形式趋同，节目创新乏力

目前中央电视台仅栏目化生存的电视节目就有数百档，各个省市级电视台也有几十档甚至上百档栏目。如此之多的节目资源，表面上看很热闹，观众可看的栏目很多，实际上

各个频道的栏目大同小异，千人一面，高度雷同，观众可选择的余地很小，品牌栏目屈指可数，更不用说全国瞩目的名牌栏目了。

在竞争日趋激烈的媒体生态环境中，差异化是电视栏目生存与发展的必然之路。电视栏目只有在节目管理与创新上，花大力气培育出自己的不可替代性资源，才能走出低水平重复的怪圈。

2. 节目制作高能耗、低产出

目前国内绝大多数电视节目的生产还处于自给自足的“小农经济”阶段，许多品牌栏目的节目和耗资较大的纪录片，基本上也是播出一次就束之高阁，节目应有的传播价值没有得到充分挖掘和发挥。笔者曾担任过湖南卫视《新青年》及《千年论坛》栏目执行制片人，当时节目热播，许多地方打电话来要光盘，上海电台等不少媒体要音频版权，但是因为台里对栏目没有市场拓展方面的要求，我们也怕沾上钱的是非，心想多一事不如少一事，把节目做好就行了，结果这些找上门来的节目价值拓展全都不了了之。这种“生产本位”也代表了国内大多数节目生产者的心态。

3. 栏目生存能力差

短命，已成为中国电视栏目不争的事实，各种没影响或有影响的栏目就像走马灯似的从受众眼前晃过。对国内大多数电视台和电视栏目来说，就连买一部电话、一支笔都会登上内部资产管理的名录，而对大量无形资产的管理与开发却都还是个空白。

原因透视

1. 节目创新机制缺失

世界流行的几类电视节目形态如真人秀、益智类节目等，都原创于欧洲的电视节目研发机构，开发与销售节目样式已在全球范围内形成了一个巨大的产业。国内也有不少电视台或影视集团设立了节目研发部或策划部，但是研发部门与频道之间没有形成一个通畅的内部市场机制。如果研发队伍建设、为谁研发即谁为研发买单、如何评价和体现研发部门与人员的价值这些基础性的问题不解决，研发部门就会不可避免地落入形同虚设的尴尬局面。

节目研发是个系统工程，它贯穿于电视节目生产的全过程，牵涉到方方面面的因素，应该上升到科学、系统、全局的层面，同时还需要强大的受众反馈数据支持，光凭每个栏目即兴、零散、个体的行为很难完成科学的自我更新。而现实中许多栏目却把充满感性色彩和随意性的改版简单等同于节目创新，有的甚至将频繁的改版当成了电视频道和栏目图生存谋发展的灵丹妙药和救命稻草。很多栏目连基本标识都变了，主持人、栏目名称和栏目形态更是变换不停，“半年一小改，一年一大改”，看到某个节目火了，自己就立刻模仿，立志成为某某第二，从不全面考虑自身条件是否成熟，节目内容是否合适。此所谓“该改的不改，不该改的却大改”。如此改版往往是把旧的风格改掉了，新的品牌却并没有创出来，最终失去了自己的核心竞争力和观众群，结果自然得不偿失。

现实中许多栏目却把充满感性色彩和随意性的改版简单等同于节目创新，有的甚至将频繁的改版当成了电视频道和栏目图生存谋发展的灵丹妙药和救命稻草。

节目创新至少应包括以下这些行为要素：前期进行深入缜密的市场调研，摸清观众的真实收视需求，以市场为导向，而不是以节目主创人员个人审美取向为标准；联合外脑分析节目的定位、风格等核心竞争力，以及改版的可行性、必要性，以便在策划时扬长避短、去粗取精；节目改版不只是节目本身的优化，还应包括节目结构、节目制作人员、节目制作机制等的优化，没有这些相关优化行为，节目改版只能是昙花一现；节目改版不只是形式上的一时更新，更重要的是，在节目定位精准的前提下，节目内容常变常新。美国著名品牌栏目《60 分钟》有三十多年历史，栏目内容发生了很大的变化，但形式和风格一直保持至今，而且享有高知名度和强大影响力的主持人也一直主持至今，这是栏目得以获得辉煌成就的重要因素。

2. 科学评价体系缺失

很多频道改版和栏目改版都是在收视率重压下进行的，很多优秀节目也因为收视率排位不靠前而在频道改版中被拿下。“向收视率看齐”、“收视率面前人人平等”，看似一视同仁，其实最不公平。节目的贡献率应该是个综合指标，就像一个家庭的孩子有读博士的、有经商的、有从政的，人们不能光凭挣钱的能力来评价他们，因为他们各有各的价值体现方式。近段时间以来电视界已经认识到了收视率单一标准的局限性，纷纷讨论以影响力评价体系来代替现有的收视率评价标准。中央电视台栏目主持人崔永元最近也在一次座谈会上提出“收视率是万恶之源”。

节目类型不同，价值体现不同，其收益的模式也会有所不同。收视率只是促进或制约一个栏目发展的外在表现，其实质还是对频道的贡献有多大。如果一个节目能给电视台带来很大的赢利，或者说能够提升频道在观众心中的品质和品位，即使收视率不是特别好，也应该受到重视。湖南卫视《背后的故事》栏目收视率肯定不能与其他娱乐节目相比，但因其厚重的文化品质提升了湖南卫视的品位，赢得了芙蓉王实业一年900万元的冠名赞助。

3. 栏目管理链条缺失

按规律来讲，一个栏目应该包括“调研——策划——制作——播出——品牌推广——后续开发”才算一个完整的产业循环链条，从“调研”到“播出”是体内循环，“品牌推广”与“后续开发”是体外循环。但国内许多电视栏目只重视体内循环，而忽视了体外循环，电视台领导认为栏目只需专心做好节目就行了，节目推广、版权管理有总编室，经营方面有广告部。其实这两个部门因为对栏目的了解不深，再加上人力也有限，真正能在品牌推广和后续开发方面为栏目所做的工作极为有限。栏目制片人成了关起门来搞生产的“伪制片人”。与市场反馈的严重脱节，造成中国电视界奇缺既精通制作业务又懂经营管理的人才。管理链条的缺失最终造成了国内电视栏目的“孤岛”现象。

以上种种再加上人事变动、领导喜好以及频道整体定位调整等人为因素的干扰，综合矛盾外化使这些栏目形成稍有风吹草动就面临死亡的境地。如湖南卫视强化娱乐风格定位后，《新青年》、《千年论坛》、《今日谈》、《湘女出行》、《象形城市》、《封面》等一批所谓与频道定位不相符的品牌栏目也就纷纷从荧屏上彻底消失。中央电视台西部频道改为社会与法频道后，《天地人》、《新闻夜话》、《魅力12》、《天天快乐》等一批经过精心培育并已形成一定品牌价值的栏目也即刻销声匿迹了。如果这些栏目不是“孤岛”的话，也不至于因为一个频道的改版就带来自己生命周期的终结。

4. 制片人角色错位

国外电视业中第一个使用“制片人”概念的是美国CBS《60分钟》的制片人唐·休伊特，至今这一概念已被广泛使用几十年。国内电视栏目引进“制片人”概念则是从《东方时空》开始的，并且一开始就赋予了制片人对人、财、物等节目管理的权力。目前，制片人制度已经在国内遍地开花，大到中央电视台，小到县级电视台，各个栏目的制片人成为电视节目生产的实际控制者，所以说电视媒体从很大程度上说是制片人媒体。

制片人制度在国内的推广很大程度上促进了电视节目生产的科学化、规范化。但在中国长期“学而优则仕”的官本位意识熏陶下，“橘生淮南则为橘，生于淮北则为枳”，国内不少电视台的制片人职位异化为一种待遇、一种官位，无论什么工种，无论多么优秀的编导、记者、主持人，只有做上了制片人，才算是功成名就。旅游卫视执行总裁郭滢就是对国内普遍实行的制片人制度的质疑者之一，在执掌旅游卫视不久就打出“全国首家不设制片人的电视台”的旗号，节目管理角色由出色编导兼任的主编来完成。

旅游卫视的做法也许有些极端，但至少反映出国内制片人制度的某些弊端。实际上，制片人应该成为电视节目（栏目）的灵魂人物，节目系统的各项工作都需要制片人来调控和把关：从节目的风格和定位，到节目的标准化生产；从节目各生产要素之间的均衡调配，到节目资源的有效开发以及节目经费的有效控制；从团队建设、充分发挥创作人员积极性，到栏目的品牌推广和对外市场开拓……一个栏目发展的好坏，与栏目制片人的眼光、思路、魄力等因素有很大的关系，优秀的节目往往会打上栏目制片人的个人风格印记。在目前国内大多数电视台制片人还处于行政任命阶段的情况下，如何使优秀制片人脱颖而出，如何建立科学的制片人评价体系，如何使制片人更加职业化不只是一种待遇，更是我们必然要思考和面对的问题。

出路探析

1. 品牌推广：好栏目也要勤吆喝

在系统理论中，系统具有开放性特性：系统只有不断地与外界环境进行物质、能量、信息交换，才能向上发展，这也是系统得以稳定存在的重要条件。电视栏目不是孤立存在的，它不仅存在于一个频道系统中，还存在于更大的传媒生态圈中。一个栏目的资源往往是有限的，如果能够借助其他节目或媒体平台对自身节目进行品牌推广，无疑会扩大栏目的影响力和竞争力。特别是在目前国内节目量倍增、栏目严重同质化的今天，在本身节目状态稳定的前提下，品牌推广不失为让自己脱颖而出的捷径之一。电视栏目除了可以利用本节目、本频道进行自我宣传之外，还可以主动出击，广泛地与其他平面媒体、网络媒体进行良好互动，从而实现自身传播效果的最大化。

CCTV-7《乡约》栏目是一档立足于宣传具有“三农”背景新闻人物的访谈节目，在品牌推广方面进行了诸多尝试。尽管目前 CCTV-7 在收视方面不是很理想，但身处其中的《乡约》栏目并没有因此画地为牢，而是积极主动出击，除了练好内功、努力提高节目质量和收视率之外，还与其他媒体展开广泛的“合纵连横”：在新浪网、人民网、搜狐网、网易网等知名门户网站开辟栏目专栏；在《神州》杂志上连载节目内容，将自身影响力拓展到平面媒体；与空港联合传媒、列车电视广源传媒等新兴媒体合作，在央视电视节目中率先在全国 15 家国际机场和全国列车电视上实现播出，让自己的节目覆盖到航空和铁路旅客等高端人群。栏目还充分利用央视国际网站的强大影响力，在栏目网站的建设上下足了功夫。有为才有位，《乡约》栏目通过自身的拓展使节目形成立体化传播网络，不仅大大拓宽了栏目的生存空间，还让节目的影响力辐射到各种人群，从而使《乡约》的声音最大限度地得到了传播。

纵观国内电视栏目，相当多的栏目还固守着“策划——制作——播出”的单一生产模式，眼睛里只盯着节目收视率这个硬指标，没有意识到节目品牌推广的重要性，甚至连自己栏目的网站建设也不怎么当回事，在网上难觅芳踪，更不用说在其他媒体的品牌拓展活动了，白白浪费了大好的资源。事实上，功夫在诗外，品牌推广对节目收视率的提升也不无裨益。

电视栏目不是孤立存在的，它不仅存在于一个频道系统中，还存在于更大的传媒生态圈中。一个栏目的资源往往是有限的，如果能够借助其他节目或媒体平台对自身节目进行品牌推广，无疑会扩大栏目的影响力和竞争力。

另外，频道还可以整合下属栏目统一策划和行动，形成强大传播合力，使各个原本处于“孤岛”境地的栏目不再“孤独”。全新改版和定位后的中央电视台经济频道在这方面做了很好的尝试，2005年上半年举办的“我喜爱的中国品牌”评选活动就整合了全频道的力量：《经济信息联播》诉说“品牌故事”，《中国财经报道》透视品牌现象，《经济半小时》开始“寻找”走向海外的中国品牌，《对话》开辟“品牌谈”等。其中各个栏目自身更是系列策划不断，如《经济半小时》畅谈中国经验，《中国财经报道》揭秘中国MBA等。

2. 市场开拓：突破栏目生存困境

国内许多电视栏目除了要忍受收视率的“大棒”之外，还要面对广告市场日益激烈的市场竞争，承受栏目经营的压力。在这种状况下，不少栏目甚至不惜降低节目的品质和品位，靠给企业做软性宣传来养活自己。这种行为无异于饮鸩止渴，将使栏目陷身于一种恶性循环：节目关注度低，影响力有限，吸引不了品牌广告，只有靠软性宣传来经营节目，结果是进一步降低了节目的收视率和影响力。很多电视节目出现这种恶性循环，很大程度上根源于“策划——制作——播出”的单一节目生产模式。要跳出单一节目生产模式，就要利用好栏目自身的资源和平台，积极开展对栏目以外市场的开拓。

而一些市场化运作较好的栏目都不会放过节目多层次、多角度开发的机会。凤凰卫视的一些品牌栏目就是其中的佼佼者，很多节目都进行了图书发行、音像出版等相关衍生产品的开发。除此之外，凤凰卫视还通过创办《凤凰周刊》，对诸多频道的节目资源进行整合再利用。此外，光线传媒也通过经营《明星 STAR》娱乐周刊实现了自身娱乐资源的平面传播。这些相关衍生产品的开发无疑使节目的品牌得以延伸，进一步扩大了节目的影响力。

节目活动化，活动节目化，以活动成就品牌，已经成为现代传媒出奇制胜、吸引受众眼球的法宝之一。各种人物评选、高峰论坛、颁奖晚会、文化考察活动、事件直播等重大活动，往往会成为观众关注的焦点和热点，不仅能有力提升节目收视率，打造节目影响力，而且能为企业界提供巨大的广告商机。利用节目自身资源和平台来开展各种大型活动，不失为电视节目进行市场拓展的途径之一。前面提到的 CCTV-7《乡约》栏目就先后运作过“华夏医魂——中国十大医院院长评选”、“盛世乡约——中国时代新闻人物评选暨颁奖晚会”等大型活动，在取得良好经济效益的同时，也极大提升了栏目的影响力和关注度。

一个大型活动的出笼，一般都要经过长时间的市场调研、考察论证和精心策划，随之推出的节目往往和一般的节目样式有所不同，会给观众一种“耳目一新”的感受；另外，大型活动一般历时较长，波及面广，参与性强，活动的举办媒体往往会进行大量跟踪报道甚至现场直播，其他媒体也会跟风炒作，从而使观众保持着比一般节目高得多的收视热潮和收视期待。凤凰卫视深谙此道，通过一系列大型活动来吸引大众眼球提升品牌，已经成为凤凰卫视的惯用手法。“大事发生时看凤凰”，这句话成为中国公众对凤凰卫视品牌的最高褒奖。而中央电视台凭着自己的实力，更是不惜大投入，每年都运作几十个各具特色的大型活动，这些大手笔在取得丰厚广告回报的同时，无疑也进一步稳固了中央电视台在人们心目中的权威地位。湖南卫视全力打造

《超级女声》，不仅仅是节目的成功，最主要的还是通过这样一个影响全国的活动，继续扩大及提升湖南卫视的品牌号召力与影响力。

3. 机制创新：激发运作活力

湖南广电集团在“超级女声”项目运作中启用了一种全新的品牌合作与管理模式，一改传统的省级卫星频道无偿操作和播出地面频道节目的做法，对“超级女声”节目及品牌资源进行市场化运作。“超级女声”的品牌持有人是天娱传媒，天娱传媒和湖南卫视之间是品牌授权的关系，湖南卫视只是“超级女声”的播出平台和节目运营者。同时，湖南卫视要获得“超级女声”节目的经营权，还需要提供一定的频道资源与天娱传媒进行一系列权益置换。另外，湖南卫视还付出了数百万元资金，用于娱乐频道的相关节目制作费用。这种产权清晰的品牌授权有效激活了各自的活力，使得一个速生的品牌在很短时间就形成了强大的品牌张力，达到节目制作、收视、开发、经营良性循环的多赢共生的局面。

4. 管理升级：提高运营效率和效益

就电视素材的收集、管理和开发而言，国内电视台在这方面的资源浪费就非常之大。电视媒体不是一般的组织，它的资源不光是财力和人力，还有对电视媒体来说最重要的资源——信息，在反对信息资源的垄断和浪费过程中实现效益和效率。我们可能曾在工作中碰到过这样的事情：因为负责某项工作的人走了，与这项工作有关的资料就无处可寻了，后继者只能从零开始。香港无线电视台针对这种情况采取了相应的措施：新闻部的记者并不拥有自己的素材带、编辑带，一切都是公用的。素材带由摄像领取，拍完后，写上拍摄主题、时间和摄像的名字，放在编辑室门口的架子上，记者无权独占这一资料。另外，向通讯社购买的卫星传送图像资料也应及时放在架子上，不属于制作这一题材新闻的记者独有。当天的新闻制作完毕后，资料带被送到新闻部资料室，资料编辑要将所有的内容进行筛选，并进行相应的整理、拷贝、留存，然后将这些资料带再消磁，投入新一轮的运转。另外，香港无线电视台新闻部对记者有明确要求：必须把采访过的人的联系电话和地址及时通过内联网“联络”专栏分类输入。这样，一张庞大的信息网络就向每一位记者展开，有效避免了记者的信息垄断和重复劳动，从而形成了资源的整合和最大优化。

只有当管理者的管理水平得到整体提升之后，电视栏目才可能得到良性的和可持续性的发展，国内电视节目的繁荣才可能真正到来！

第2章

《超级女声》:品牌战略创造收视神话

——在"2005中国大型活动制造暨传媒影响力营销论坛"的演讲

作为2005年中国最火的电视栏目,《超级女声》不仅仅是一档大众娱乐节目和大型选秀活动,更大程度上是多方力量打造的一个新锐娱乐产品。

《超级女声》的诞生是因为其"适销对路",其火爆则源于良好的产品创新、营销创新和资源整合能力,而其能够持久不衰则得益于富有远见的品牌战略。湖南卫视在《超级女声》上全力以赴,显示出一种营销战略的全局观。湖南卫视要的不仅仅是《超级女声》的成功,最主要的还是通过这样一个影响全国的活动,继续扩大及提升湖南卫视的品牌号召力与影响力。

《超级女声》节目创新之道

1. 节目创新:成就收视神话

根据央视索福瑞提供的31城市调查数据,《超级女声》广州淘汰赛收视份额最高时曾突破10%,居同时段播出节目收视份额第一。《超级女声》在湖南卫视播出时,同时段收视率仅次于CCTV-1,排名全国第二。

"超级女声"2005年度决赛的广告被预订一空,15秒广告费以11.25万元的高姿态超过央视《新闻联播》后11万元的"标王价"。通过《超级女声》节目,湖南卫视突破了省级卫星频道比央视低的广告心理价位。

2. 市场趋势：平民造星时代降临

20世纪80年代末到90年代初，盛行以《综艺大观》为代表的综艺节目，明星高高在上，大众的明星崇拜流行。

1995年开始，娱乐节目进入游戏类节目本体的时代，以《快乐大本营》和《超级大赢家》等为代表，特征是明星娱乐大众。

世纪之交，益智博彩类节目占主流，以《幸运52》、《开心辞典》为代表，节目注重与观众的互动参与性。

2004年开始，“平民造星运动”如火如荼地展开，以《超级女声》、《梦想中国》为代表，娱乐节目进入大众自娱自乐的时代。

3. 产品定位：差异化竞争

《超级女声》不是靠明星取悦大众，而是打出“大众取悦大众”的创意王牌。它本质上不是一个专业级别比赛，而是一个全民参与的大众娱乐活动，这迥异于强调艺术性及专业性的央视青年电视歌手大奖赛。

“大众化”是《超级女声》品牌辞典里最核心的关键词，不分唱法、不论外形、不问地域、参与性超强的无门槛“海选”造就了国内规模最大的平民造星运动。放下架子的“超级”品牌有能力覆盖社会中各个年龄层的观众，成为一个“合家欢”式的大众参与品牌，进而对以家庭为单位的群体产生影响。

4. 产品设计：赛制决定影响力

海选阶段——在2004年无门槛海选基础上，引入“想唱就唱”、“想说就说”环节。

在比赛现场增加观众评议团，自愿报名并通过制作单位选拔的观众可来到比赛现场，代表大众对选手评委的表现发表观点，想说就说。

淘汰晋级阶段——在50进20、20进10、10进7、7进5、5进3淘汰赛中，引入“家庭舞台”概念。

提升“亲友团”在节目中的比重，选手家庭（父母或亲友）将首次作为比赛内容之一进入现场，主持人、评委、家庭三方和选手进行互动，在保证比赛激烈程度的前提下，提升比赛的人文关怀和亲和力，为“超级女声”的背后故事营造讲述空间。

总决赛阶段——引入“城市女声”和“女声夏令营”概念。

2005年活动将在内地五大城市举行，突出五大城市各自特色以及五大城市之间的联动成为节目新的亮点。

在总决赛阶段，除评选“最佳城市女声”之外，女声唱歌还要升级到接受“女声夏令营”的特训考验，五个赛区的前三名将集中在长沙接受7天专业培训，每天淘汰一人。同时“亲友团”、“FANS团”都将全力助阵。

观众互动环节——更让普通电视观众成为选手的评委，真正实现了全民参与的主旨。

观众不仅可以在电视机前“过把瘾”，还可以通过上网、手机短信、热线电话等为自己喜欢的选手投票。而且进入淘汰赛后，观众的喜好越过评委打分，成为主宰选手命运的最重要因素。

“超级女声”并不仅仅是一个活动，而是一个品牌。这个品牌在电视媒介上体现出来的是电视节目，在唱片业中体现出来的是一张唱片，在演艺事业方面体现出来的是许多艺人。

《超级女声》活动营销之道

1. 产品创新：品牌制胜

传统的电视品牌架构中，各种类型的内容创新和商业推广，最终目的无外乎是提高收视率，并据此增加广告收益。而在“超级女声”的品牌布局中，广告的地位却得到了颠覆性削弱。

《超级女声》并不仅仅是一个活动，而是一个品牌。这个品牌在电视媒介上体现出来的是电视节目，在唱片业中体现出来的是一张唱片，在演艺事业方面体现出来的是许多艺人。

相关衍生产品开发：

出于对品牌长期发展的考虑，天娱公司已经为“超级女声”进行了相关的商标注册，并开始尝试用于相关产业的开发上，如品牌转让、产品开发、节目制作和地面广告等。今后还计划在合适的时间推出以“超级女声”为品牌的服装、饰品等相关产品。

相关衍生产品：

6 万册记载上届活动花絮的图书《超级女声——快乐记事本》

15 万张“超级女声”安又琪同名专辑

27 万条在长沙赛区决赛当晚划过夜空的投票短信

20 亿包印有“超级女声”卡通标志和代言人张含韵甜美笑容的蒙牛酸酸乳……

链接：《美国偶像》

依靠“流行偶像”发家致富的 Fremantle Media 公司，从 2001 年开始已经在全球 30 多个国家制作了本土化的同类型节目。其中，只是凭借《美国偶像》节目一项，就已经从福克斯（Fox）娱乐集团获得超过 7500 万美元的授权费用。

在第四季《美国偶像》总计 12 周的播放周期中，美国观众向作为合作方的手机运营商 Cingular Wireless 发送了 4150 万条短信，并创下美国无线通信史上单项活动短信纪录新高。2004 年，持续高烧的美国消费者在“美国偶像”的授权产品上花去了 2.15 亿美金——产品涵盖玩具、糖果、商业卡、电子游戏、杂志、图书等 35 个大类。四年来，“偶像”系列品牌产品的全球累计销售额已经高达 10 亿美元。

2. 互动营销：开辟新的利润来源

让消费者参与到产品制作与消费的过程中去，使得消费者获得比直接消费产品更大的满足感与更为强烈的购买热情，互动营销在“超级女声”中表现得淋漓尽致：海选使每一个中国女孩都有机会参与，观众评委的设置，使大众成为主宰选手命运的最重要因素。

手机短信成为电视节目重头利润来源。在赛制设置上，湖南卫视规定，唱区选拔进入前十名后，比赛结果交由场外观众短信投票决定。在“超级女声”长沙赛区决赛当晚，观众累计奉上了超过 27 万张短信选票。与“超级女声”合作的“灵迅互动”（特服号 8006）每月仅短信投票和声讯电话投票两项业务，就为公司带来超过 2000 万元营业额。

以发送一条短信 1 元计，湖南卫视需要向移动与联通付15%到 20%的费用，另付 0.8%的频道占用费。由于湖南卫视已与某网站合作，拥有 SP 资格，不需要另外向 SP 运营商付费，余下的收入可归自己。组织者单此一项就可从短信收费中获利数千万元。

3. 整合营销：开启媒介与企业深度战略合作

伴随企业品牌整合营销时代的来临，媒体传统的"拉广告"为主的广告营销模式已经受到了极大的挑战，国内媒介行业正面临着从传统广告模式向整合营销传播迈进的深刻转变。在这种大趋势下，企业与媒介的结合度和依存度将更为紧密，互相构成对方的战略性资源，最终形成相互融合的战略合作伙伴关系。

2005 年，除了在节目操作上的很多创意外，《超级女声》最惹人注目的便是与国内乳业巨头蒙牛乳业集团的合作，共同打造这一内地最有轰动效应和影响力的大众娱乐活动。双方的合作不止是活动冠名这么简单，而是开发出了很多新颖的合作方式，蒙牛集团利用自己在全国范围内的通路优势，将"超级女声"的影响力扩大到极致。

《超级女声》整合营销模式：

请 2004 年"超级女声"季军张含韵作为 2005 年蒙牛酸酸乳的产品代言人，同时她也是 2005 年"超级女声"的活动代言人。

在 20 亿包蒙牛酸酸乳外包装上印有代言人形象和"超级女声"比赛信息。

在蒙牛全国各处销售网点进行宣传：在赛区超市场外，进行"蒙牛酸酸乳"路演宣传活动；在超市场内，"蒙牛酸酸乳"进行买六赠一的促销活动，堆头上整齐地陈列着本次活动的宣传单页。

在各大电视媒体、平面媒体和户外媒体上，投放由张含韵代言的蒙牛酸酸乳广告片，进一步扩大超级女声比赛的影响力。

蒙牛还专门开办了“蒙牛酸酸乳超级女声”网站，进行互动宣传。

后来又根据赛事变化，推出“超级女声”夏令营活动，继续吸引渴求近距离接触“超级女声”的人进行消费。

4. 资源整合：通过创意有效整合资源

城市资源整合：借台唱戏

2005年“超级女声”在全国开设了广州、杭州、郑州、成都、长沙等五个唱区，五个唱区各有主题，让“超级女声”的品牌效应得以层层延续。

选择在中等城市来主办的策略分析：

方便本地女孩参与，可以让当地选手产生亲切感；

这几个城市的文化、娱乐内容远远没有达到饱和，“超级女声”很容易就在当地成为主流娱乐、社会新闻事件，造成全民性的关注热潮。

这几个城市也是主赞助商蒙牛的重点市场，是实现其销售计划重点推广的城市。传播重点与销售重点进行叠加，效果十分理想。

媒介资源整合：共赢共生

除了与新浪网等知名网站合作，最大限度提升活动人气之外，“超级女声”在与地方电视、平面媒体的整合与互动方面也做得十分优秀。这种合作不仅交流了经验、扩大了影响，更主要是实现了参与方的多赢。在一个大的利益原则下，实现了多重品牌相融共赢的局面。

以浙江为例，《超级女声》节目首次在杭州开办赛区，浙江的合作方为钱江都市频道。湖南卫视带来了评委、节目模式和生产流程，钱江都市频道负责具体组织和全程录制，双方的合作不涉及现金来往。《超级女声》节目由双方以一对一的形式提供节目制作队伍：钱江都市频道的制作人员以《幸福双响炮》栏目为班底，湖南卫视的制作人员主要来自《音乐不断》栏目。

操作机构体制创新之道

1. 品牌授权：产权清晰，活力无限

湖南广电集团在“超级女声”项目运作中就启用了一种全新的品牌合作与管理模式，一改传统的省级卫星频道无偿操作和播出地面频道节目的做法，对《超级女声》节目及品牌资源进行市场化运作。

“超级女声”的品牌持有人是天娱传媒，天娱传媒和湖南卫视之间是品牌授权的关系，湖南卫视只是《超级女声》的播出平台和节目运营者。同时，湖南卫视要获得“超级女声”节目的经营权，还需要提供一定的频道资源与天娱公司进行一系列权益置换，同时湖南卫视还付出了数百万元资金，用于娱乐频道的相关节目制作费用。

2. 品牌经营：全力以赴，带动全局

湖南卫视在“超级女声”上全力以赴，显示出一种营销战略的全局观。

湖南卫视要的不仅仅是“超级女声”的成功，最主要的还是通过这样一个影响全国的活动，继续扩大及提升湖南卫视的品牌号召力与影响力。

一个成功的产品、一个优秀的品牌、一套精彩的营销，必定会产生丰厚的利润回报，“超级女声”给湖南卫视带来了收视率与广告价的双双飙升。

品牌所有权的明晰，使得一个速生的品牌在很短时间就形成了强大的品牌张力，形成节目制作、收视、开发、经营良性循环的多赢共生的局面。

湖南卫视要的不仅仅是“超级女声”的成功，最主要的还是通过这样一个影响全国的活动，继续扩大及提升湖南卫视的品牌号召力与影响力。

启示：节目活动化，活动节目化

1. 高水准策划是大型活动成功的基础

媒体既然是文化的创造者之一，运作者就应该加强策划，努力使自己变成各种各样“热闹话题”的始作俑者。这里说的不止是精心策划，而是高水准策划，前者多花力气就可以做到，后者却还需要充分的智力支持和实践经验。媒体在制造的新事物中提供新视点，“人为”制造电视文化的热点和兴奋点，从而使媒体成为文化热潮和文化现象的发源地，引导正确的文化走向。这种始作俑者的角色意识是媒体取得突破性发展的重要法宝。

2. 通过创意整合各种资源

在当下这个全球化的时代，媒体的社会资源整合能力已经成为体现其实力的一个重要标志。独具特色的“创意”就是媒体整合资源（媒体资源、企业资源、政府资源以及各种社会资源）的一个行之有效的重要手段。这里所指的“创意”要有不可替代性、品质感，要能让参与者创造价值并实现多赢。

3. 大型活动能快速提升媒体和合作企业的整体品牌价值

举办参与性强又带有社会公益性质的大型活动，是媒体造大势、聚大气，提升品位、档次和品牌含金量的最佳途经之一；是媒体锻炼队伍，鼓舞士气，提高整体协作能力的绝好舞台；也是能给大众，尤其是客户展现实力，开阔视野，增强投资信心的心理暗示窗口或心理拉力器；同时还是媒体合纵连横，结交新合作伙伴、凝聚新客户，制造良好外部环境的公共平台。强势媒体要做“内容的制造商”，制造话由、卖点，让其他的媒体去跟风、去追随，从而使自己的行为成为值得其他媒体再度开发和发散传播的新闻素材，从而占领高端辐射低端，占领制高点，引领时代潮流。

4. 大型活动是值得大力开发的“有限”资源

一项活动初创时，不需投入多大的资本，更多的是一种智力投资。活动一开始也许大家并没有发现它的无限商机，当活动年复一年像滚雪球一样越滚越大时，它的价值才会日渐显现出来。而后来要想介入者，就必须翻越人们心理“先入为主”的重重障碍。先行者也会为后来者设置“进入壁垒”，后来者要求得大众认同就必须付出高昂的代价。尤其是卫星电视，由于其波及面广，影响力大，无形中会在题材方面形成一种天然“垄断”。成功运作一个具有独特创意的活动，就意味着拥有一个具有巨大商业潜质的独特资源，而这种资源就像其他物质方面的矿藏一样是有限的。俗话说“好事不过三”，如湖南电视台率先推出《超级女声》，东方电视台推出《我型我SHOW》，其他中国卫视再推出此类创意，其价值就会大打折扣。

一项活动初创时，不需投入多大的资本，更多的是一种智力投资。活动一开始也许大家并没有发现它的无限商机，当活动年复一年像滚雪球一样越滚越大时，它的价值才会日渐显现出来。而后来要想介入者，就必须翻越人们心理“先入为主”的重重障碍。

链接一

由《超级女声》引发的话题

在“2005中国大型活动制造暨传媒影响力营销论坛”演讲后，一知名刊物的记者对作者进行了专访。

《超级女声》的精神内核

记者：在中国的电视传媒格局中，湖南卫视以娱乐节目形成自己鲜明的特色，从早期的《快乐大本营》、《玫瑰之约》，到今年红遍全国的《超级女声》，湖南卫视在娱乐方面都引领着中国电视界的潮流。湖南卫视为什么会把娱乐作为他们的亮点？

欧阳国忠：其实这也是符合规律的。电视是一种大众媒体，它是深入到千家万户的。因为像一些精英人士，他们的业余生活很丰富，可以去看演出、旅游、泡吧等等，各种消费都可以消费得起。而作为老百姓，他们能经常去泡吧吗？

就是看场电影也不容易，所以只能在家里享受免费的午餐——看电视，所以说电视的属性应该是一种大众娱乐。如果你做的面太窄，那你就把你的路堵死了。再一个我认为，中国的电视市场现在还不太成熟，比如现在作为标准使用的收视率就不是太科学，很多元素都没有包括进去，包括节目的质量、影响力等等。收视率只是数量，影响力则是数量与质量的结合，现在中央电视台联合中国传媒大学在做这个课题。但目前在中国这个新的系统还没有确立，而旧的系统也没有打破，广告主还是只接受收视率。收视率是硬道理，就跟发展是硬道理一样。湖南卫视娱乐大众，收视率就高，这就是他们定位为娱乐特色卫星频道的原因。

记者：但在社会上也不乏这样的批评声音，说《超级女声》只追究商业的收视率而忽略节目的社会责任。

欧阳国忠：有人说，生命中有不能承受之重，我觉得目前我们的电视节目也有不能承受之重。如果节目中注入太多的责任，它就会死掉。我觉得我们有太多的应该和不应该在束缚着，才做出了一些没有人喜欢看的节目。如《超级女声》的做法按我们以前的老观点看起来，这绝对是不应该的，海选时的节目内容大部分是些过去认为应该被剪掉的边角余料，或是应该被丢弃的骨头，而现在却将这些作为主打菜，所有的观众还都乐此不疲地品尝其中的味道。在《超级女声》节目中，电视的最大特点现场感得以放大，生命个体的原生态表现被真实还原了。电视上参赛者直观流露出来的悲喜交加，这个能用语言写出来吗？我们用电视的长处，把它表现出来就生动了。可以反思一下，我们是不是应该给电视节目制作人多一些宽容少一些束缚，多一些支持少一些批判，环境的宽容会让他们做得更好一些。

记者：那是否意味着电视人只要把节目做得好看就可以了，不必在乎别人的批评？

欧阳国忠：当时我在湖南卫视做《新青年》节目的时候，我提出了“让文化微笑起来”的概念。因为我们现在做的一些东西，别人不爱看，而你却硬要塞给别人看。何谓媒体人的责任感？你做节目辛苦得要死，而观众看都不愿意看，你这个节目怎么去影响他。最高明的节目是什么？是别人轻轻松松看完以后，回头一想，还受到了一些启发。《美丽人生》这部电影的主题在于批判战争的残酷性，但它最高明的手法，是让人含着泪笑着在看。

——在“2005中国大型活动制造暨传媒影响力营销论坛”的演讲

我个人觉得，鸡蛋里面挑骨头已经成了一些人的思维定势，喜欢拿大帽子盖人。比如张艺谋的作品，没有哪一次不是这样：没出来的时候，大家都在炒；出来以后，大家就是一顿痛骂！我其实挺为张艺谋叫不平的。因为我觉得，为了把中国的文化打到世界上制造些影响力，他付出了很多。如果你做的电影、电视节目，完全是自娱自乐或顾影自怜，虽然很深沉，但是得不到大众的认可，这样的文化产业肯定做不大。在国内的电影院线，几乎都是好莱坞的大片在出风头，如果我们多拍出一些好片子，我们去影响别人行不行？有些人一门心思站在批判的角度去做文章，目的是想用一味的批判来显示自己的能力，这是一种不妙的倾向。我总觉得，如果用一种欣赏的眼光去看别人的话，你会吸纳很多人的长处，使你个人得到很好的发展。这是些题外话了。

记者：这么说，《超级女声》的意义是在哪里呢？或者说，这个节目就是没有意义的？我们应该怎么来评价她？

欧阳国忠：我认为《超级女声》的意义还是存在的。刚才我说电视的特点是参与感强，她正好强化了这一特点，并充分地加以运用。机会面前人人平等，社会不是只为明星提供舞台，人人都可以上台表演，这就给很多普通人一个自信心：参与才是最重要的，平凡人也有存在的价值。每个人都有每个人的长处，只是大小而已，这使每个人都认识到了自己存在的价值，大家都往好的方向发展。《超级女声》的内核就是参与，通过自己的努力，每个人都有可能成功；无论你以前怎样，机会面前人人平等。因为我们以前的评判标准是你以前做了什么，如果是新手，那就靠边站，我觉得这是不公平的。另外，《超级女声》还原了人的真情实感，获得了成功你就去尽情喜悦，失败了就痛快流次泪，即节目中所说的酸酸甜甜就是我。

不要太压抑自己。在生活中，我们的确是压抑的时候太多，真实情感不容易表达出来的，因为中国人是不善于表现

有人说，生命中有不能承受之重，我觉得目前我们的电视节目也有不能承受之重。如果节目中注入太多的责任，它就会死掉。我觉得我们有太多的应该和不应该在束缚着，才做出了一些没有人喜欢看的节目。

和表达自己的。我觉得通过《超级女声》节目激活了人们的一种表达和表现欲望，当我有一种情感，我就可以表达出来了，这并不是一件坏事。再一个就是说，大多数人都有生活和工作的压力，特别是在社会的转型期，很多因素造成了人的不安全感。如果没有释放的渠道，人只有感到压抑了。通过《超级女声》这个平台，让压抑在娱乐中获得释放，他就会感觉舒服许多！一个人如果失去了平衡，他肯定就会得病，山河失去了平衡就会发洪水，人的情绪也是这样，不平衡的时候，他总要有个出口，所以，从娱乐当中得以释放，开怀畅笑，这也是一种释放，对社会没有坏处。

《超级女声》的成功因素

记者：你刚才以几个要素来分析它的意义，一个是它的参与意义，另一个是一种真情实感的释放，那么超女的成功到底有哪些要素，比如说娱乐要素等等，是什么使她受到那么多人的吹捧？

欧阳国忠：《超级女声》的成功，从她的节目构思来说，主要是抓住了电视的本质。它的本质是什么呢？刚才我提到了它的现场参与感，第二个是它的娱乐元素比较丰富，它抓住了与观众的互动，而且它是由观众来决定谁是幸运者，我们有句话是“群众的眼睛是雪亮的”，而在以前我们不太相信群众的眼光，会质疑他们的评判能否得出一个好的结论。我们原来是权威论，但是我认为，观众比电视人更聪明，因为他们是节目的直接观看者，他们选择看这个节目，为之而泣而悲而笑，他们是用感情来看这个节目的，而我们是用职业化的标准去评判的。举个例子，一个朋友从青海参加一个学术研讨会回来，在火车上碰到一个清华大学的女学生，一路上她借了十几个人的手机发短信支持一个超女，这让我们看起来有点不能理解。难道说清华大学的高材生，她的行为是愚昧吗？她不是，她只是以她的参与，把她的价值判断通过参与释放出来，表达的是她的一种感情，所以说参与感很重要。

所以我觉得，用大众的眼光去评判是公平的。我们首先是把权力下放给他们了，他们因此得到了尊重，使他们认为自己是电视的主人了，这点对他们而言是非常重要的。如凤凰卫视的《走进非洲》栏目，它的解说词就用得很巧妙，它说“我们一群到了哪里”，它用的是第一人称“我们”，而不是说“记者到哪里啦”，它用的手法无形中把受众带到“我们是一起的”这个圈子里了。做电视的人一定要把看电视的人琢磨透彻，受众才是电视的主人，因为电视节目是给他们看的，做节目的人毕竟是少数。

记者：你刚才提到现场参与、娱乐、互动元素促成了《超级女声》的成功，其实我们也看到一些栏目，包括中央电视台的一些栏目，它们也是通过这三个基本元素来做节目的，那为什么节目没有《超级女声》成功？如果我们拿它们互为坐标，用技术的角度做一个比较的话，你觉得它们的差异，强在什么地方？弱又在什么地方？

欧阳国忠：在这里面，我还要强调一个多方合作共赢的因素。除了与新浪网等知名网站合作，最大限度提升活动人气之外，《超级女声》在与地方电视、平面媒体的整合与互动方面做得十分优秀。这种合作不仅交流了经验、扩大了影响，更主要是在一个大的利益原则下，实现了多重品牌相融共赢的局面。

《超级女声》的出现也不是偶然的，因为当时湖南娱乐频道做《超级男声》已经做了一年多了，《超级女声》开始做时还没有火起来，真正火起来是今年。在湖南本土运作了一年后，他们想是不是能再做得大点呢？于是他们就放到湖南卫视这个平台去了。因为湖南卫视打着一个旗号叫“快乐中国”，《超级女声》正好也很符合湖南卫视的定位，这样的话，超女的扩张力很快就蔓延到全国了，影响力就有了。但这样还不够，还必须把各地带动起来，这样就由湖南娱乐频道旗下的天娱公司出面，由他们去和各个地方电视台谈合作，因为各个卫视频道之间也搞竞争啊。他们利益的结合点是，各个地方电视台产生的效益由当地电视台获得，湖南这边派一个超女的制作班底过去，并把节目流程、主持人带过去，然后与当地的一个电视频道的制作班底相结合，其实这对当地的班底是非常合适的，一次免费培训嘛。以浙江为例，《超级女声》节目首次在杭州开办赛区，浙江的合作方为钱江都市频道。湖南卫视带来了评委、节目模式和生产流程，钱江都市频道负责具体组织和全程录制，双方的合作不涉及现金来往。钱江都市频道的制作人员以《幸福双响炮》栏目为班底，湖南卫视的制作人员主要来自《音乐不断》栏目。2005年《超级女声》在全国开设了广州、杭州、郑州、成都、长沙等五个唱区，五个唱区各有主题，让“超级女声”的品牌效应得以层层延续。

记者：多方的合作必然会涉及利益的共享，这个利益是怎么分的呢？

欧阳国忠：你在你那个频道赢得的利益你来赚，当你这个频道获得了人气，有了赞助，利益就是你的，湖南卫视在这个平台上创收得到的是湖南卫视的，比如蒙牛乳业的赞助。但是天娱公司得到的是超女的品牌，如艺人的签约，包括出书、出唱片、做形象代言人、超女服装等等，这些产品的所有权归天娱公司。你看这是不是共赢的局面？湖南卫视通过这个活动，把主打产品唱响了中国，同时也赢得了广告创收，而天娱公司在运作这个品牌，品牌升值了，它也有了品牌价值。各个地方电视台也得到了广告创收，还培训了队伍。这是一个多赢的局面。

记者：《超级女声》除了在节目上的创新之举外，人们还很关心这个栏目赚了多少钱。在电视节目的赢利模式上，你觉得《超级女声》有哪些创新之处？

欧阳国忠：伴随企业品牌整合营销时代的来临，媒体传统的“拉广告”为主的广告营销模式已经受到了极大的挑战，国内媒介行业正面临着从传统广告模式向整合营销传播迈进的深刻转变，媒介和企业也形成一种战略合作关系，《超级女声》就是整合传媒的优秀代表。除了在节目操作上的很多创意外，2005年《超级女声》最惹人注目的便是与国内乳业巨头蒙牛乳业集团的合作，共同打造这一内地最有轰动效应和影响力的大众娱乐活动。双方的合作不止是活动冠名这么简单，而是开发出了很多新颖的合作方式，蒙牛集团利用自己在全国范围内的通路优势，将超级女声的影响力扩大到极致：如请2004年“超级女声”季军张含韵作为2005年蒙牛酸酸乳的产品代言人，同时她也是2005年“超级女声”的活动代言人。在20亿包蒙牛酸酸乳外包装上印有代言人形象和超级女声比赛信息。在蒙牛全国各处销售网点进行宣传：在赛区超市场外，进行“蒙牛酸酸乳”路演宣传活动；在超市场内，

“蒙牛酸酸乳”进行买六赠一的促销活动，堆头上整齐地陈列着本次活动的宣传单页；在各大电视媒体、平面媒体和户外媒体上，投放由张含韵代言的“蒙牛酸酸乳”广告片，进一步扩大“超级女声”比赛的影响力；蒙牛还专门开办了“蒙牛酸酸乳超级女声”网站，进行互动宣传；在决赛阶段又根据赛事变化，推出“超级女声”夏令营活动，继续吸引渴求近距离接触《超级女声》的人进行消费。

记者：我们感受最深的无疑是手机短信了，国内有多少观众为《超级女声》疯狂投票。这一块应该也是《超级女声》收入的重头之一吧？

欧阳国忠：手机短信成为电视节目重头利润来源。海选使每一个中国女孩都有机会参与，观众评委的设置，使大众成为主宰选手命运的最重要因素。在赛制设置上，湖南卫视规定，唱区选拔进入前十名后，比赛结果交由场外观众短信投票决定。在“超级女声”长沙赛区决赛当晚，观众累计奉上了超过27万张短信选票。与“超级女声”合作的“灵迅互动”每月仅短信投票和声讯电话投票两项业务，就为公司带来超过2000万元营业额。以发送一条短信1元计，湖南卫视需要向移动与联通付15%到20%的费用，另付0.8%的频道占用费。由于湖南卫视已与某网站合作，拥有SP资格，不需要另外向SP运营商付费，所以余下的收入可归自己。组织者单此一项可从短信收费中获利数千万元。实际上短信收入一项已经占到超级女声整体收入的一半以上，与节目的广告收入平分秋色了。

《流行偶像》被认为是《超级女声》的模仿对象，实际上依靠《流行偶像》发家致富的Fremantle Media公司，从2001年开始已经在全球30多个国家制作了本土化的同类型节目。其中，只是凭借《美国偶像》节目一项，就已经从福克斯（Fox）娱乐集团获得超过7500万美元的授权费用。在第四季“美国偶像”总计12周的播放周期中，美国观众向作为合作方的手机运营商 Cingular Wireless 发送了 4150 万条短信，并创下美国无线通信史上单项活动短信纪录新高。2004 年，持续高烧的美国消费者在“美国偶像”的授权产品上花去了 2.15 亿美金——产品涵盖玩具、糖果、商业卡、电子游戏、杂志、图书等 35 个大类。四年来，“偶像”系列品牌产品的全球累计销售额已经高达 10 亿美元。

《超级女声》的制度创新

记者：《超级女声》火起来之后，各地有不少类似的节目出现，《超级女声》的优势还能够继续保持下去吗？您认为超女最核心的竞争力是什么？

欧阳国忠：上次我在一个会上说，有些卫视如果在制度建设上得不到一些解决，就不可能产生超女这种现象。像湖南卫视，它采取的是真诚合作优势互补，体现的就是一种双赢和多赢。首先，《超级女声》原来是湖南电视台娱乐频道的一个产品，之后他们经过几次创新，成立一家天娱公司对《超级女声》进行公司化运营。超女最大赢在哪？我觉得是它的品牌被推广起来了，大家都在谈论这个事，说明它的口碑出来了，注意力出来了。媒体是个注意力经济，把注意力抓起来了，就抓住了一切。所以要解决这个问题，品牌推动是关键。湖南娱乐频道把天娱公司放在上海，当时是因为湖南那个地方电视的竞争太残酷了，有湖南卫视、湖南经视、长沙电视台等，而湖南又是一个内陆省份，经济不是很发达，他们当时就想是不是能弄一个全国性的节目，独立出来去运营，在上海成立，不再在湖南抢市场了，包括当时的思路，想和上海电视台合作，后来这件事没有合作成。

记者：天娱传媒和湖南卫视是一种什么样的关系？

欧阳国忠：湖南广电集团在《超级女声》项目运作中就启用了一种全新的品牌合作与管理模式，一改传统的省级卫星频道无偿操作和播出地面频道节目的做法，对《超级女声》节目及品牌资源进行市场化运作。《超级女声》的品牌持有人是天娱传媒，天娱传媒和湖南卫视之间是品牌授权的关系，湖南卫视只是《超级女声》的播出平台和节目运营者。湖南卫视要获得《超级女声》节目的经营权，还需要提供一定的频道资源与天娱公司进行一系列权益置换，同时湖南卫视还付出了数百万元资金，用于娱乐频道的相关节目制作费用。正是由于品牌所有权的明晰，使得一个速生的品牌在很短时间就形成了强大的品牌张力，形成节目制作、收视、开发、经营良性循环的多赢共生的局面。《超级女声》并不仅仅是一个节目，一个活动，而是一个品牌。这个品牌在电视媒介上体现出来的是电视节目，在唱片业中体现出来的是一张唱片，在演艺事业方面体现出来的是许多艺人。如果说《超级女声》没有了，这个栏目没有了，但是天娱公司一样能把超级女生这个牌子树立起来。

记者：国内很多电视栏目短命，是不是也与您所说的品牌所有权制度不完善有关？

欧阳国忠：无形资产在电视里浪费是极大的。像一部电话，这在电视台都是有登记的，但电视节目品牌却得不到应有的评估和保护。我们原来树立的节目品牌都是因栏目生而生，死而死。我认为中国的栏目是一个个的孤岛，它们的生存能力很弱，稍有点风吹草动就死了。我国的栏目制片人只是执行栏目策划、制作、播出，他的任务就完成了，缺乏品牌推广和市场营销，也就缺乏节目的内部循环和外部循环，缺乏了内外循环的话，电视节目就是一个孤岛，这样的话，稍微一点元素变动就死掉了，或者频道一重新定位，栏目也会死掉。现在很多制片人因为没有营销任务就放弃了节目营销，电视台广告部的人看的是全体，不可能为某一个栏目特别地做营销；栏目的品牌保护，总编室他们也没有这个意识，所以制片人自己得想办法自救。栏目对台里的贡献力大、带来的财富多，这就是你这个栏目存活的依据。比如，一个栏目，哪怕是收视率不是太高，但它却能给频道带来很大的收入，那它肯定会存在啊！归根结底，频道是看你的贡献如何。而我们现在却一味地盯着收视率，所以制片人想做得长久一点就必须自救，你自己要有这个意识去推广你栏目的品牌，去赢得更多的市场，包括你下一个产品的开发，这都是你应该做的。拿《新青年》栏目来说，当时我们认为只要把节目做好就行了。但是当时有很多出版社找我们，说你

我国的栏目制片人只是执行栏目策划、制作、播出，他的任务就完成了，缺乏品牌推广和市场营销，也就缺乏节目的内部循环和外部循环，缺乏了内外循环的话，电视节目就是一个孤岛，这样的话，稍微一点元素变动就死掉了，或者频道一重新定位，栏目也会死掉。

们的节目我们愿意出书，甚至有些电台也来找我们说，你们的音频我们愿意买，但是当时我们没有这样的意识，所以节目的品牌价值就没有得到充分挖掘。

记者：《超级女声》如果2006年继续办的话，你认为还会像2005年一样红火吗？

欧阳国忠：如果他们2006年还会持续，这个肯定还会火，就像张艺谋的电影一样，《英雄》火爆放映之后，有人就说《十面埋伏》肯定不行，结果票房收入还超过了《英雄》。我相信《超级女声》这个节目的创新能力，而这种创新能力在国内电视界目前还是非常稀缺的。

链接二

中国电视栏目品牌的“内循环”和“外循环”

在真正的电视娱乐节目制作者那里，“超女”是被称为产品的一档节目。

前湖南卫视制片人、广源传媒副总裁欧阳国忠曾把“超女”当作一个案例，在传媒影响力营销论坛上进行演讲。回到他的办公室，他跟记者这样讨论这档节目：“中国传统电视栏目制片人所需完成的，是策划、制作、播出三个链环。这是一个内循环，节目通过电视这个界面完成了跟观众的见面，即告结束。而从产品角度看，它缺乏品牌推广与市场营销两个环节。所以，中国电视栏目品牌，多数随节目的生而生、死而死。”

对于“超女”这个节目，那家遭人指责的天娱公司，却是努力在尝试寻找建立“外循环”，即品牌推广与市场营销的组织建构。

（引自《三联生活周刊》2005年9月《CCTV面临挑战》，主笔李鸿谷）

链接三

湖南卫视酝酿改制

“蒙牛不是单纯的广告投放或者广告赞助，而是深度参与了这个节目，《超级女声》的成功，蒙牛的推动作用厥功甚伟。”

这种被资深电视人、广源传媒副总裁欧阳国忠称为“多赢”的合作模式正在受到越来越多的广告商的追捧。“从单一的单向的变成多维的互动的营销，这是一个趋势。”他说。

一个被媒体屡屡提及的事实是，《超级女声》分赛区的设置上，蒙牛就获得了相当的话语权。另外一个细节是，蒙牛酸酸乳的外包装上，也印有《超级女声》节目的广告。

欧阳国忠分析说，当把电视节目作为一个产品来看待时，中国传统电视栏目制片人所需完成的，是策划、制作、播出三个链环，节目通过电视这个界面完成了跟观众的见面，即告结束。而从产品角度看，它缺乏品牌推广与市场营销两个环节。湖南卫视和天娱公司却是努力在尝试寻找建立“外循环”，即，品牌推广与市场营销的组织建构。

如何保证节目受欢迎？欧阳国忠认为节目的“市场导入”是一个基本的方向，即根据市场的需求定做节目。以往一个节目的诞生，大多是文人式的“闭门造车”，今后则要通过市场调研，发现观众喜欢什么样的节目。同时还可以借鉴国外的节目样式，《超级女声》就是借鉴国外的一个成功案例。

此外，湖南卫视还将推出一系列“超”字辈全民互动栏目：《超级伙伴》是一档新型真人秀竞赛节目——30 位小朋友绑腿齐步走比快，该节目模式也属“国外引进”，该活动创意已获全国妇联、教育部支持；《我要上电视》是另一档真人秀栏目。

事实上，中央电视台也已经开始了一些栏目的市场化运作。在央视7套播出的《创维情 文化行》就是例证。这档共三场的被创维品牌推广部总经理沈健称为“送文化下乡”的晚会节目就是由创维集团创意、策划和出资运作的，节目最后也要经过创维方面审定。

欧阳国忠并不担心这样的市场化运作会损害节目的内容，他认为，在符合宣传政策的前提下，媒体会有自己的独立性。越独立，就越权威，也就越有买家。

（引自《经济观察报》2005年11月28日中的《湖南卫视酝酿改制》，记者张衍阁、冯大刚北京报道）

第3章

《焦点访谈》：责任与激情同在

——对话制片人兼主持人翟树杰

干什么就要做好什么。我这人的骨头眼里就是干电视的，看着电视就馋，不干电视我还能干什么呢？

——翟树杰

• 制片人简介

翟树杰　《焦点访谈》记者三组制片人。历任战士、电影放映队长、新闻干事等职。1995年转业到中央电视台新闻中心新闻评论部。

2001年2月担任《焦点访谈》制片人工作，负责组建《焦点访谈》特别节目报道组，承担重大题材、重大事件和突发性事件的报道。至今已先后组织、策划、参与和实施了石家庄特大爆炸案告破、台湾华航空难报道、广西南丹及山西繁峙特大矿难追踪和申奥成功等题材的制作。

•《焦点访谈》简介

创办时间：1994 年 4 月 1 日

节目形式：以深度报道为主、以舆论监督见长的电视新闻评论性栏目

时　　长：13 分钟

播出频次：日播

栏目特色：

《焦点访谈》是一个在中国家喻户晓的电视栏目，也是中央电视台收视率最高的栏目之一。作为一个电视栏目，《焦点访谈》曾得到共和国三任总理的题词和赠言。他们称道《焦点访谈》所进行的舆论监督推动了中国的改革开放和民主法治的进程。

在节目管理和制作上，《焦点访谈》采用制片人制。制片人是栏目的管理者和节目创作的组织者与把关人，也是节目的第一责任人，对节目的全程制作、经费使用、人员调配具有决定权。

在节目形态上，《焦点访谈》采用演播室主持和现场采访相结合的结构方式，述与评相互支持、相得益彰。几年来，《焦点访谈》推出的一批记者和主持人，因其来自采编第一线、具有较高的新闻工作素质和理论素养确立了自己在电视新闻传播流程中的位置。

《焦点访谈》目前有从业人员 80 人左右，由制片人、主持人、记者、策划和制作人员组成，分为策划组（负责节目的策划和协调）、记者一组、记者二组、记者三组。

别人活一辈子，我活了两辈子

欧阳国忠：1995 年对你来讲是人生的一个转折点，你怎样看待这次转折？

翟树杰：最初当兵梦想着做一个职业军人，在军队的那些年，我不仅培养了吃苦耐劳的精神，也锻炼了一种严明的纪律观念。从事电视行业是我一直以来就有的想法，所以 1987 年我开始做军事记者，考虑到军事记者的局限性较大，1992 年开始萌生转业的念头，1995 年我转业离开部队。转业后我发现面前所有的一切都是新的，全变了，我的思想观念、制作手段、思维都需要转变。

欧阳国忠：你最初转业到了报社，后来怎么又进了电视台？

翟树杰：我被任命为中央电视台驻总参记者站站长，后来又过了两年，才真正脱下军装。然后在某中央级的报刊呆了几个月，但是感觉电视比文字对我更具有吸引力，“不幸”地来到中央电视台。

欧阳国忠：你转业的时候已经 37 岁了，敢这样做需要勇气。

翟树杰：确实需要很大的勇气。我在办入台手续的时候，台里人事部门的同志跟我讲，你都快 40 岁了，竟然还敢跑出来，你胆子真是不小。他们认为部队是个非常好的地方，特别我所在的总参政治宣传部那地方环境非常好。

欧阳国忠：在许多人眼里，电视是一个年轻人从事的行业，需要靠体力去拼，你 37 岁还到新闻一线去拼杀，考虑过这些不利因素吗？

翟树杰：我从小身体就很好，小时候在学校就是田径运动员，我参加哈尔滨中学生比赛都获得过名次，我所创造的田径纪录在相当长一段时间内没有被打破。后来到部队当兵，参加田径比赛也是一二三名，所以在身体上没有什么问题。而且我始终保持一种年轻的心态，我特别欣赏一句歌词——“革命人永远是年轻”，我还特别喜欢唱。不管是共产党人，还是社会的其他分子，我们都应该保持这种心态，时刻拥有一个奋斗目标，这样就不会颓废、萎靡。有了这两点我非常自信，电视也不仅仅是年轻人的行业。

欧阳国忠：是什么让你选择了《焦点访谈》？

翟树杰：一种偶然。当离开报社之后，在家呆了将近一个月，这段时间我一直在思索我应该做什么，我首先想到的就是电视。有一天早晨起床听到《东方时空》的晨曲，这刚好是我喜欢的电视栏目，于是我就突然想要到那儿去。当天上午我就找到了当时的老主任袁正明、采访部的陈征老师，向他们表达了我的意思，他们非常支持我，因为我曾经长期从事政治工作，又做过好多年的军事记者，加上原来彼此也相互认识，就同意我过来了。但是袁主任建议我不要去《东方时空》，而是让我到了《焦点访谈》。去的时候我拿着之前的获奖证书，中国新闻奖一二三等奖都有。但当时还是心虚，觉得自己在能力水平方面可能与同事有差距。我是在袁主任的鼓励下扎了进去，还逐渐喜欢上了这儿。

欧阳国忠：《焦点访谈》与军队一样，都需要特别能吃苦、特别能战斗的人。

翟树杰：在《焦点访谈》的时候，领导给我派任务，我从来不问这个任务多么苦，就问什么时间播，什么时间播就照着什么时间做出来，这是我在部队就养成的习惯。

欧阳国忠：你父亲和你自身的部队经历对你影响很大。

翟树杰：我父亲在部队做了多年的宣传处长，小时候我看他摆弄照相机、写文章，耳濡目染我也喜欢上了。我从小学就开始学照相，我爸却建议我长大了别干这个，干这行很累。我爸一直很瘦，现在年龄大了才稍微胖点，就是因为太累。不幸的是子承父业，当然他现在也为我感到骄傲。我父亲原来打过土匪，在打座山雕那时候，东北土匪很多。

我参加过战地报道，1992年柬埔寨刚刚打完仗，我就到柬埔寨。那是我第一次出国报道国际维和行动，到处都是地雷，连小便都得到路中间去，因为路边草丛里都是地雷，总是胆战心惊的。印象特别深的一次是，晚上11点多回来，天上电闪雷鸣，路上碰到一个哨卡，但不知道是谁的武装，全都荷枪实弹，我当时心里十分害怕，你想如果他们冲我们开枪那该怎么办啊。还有一次，我刚离开所住的军营，就落进了两颗炮弹，于志利、陈志国两个战友就牺牲了，都才19、20岁。所以可以这么说，别人活了一辈子，我是活了两辈子，这些经历也为我从事电视新闻行业打下了坚实的基础。

欧阳国忠：刚去《焦点访谈》的时候是什么情形？

翟树杰：当时我的实习期特别短，当时栏目组试用期是三个月到半年，第一个月工资是500块钱，第二个月就可以拿全额工资。《焦点访谈》所在的新闻评论部是一个特别有人文特色的环境，你走进去看不出来谁是正式记者、招聘记者、临时记者。当时环境还很艰苦，经常睡在机房里，吃不上喝不上。现在比那时候改善了很多，但环境也一般，睡在办公室和机房里面是经常的事。

欧阳国忠：大家都是怀着一种理想聚到了《焦点访谈》。

翟树杰：首先他们跟我一样身体好，而且都怀着激情和梦想。即使有些人不知道电视是怎么回事，中景、近景、远景搞不清楚，他们在这里辛苦工作只是为了实现心中的那一点点激情与梦想。

欧阳国忠：还记得你在《焦点访谈》做的第一期节目吗？

翟树杰：我做的第一期节目是一个正面报道，反映的是为急救一个打工妹青岛群众义务献血的事情，那个节目还获得了季度金奖。第二期节目是反面报道，讲四川业主买了房子上当受骗的事情，那时候《焦点访谈》没有现在的名气，所以阻力也不大。这期节目完成时间很短，我拍素材花了一两天时间，素材总共有一两盒带子，编辑花了半天到一天的时间。

如何监督新闻媒体的监督权力

欧阳国忠：你们如何监督记者的行为？

翟树杰：第一，我们考虑一个记者能否进入《焦点访谈》需要考察的第一要素就是人品；第二才是能力，有能力没有人品不能要；第三，我们栏目还有一套操作性很强的制度，执行非常严格，如果触犯规定二话不说就必须走人；第四，在具体操作的时候还要采取很多方式避免可能造成钻空子的可能性，比如我们见上访者都是两人见，另外还要避开敏感的经济纠纷等选题。

欧阳国忠：有人问，你们摄制组到河南某县采访时还没有进现场就被某县的有关人员拦住，以每人二十几万的价格把记者挡了回去，有这回事吗？

翟树杰：绝不可能。二十几万足够坐牢的，没有人有这样的胆量去坐牢。我们记者的收入足够养家糊口和过上比较好的生活，我们不愿意破坏这样的生活和工作的机会。如果真拿了这笔钱，第一时间会跟我们的领导讲，同时一定会通过另外一个渠道把它寄回去或上缴有关部门。

欧阳国忠：《焦点访谈》用什么制度来保证采访的纯洁性？

翟树杰：在竞聘制片人的时候我谈到了这个问题，也就是如何落实廉政措施。第一就是前面讲的，要在选人上慎之又慎，个人品质、政治觉悟、业务能力三者成正比，齐步增长；第二，教育不厌其烦，逢会就讲，重点要讲反面教材；第三，我们每位记者都签廉洁自律的保证书，监控自始至终。发现问题一律辞退，违反党纪国法的要严肃处理。

欧阳国忠：是不是还有一个地域回避原则？

翟树杰：我们有一个回避制度，一方面记者不能采访家乡或者过于熟悉的地方，另外在合作人上也采取回避制度，我们的编导和摄像合作了一段时间就得调整。同时台里还有一些制度，如制片人的管理制度、栏目公开管理制度、经费预算制度等等都非常全，也从另外的角度监督了我们，从而有力保证采访的纯洁性和新闻的纯粹性。

欧阳国忠：《焦点访谈》在自律、他律的制度建设方面为其他媒体做出了榜样。

翟树杰：我们也是大家重点关注的，你拿偷拍机拍别人，说不定别人也拍你呢，这个都是相互的。一涉及到钱的问题就会失去公正性，就嘴短手软，《焦点访谈》需要做出榜样。

欧阳国忠：每天到中央电视台投诉和说情的人都可以排成一条长龙？

翟树杰：其实是一个形容，投诉的的确是长龙，但是说情的不在那儿排队。

欧阳国忠：《焦点访谈》的管理流程如何？

翟树杰：任何一个人进来要做的第一件事就是接受培训。上星期天下着大雨，我把我们组现有的记者和编辑都拉到山沟里去，踏踏实实进行培训，让大家知道我们的节目怎么做才能更好。第二，我们有一个选题计划，制作之前要开一个策划会，几个人要对节目进行论证。第三，在采访过程中制片人不断和前方记者保持联系，跟踪情况商量对策。第四，到了后期编辑阶段，制片人依然得与记者经常保持沟通。第五，最后审片，一遍不行审两遍，最多的时候审五六遍。中央电视台新闻评论部是国内新闻媒体中第一个通过ISO9000管理流程认证的，这是一套非常严谨的规章制度，我们严格按照那个标准去做。

我们有一个回避制度，一方面记者不能采访家乡或者过于熟悉的地方，另外在合作人上也采取回避制度，我们的编导和摄像合作了一段时间就得调整。

激情与监督的双重压力

欧阳国忠：你开始做军事记者，到了《焦点访谈》又做普通记者，后来又做出镜记者、主持人、制片人，这种发展轨迹是自己规划好的吗？

翟树杰：没有。我有原则，从我懂事开始，凡是我做的每一件事我都会竭尽全力去做，我会把手头的事情做好，至于下一步怎么样是别人考虑的事情。否则的话，心里就会不平衡，我要做主持人，我要做制片人，我还要当主任、当台长，要是达不到目的是不是就自杀了？人的目标和现实是会有差距的，因此我的目标就是做好手头的事情，实际上手里的事情做好了，你就朝目标更近了。

欧阳国忠：这是一种水到渠成的效果。

翟树杰：就像树上长的梨子一样，熟了的时候自然会落下来。

欧阳国忠：你一天的时间如何安排？

翟树杰：过去做记者干累了还能休息，最多的时候一个月做四期节目也有时间休息，做制片人好像没有空余时间，每天都得在那儿泡着，都得绷着弦。我们每天基本从早上9点上班，到晚上8点钟也还不一定能轻松下来。最紧张是每天晚上7：30节目播出这段时间，很多了解我的朋友这个时候都不会给我打电话，他们知道这时候打电话我不会好好跟他们说话。每天的报题会、选题会不能少，更多的时间还得跟记者商量节目，他们会遇到很多问题，遇到问题肯定就会来找我。

欧阳国忠：做了这么多年的记者，最让你感动的是什么？

翟树杰：观众喜欢你做的节目，观众对你的认可，这是我最感动的。有一次我到天津做一期节目，来到天津一个大商场，看到电视墙上几十台电视都在播我做的节目，当时围了很多人，我也在人群背后看，那个时候最感动。有时候在街上，有人问你是不是《焦点访谈》的翟树杰，我很高兴跟他打招呼，这表明他对我们节目很关注，这个时候也是我最开心最感动的时候。

欧阳国忠：你们的选题是从何而来？最后节目能播出的比例有多少？

翟树杰：播出的比例是50%左右。由于各种各样的原因，有的事实不成立，有的是有人提供了假情况，也有一些无法获得确实的证据，当然也包括说情打招呼的，这些加起来大概只有一半的节目不能播出来。选题来源于手机短信、E-mail、信件、电话、央视资讯等大量的信息，但真正能做成节目的不是特别多。

欧阳国忠：一些节目由于各种原因一时不能播出那以后还有机会播出吗？

翟树杰：有机会。我们有些是送内参，有的时候送了内参还要再播出，还有一些是时机问题，会在合适的时机播出。

欧阳国忠：采访过程中你是否受到过人身攻击？

翟树杰：推推搡搡的事情肯定是有的，挨打没有。我们有些记者曾经受过很多委屈，包括限制人身自由，搜身翻东西，甚至人格上受到侮辱。我们有一位记者在采访时被公司诬蔑拿了人家的钱，而且被扣，对方有好几个人说她拿了钱，她一个人说没有拿不管用。当时我们的主任关海鹰还是一组的制片人，他直赴沈阳的采访地，在公安部门配合下才把这些诬陷的人叫来分别盘问，最后查清楚了，还了记者清白。有时候真是由于某个原因节目不做了，但是那不是因为钱的问题。

欧阳国忠：如果一个地方要给你们送很多的钱，一般怎么处理？

翟树杰：硬往回还，找不着人的话，第一时间向上级报告，多少钱、什么地点、因为什么全部说清。回到北京之后寄回去，一般是这样的。有一次，好几个人把我们一位记者按到床上硬把钱塞到他包里，他连一点还手的机会都没有，塞完钱人哗啦啦全跑了，怎么办？那只能寄回去。

欧阳国忠：做节目的时候是否感受到来自地方政府方面的压力？

翟树杰：我没有感受到。只是希望在我们做节目的时候能得到政府部门更多的支持，我们找到一些政府部门的时候希望就某一个事件表示他们的态度，但是政府要么就是不说，要么节奏太慢，政府应该提高效率。往往我们发一个传真，好几天都没有回应，电视节目需要争分夺秒，希望他们支持我们，该站出来说话就得说话，提高透明度，节奏要更快一点。

欧阳国忠：有人说你们只敢打猫不敢碰虎，你能接受这样的观点吗？

翟树杰：有些节目看起来打的是猫，实际猫后面是老虎，所以打的就是老虎。有的时候虎难打，原因是因为我们毕竟是一个新闻媒体，我们无法拿到老虎有问题的证据，如果谁有证据希望他能提供。

欧阳国忠：面对各种复杂关系和方方面面的压力，节目

有些节目看起来打的是猫，实际猫后面是老虎，所以打的就是老虎。有的时候虎难打，原因是因为我们毕竟是一个新闻媒体，我们无法拿到老虎有问题的证据，如果谁有证据希望他能提供。

如何保持原来的特有风格？包括那份真诚与激情。

翟树杰：激情和监督力度两者是矛盾的，你把节目做得有激情吸引人，但是又需要监督。《焦点访谈》走到今天要想把节目搞得准而又准，激情上就要有所削弱。十分钟的节目里面更多是陈述，但同时做事又要保持激情，我们尽可能要处理好二者之间的关系。这是一对矛盾，而且这对矛盾现在越来越突出，我们压力也很大。

欧阳国忠：舆论监督的力度还在于跟踪。

翟树杰：对。我们现在非常注重对一个事件的跟踪。去年我们报道了一个地方的高尔夫球场违规建设，今年又转回去看有没有改，继续跟踪报道。前年山西临汾矿难相关责任人的处理，今年我们还在跟踪报道。这是观众关心的东西，也是我们关心的东西。

欧阳国忠：如何保证十年来节目质量不下降？

翟树杰：这里面领导要多费心，首先台领导要严把节目审看关，达不到水平的片子坚决不能播。其次作为一个制片人这个最基层的生产者来说，他是最了解节目标准的，即这个节目应该怎么做，应该达到什么水准才能播出，因此他可以把标准贯彻到工作的各个流程里去，以确保节目质量。节目能够在多大程度上保持一定的层次、水准与制片人密切相关。

欧阳国忠：《焦点访谈》如何超越自我？

翟树杰：如何跟老百姓贴得更近，在选题上更符合时代特点，在技巧上怎么做得更具有可视性，不要做得太沉重，这些都还需要我们继续努力。

正面报道和负面报道都要回归事物本体

欧阳国忠：如何统一协调《焦点访谈》现有的三个组？

翟树杰：《焦点访谈》有总制片人，下分三个制片组，我是其中一个制片人兼主持人，另外还有两个制片人。三个人都是通过中央电视台的制片人公开竞聘产生的，聘期两年。三个组在总制片人的协调下承担共同的任务。

欧阳国忠：设三个组是为了形成内部竞争吗？

翟树杰：这样便于管理，内部也能形成一种竞争态势，业务排名总会有一个第一和一个最后，现在这种设置是很合理的。还有水均益任制片人的

《国际观察》、刘爱民任制片人的《时空连线》有时也给我们送节目，他们日常是做国际和新闻性的节目。有时候《东方之子》也做《焦点访谈》。中央电视台新闻评论部是集中大家的力量来共同做好这个节目。但常规节目还是由我们这三个组来做。

欧阳国忠： 有人说，现在《焦点访谈》反面报道少了。

翟树杰： 前段时间我们关注国家新闻事件，这方面内容多一点。我们是《焦点访谈》，而不是“监督访谈”，引起大家关注的新闻事件我们都应该关注。国家一些大政方针出台，我们有必要让老百姓知道。关注新闻和监督报道两者要相对平衡，今年以来我们《焦点访谈》监督报道量不断加大，从2004年2月份以来，负面报道超过50%，量相当大了。

我们是《焦点访谈》，而不是“监督访谈”，引起大家关注的新闻事件我们都应该关注。国家一些大政方针出台，我们有必要让老百姓知道。关注新闻和监督报道两者要相对平衡，今年以来我们《焦点访谈》监督报道量不断加大，从2004年2月份以来，负面报道超过50%，量相当大了。

欧阳国忠： 《焦点访谈》的进步和发展起到了标杆的作用，《焦点访谈》成功之后，各个省级电视台纷纷仿效办了许多类似节目。

翟树杰： 这些栏目的出现给了我们一些压力，我们也经常看他们的节目，有些节目做得还不错。电视媒体竞争很激烈，一方面我们需要不断提高自己的收视率，同时我也希望他们能够吸引更多的观众。我个人建议，省级台应该跳出本省的圈子。卫星资源太宝贵了，任何一个上星的节目跟中央电视台的节目其实是一样的，因为提供的平台是一样的，但是有一些省台的节目太强调为本地区服务，既然上星了就是一个公共平台，就可以为全国老百姓服务。我们做的节目是某某省某某县某村，但是它对全国都是有借鉴意义的。

欧阳国忠： 你非常擅长正面报道，在这方面有什么独特的体会？

翟树杰： 歌颂人间的真善美一直是文学作品、文艺作品包括新闻工作者一直所关注的，这点《焦点访谈》也没有放弃。但是怎么做得更好？社会上有一种观念，你一说好的东西未必有人相信，说坏的东西大家就相信。大家也应该调整一下心态，其实好的东西有非常好的一面，令人感动。有一天下大雨，我们被堵在路上，一个北京市民冒着大雨光着膀子指挥车辆，让大家走小路绕道而行，这件事情特别让人感动。这样的人本身就值得我们大家尊敬，这样的事情不可信吗？但这就是一个活生生的事实。要做好一个节目，一方面作为观众要调整好心态，作为我们来说尽量少说一些官话、概念性的话，多给大家讲事实。比如我说北京市民大公无私，大家不一定相信。如果我把那天的事实客观描述出来，讲我开车路过一个地方被堵，一个北京普通百姓给大家指挥、疏通车辆，我们在他的指挥下走出“重围”，这样讲大家就会相信。做电视节目也是这样，多讲事实，少讲套话，观众就容易接受。

欧阳国忠：正面报道容易模式化，要将正面报道做好看，比舆论监督报道还要难，有什么技巧吗？

瞿树杰：比如，你在说好人或者说好事的时候，要抓住它和其他人有关系的地方或者和其他人有共鸣的东西，而不要拿一些个别的东西来给大家讲，那大家肯定不好理解和接受。你觉得他做的事情很多人能做到但是又没有做到，这时候大家觉得太可贵了。不能说他做的事我们做不到，那大家就没有共鸣了，这是正面报道需要注意的地方之一。另外，越是反映好人好事的正面节目，越要少表扬，越表扬越糟糕。实际上我指的少表扬是少通过记者的嘴去夸奖，而是把主人公做的事情客观展现出来，每个观众都不是傻瓜，看了事情之后自己会分析，究竟做得对还是错，大家自有评价。最近宣传任长霞，你把她作为公安局长怎么深入第一线怎么破案告诉观众，效果很好呀。

欧阳国忠：能说得更具体一点吗？

瞿树杰：我举个例子。当时我接受任务，要报道中国复明医疗队到偏远山区给老百姓治眼睛这件事。如果有些没有经验的记者正面报道国家医疗队如何救助老少边陲地区群众，他们会讲这个事情多么重要，这个事情解决了多少问题。而我做这个节目的时候从一个患白内障双目失明的女孩入手。残疾以双目失明最痛苦，整个世界都不知道是什么样。那么你可以猜想对于这样一个人来说，当她突然能够看到这个世界，那种心情会怎样。从大的方面来讲，我们国家派出医疗队为多少处在困境中的人解除了痛苦，大家自然对国家的行为表示一种钦佩和支持。但如果只讲这一方面，忽视个体的话，节目肯定是官样的，不好看。我就真实记录下小姑娘揭开纱布的瞬间所说的“好亮好刺眼睛”。在场很多人都哭了。这些镜头就足够感人了。我还记录了一个失明老太太被揭开纱布之后，我指着手里的话筒问她这是什么东西，她回答说是药瓶瓶。大家都笑了，她不认识这个话筒，她眼睛坏了那么多年，不知道这个世界发生了什么事情、电视是什么样的、电视记者采访是什么样的。还有一个女医生伸出手指头问老太太，这是几，老太太说丫头你别跟我伸手指了，我看你的脸都那么好看，你别问我那是几了，结果大家也笑了。通过这些鲜活的镜头，观众就能切实感受到，是国家让那么多失明的人脱离了黑暗，它是一件实实在在造福百姓的事情。

越是反映好人好事的正面节目，越要少表扬，越表扬越糟糕。实际上我指的少表扬是少通过记者的嘴去夸奖，而是把主人公做的事情客观展现出来，每个观众都不是傻瓜，看了事情之后自己会分析，究竟做得对还是错，大家自有评价。

我希望到最后所有舆论监督节目都关门

欧阳国忠：如何评价制片人制度？

翟树杰：制片人制度是适应电视媒体发展的产物，在国内最早产生于《东方时空》刚开办的时候，到现在已经越来越成熟了。中央电视台也出台了关于制片人管理的若干规范，对其行为做了很多限定，相对以前这个制度更完善了。过去我们叫科长，一个科长对本部门的运作包括人财物的管理是没有权力的，这样就不能有效激发生产力的积极性。现在主任给我们很大的自主管理权，这种情况下才有可能发挥人最大的主观能动性；同时还有机制来进行约束，过于主观或者过于滥用权力也不合适。

欧阳国忠：作为制片人，你最大的困惑是什么？

翟树杰：现在电视媒体特别多，竞争也很激烈，特别是有些媒体用高薪挖人，人才容易流失，这是很现实的。举个例子来说，过去我们知道有很多人愿意到《焦点访谈》来，最近一个阶段我们发现这样的人数在减少。另一方面，记者也都面临着知识的更新、人员的更新，还有年龄层次、年龄阶段的问题等。那么怎样吸引更好的记者到我们这儿来，如何提高他们的业务水平？既要吸引他们来工作，还要把他们的心留住，是一件困难的事情。过去《焦点访谈》这个平台培养了很多优秀记者、优秀主持人，包括我在内都是这个平台培养出来的。接下来需要考虑的是如何合理地充分发挥每一个人的知识、能力，同时依靠这些能人、有智慧的人把这个平台抬得更高。这是我最应该努力的，也是我现在的困惑。

欧阳国忠：《焦点访谈》从1994年开播到现在有十多年了，它成了一个全国优秀记者培养的摇篮。

翟树杰：如果要对在《焦点访谈》工作过的记者人数做一个完全的统计很难，从我的制片组来说，粗粗算一下，我们现在留用的编辑有六七个人，但是进来做过又走的有30人左右（实习生不计在内）。这里面有多方面原因，有的是因为做这样的节目比较累，有的不适合做这样的节目，有的是由于身体的原因，也有一些是另谋高就了。无论走的和没走的，其实都有一种追求。但是对于留下的人来说，他们可能更适合于做《焦点访谈》。

欧阳国忠：《焦点访谈》的主持人和别的栏目相比有什么特点？

翟树杰：我们的主持人更严谨、更理性，同时也应该跟观众更接近，要更平实。

欧阳国忠：国外很多电视主持人是优秀的一线记者。

翟树杰：我们很多主持人也是从记者做起的。我就做过摄像、编辑和记者，后来才做主持人。

欧阳国忠：你怎么看原来《焦点访谈》的主持人方宏进跳槽到东方卫视？

翟树杰：他是我非常好的朋友，我们经常在一块儿聊天喝二锅头。他到那儿去我很惋惜，同时也替他高兴，我经常看他主持的节目。我希望他发展得更好，同时希望他赚更多的钱。

欧阳国忠：作为节目负责人，你对下属有什么要求？

翟树杰：第一是工作投入，第二是能干，第三还要学会休息。做一件事情就要一定把它做好，不要每天吊儿郎当的。我对记者说，你干活越快越好，干完之后歇几天都成。

欧阳国忠：对新人有什么要求？

翟树杰：到我们这儿来干首先胆子要大，还得要承受失败的压力。我们这儿竞争很激烈，所有到我们这儿来的人都是尖子。

欧阳国忠：对舆论监督节目的未来有何期待？

翟树杰：这个取决于我们社会的发展，十年前我们做舆论监督节目的时候，抬头望去，可做的题材很多。但是今天当我们寻找选题的时候，你会发现不像十年前有那么多的事情可说了，而且现在明目张胆的不讲任何技巧的坏人坏事、丑恶的东西越来越不多见了。这个原因就是社会的变化。总体来说我们社会还是在朝法制社会方向发展，法律的健全、公正才能最终解决社会问题。

舆论监督任何阶段都不可缺少，但是它的数量是应该根据当时社会情况来定的，不是说这样的节目越多越好。社会发展到一定高度，社会舆论监督的数量可能要减少。随着社会的进步和法制的健全，依法治国目标的实现会使社会越来越好。我希望到最后所有舆论监督节目都关门，这时候我们的社会才是最美好的。

舆论监督任何阶段都不可缺少，但是它的数量是应该根据当时社会情况来定的，不是说这样的节目越多越好。社会发展到一定高度，社会舆论监督的数量可能要减少。

链接

完善制度是《焦点访谈》选题的重要保证

在所有舆论监督报道活动中，选题应该是最重要的初始环节，是把握舆论导向的基础。注重选题工作，就是导向把关"前移"，在报道的第一个环节就牢牢把握好舆论导向关。选题把握好，节目的整体报道工作就处于主动。一个有问题的选题，一旦投入采访，至少要造成人力、物力、财力的浪费，而且有可能引来不良的社会反响，使工作陷入被动。在某种意义上说，选题审查比节目审查更重要，也更有价值。

《焦点访谈》的内部管理制度应该说是很严格的，而且这种制度的建立，首先是从选题申报制度作为起点的。

1. 选题的“预警”机制

综观《焦点访谈》收到的来信、来电、来访，其中是有规律可循的。

有50%左右反映的是常年的“热点”问题——腐败。有20%左右反映个人蒙受冤屈或利益受到损害的问题。另外有30%左右的线索具有变移性，一个时期、一个阶段，反映的问题明显不同。一叶知秋，基层群众反映的这种“季候性”问题，当达到一定量的积累时，就意味着群众关心的热点问题已经形成。这是《焦点访谈》分析民情的重要依据，它可以对一个时期、一个阶段的选题方向作出提示。

在操作中，《焦点访谈》对这类变移性信息十分重视，进行了系统的分类管理，制定了量化分析标准。对同一类现象，如果连续三天，每天观众反映的线索超过50件以上，策划人员就会建立专档，指定专人监控，并进行调查、分析，如果有报道价值，则会从中筛选报道选题。

2. 选题的筛选机制

线索的大数量是选题高质量的基础。为了保证所有反映的线索都能得到及时、有效的处理，《焦点访谈》确立了选题筛选分工负责的做法。

(1) 由《焦点访谈》中心组设立专人，分别处理群众来信、来电、电子邮件，接待群众来访。要求当周的信件必须当周处理完毕，热线电话值班从早8：30至晚9：30；每天的电子邮件当日查看，群众来访随时接待。(2) 记者组采编轮空的记者，同时可以对热线寻呼中提供的线索进行处理，并帮助中心组处理一部分群众来信。(3) 中心组策划人员在每个工作日提交一份选题报告，列出约3—5个有效的报道选题，供节目组选择采用。

为了适应复杂的工作，《焦点访谈》一直在培养建立一支选题策划的专业队伍，要求策划人员既要熟悉相关政策，又要懂得电视业务，能够透过现象看到本质，能够拨开烟幕探出真相。比如，关于甘肃庆阳私盐的报道，线索源于观众的电子邮件。但当时来信反映的主要问题并不是私盐，而是当地的滥采滥挖和其他一系列腐败问题，只是在举报信的末尾提到一句私盐泛滥的问题。负责网络选题的编辑意识到这一情况更有选题价值，立即复函让其补充相关情况，这才有了《“盐”过其实》这期轰动的节目。

3. 选题的储备机制

许多人经常叹服《焦点访谈》反应神速，中央刚出台一项重大政策，它就能找到一个极其生动而鲜活的事例来阐释与表达。这其实是《焦点访谈》建立选题储备制度的效果。

来自观众的报道线索，量大、面广、事杂，尽管会从中筛选出许多有报道价值的选题，但是这并不意味着马上可以操作，其实由于各种各样的原因，大部分是不能立即拍摄的。另外，当《焦点访谈》播出某个舆论监督的节目后，观众常常会大量反映同类问题的线索，并且具有较高的利用和参考价值，而栏目显然短期内不宜重复报道相同题材的节目。

有鉴于此，《焦点访谈》实行的是选题储备制度。对有价值的观众来信要摘要登记，所有的观众来电都要做记录备查，所有的观众来访都要登记，有价值的电子邮件都要下载复制存盘。另外，所有的选题报告和记者申报的选题都按类别、地域等项目输入计算机，由专人管理，保存期至少半年。

对于某些热点问题，观众反应强烈，也提供了大量的报道线索，但短期内不准备操作的，就选择出一些有代表性的个案存档，为今后报道做好储备。而对于有些特殊且敏感的重点选题，由于宣传形势要求，可能短期内无法报道，那么《焦点访谈》则采取“重点储存”的方式，即“活养”而不是“死放”，由专人负责与举报人保持联系，随时了解进展情况，一旦时机成熟，立即将选题做大。

对于有些特殊且敏感的重点选题，由于宣传形势要求，可能短期内无法报道，那么《焦点访谈》则采取“重点储存”的方式，即“活养”而不是“死放”，由专人负责与举报人保持联系，随时了解进展情况，一旦时机成熟，立即将选题做大。

4. 选题的论证机制

选题论证是确立选题的最重要环节。《焦点访谈》几乎对每一个舆论监督的选题，都进行相反的论证。一般情况下，选题论证的要点集中在以下几个方面：

(1) 选题与党和政府现阶段的路线、方针、政策是否有不和谐的地方；(2) 选题事实是否包含有可能引起不安定的因素；(3) 对于基本轮廓清楚的选题，关键事实是否存在疑点和不确定性；(4) 选题所包含的事例是否非常极端，不具普遍性；(5) 选题是否符合电视新闻的操作规律；(6) 选题清楚、事实准确、责任明白，但报道后问题能否得到解决。

5. 选题的优化机制

经过层层关口，选题最终获得通过，但是这并不意味着每一个获批的选题都能够进行拍摄，并最终制作播出，这里面还有一次更为严格的筛选。为了保证播出节目的事实准确，优中选优，《焦点访谈》在制度上还建立了一个运作有序、分层把关的机制：

——记者把关：选题获批后，如果记者在采访中发现主体事实不明确，或会带来负面影响，将与制片人进行沟通；确应放弃的，就不进入采访阶段。这样被筛掉的选题占《焦点访谈》已获批选题的10%左右。

——制片人和部主任把关：记者采访回来后，制片人、部主任要与记者反复研究节目，不符合要求被过滤掉的节目大概占了10%左右。

——主管台领导终审把关：主管台长出于政治大局和制作水平等方面的考虑，会严格把关。

“三关”之后，应该说最终播出的节目代表了《焦点访谈》的水平。而“三关”机制的实施是保证《焦点访谈》的报道导向正确和播出安全的重要手段。

（《焦点访谈》总制片　梁建增）

第 4 章

《新闻调查》：调查性报道是我们的核心竞争力

——对话制片人张洁

在转型期的中国做一名调查记者，是我们的荣幸。瞭望与守护，我们将竭尽所能，不辱使命。

——张　洁

• 制片人简介

张洁　云南人。1984 年大学中文系毕业。1993 年加盟央视《东方时空》。1996 年供职《新闻调查》，2000 年 11 月担任《新闻调查》副制片人。2003 年 3 月担任《新闻调查》制片人。

他编导的主要节目有《西古县村纪事》、《公交是否优先》、《公开选拔副局》、《嘉化改制录》、《香港百年大事记》、《真理标准大讨论》、《第二次生命》、《眼球丢失的背后》、《硝烟中的霸权》、《战火中的中国记者》、《鱼死之谜》、《羊泉村记忆》、《厦门远华特大走私案（上、下集）》等。

•《新闻调查》简介

创办时间：1996 年 5 月 17 日

栏目性质：调查类栏目

时　　长：45 分钟

播出频次：每周一期

栏目特色：

《新闻调查》以记者的调查行为为表现手段、以探寻事实真相为基本内容、以做真正的调查性报道为追求目标，崇尚理性、平衡和深入的精神气质。该节目的创办被认为是继《东方时空》、《焦点访谈》之后中央电视台深化新闻改革的第三步。

为追求节目的高品质和职业化，《新闻调查》设置了细致的专业分工，有制片人、记者、编导、摄像、录音、策划、秘书、制片、统筹、后期制作等工种。制片人负责栏目的整体运作和日常管理，栏目实行制片人负责制。记者专司采访，编导整体把握结构故事，摄像实现内容的影像化，录音负责声音的纪录和表达等，每个人各司其职，确保栏目的高品质。

做电视投入和产出是成正比的

欧阳国忠：《新闻调查》已播出近十年了，在中国，一个栏目能播出十年不容易。

张洁：我们现在还处在成长期，没有达到最理想的境界。

欧阳国忠：有一些人士说，国内节目三年就有困惑，就撑不住了。但是《新闻调查》走过十年，还处在一种上升的感觉，缘由是什么？

张洁：最主要是我们对这个栏目有自己的一套理想标准，用这套标准衡量，我们还有差距。《新闻调查》是45分钟的深度报道节目，在这么大的节目里面无论内涵，还是表现技巧，都要达到一种非常高的指标，努力的过程会非常长，我们才做了十年。据我们了解，国外同类栏目中，英国BBC《全景》栏目已生存了52年，美国CBS的《60分钟》已生存了37年，PBS的《前线》已生存了29年，澳大利亚ABC的《四角》栏目已生存了25年。把我们的节目与国外同类优秀节目相比较，我们的差距还比较大，所以我们认为我们的节目现在还处在成长期。

欧阳国忠：有人说《新闻调查》是新闻电视节目当中的航空母舰。它的画面、音效感觉很过瘾，可以反映出国内新闻制作的理念和职业化水平，你们对这方面有什么要求？

张洁：《新闻调查》初创的时候，从技术硬件到人才配备上，都是按照一流标准来做的，专业上把画面拍摄，把声音质量保证作为非常重要的要素来运作。我们是最早设置双机拍摄和专业录音的电视新闻栏目。一期节目的采制需要两个摄像，有主摄像有副摄像。最早加入《新闻调查》的编导、录音师，在电视专业方面有着相当多的经验积累，由这些纪录片的高手做这些节目，我们节目的起点自然就比较高了。

如果我们参照美国的《60 分钟》，以它的技术质量标准、画面标准、声音标准来衡量的话，我们认为我们做的还是有差距。尽管近十年了，我们还是有差距。观摩国内节目，甚至国内优秀的深度节目，在专业品质方面，我们还不一定是最高的。比如 CCTV-10 一些纪录片栏目，还有一些人物类的栏目，相比他们画面的精致，我们还有一定的差距。但我们在努力把它做到最好，朝这个方向努力。

欧阳国忠：这档节目有专门的录音师？

张洁：我们三个录音师都是电影学院录音专业毕业的。

欧阳国忠：你们外出采访一般是多少人？

张洁：五到六个。一个采访记者，一个编导，两个摄像，一个负责拍主持人，一个负责拍嘉宾，另外还有一个录音师，有时候带一个编导助理或者一个策划出去。

欧阳国忠：绝对的超豪华型阵容，在凤凰卫视可看不到这样的阵容。

张洁：《新闻调查》栏目的诞生，是央视新闻改革的第三步。当时台领导之所以花那么大的代价设置这样一档栏目，首先肯定是参照国内同类栏目，期望我们这个栏目在思想内涵上和专业品质上做到国内最好，接下来就是缩短与国际同类优秀节目的差距。做电视与做电影一样，大投入和最后出来的产品质量往往是成正比的。

欧阳国忠：一般一期节目成本是多少？

张洁：节目成本不一样，在北京做一期节目成本非常低，有的节目要跨好几个省，成本自然就高了。一般一期节目的成本在 10 万以内。

欧阳国忠：有人说你们的一期节目策划一个月，拍摄一个月，制作一个月？

张洁：一般是一个采编组两个月做一期节目。一期节目前期的论证工作要求要相当深入，包括对选题的分析、判断、印证，后期制作一般是半个月，这样才能保证节目的品质。对于突发性的事件，我们启动另外一套机制，能够保证在十天或者一个星期将节目做出来。偶然情况下我们有快速的反应机制。

欧阳国忠：做一期节目的周期大概是两个月，但是《新闻调查》是三个出镜记者，怎么能够周转过来？

张洁：按说我们应该有四到五组记者才符合良性运转的条件，但现在由于对出镜记者要求比较高，三个出镜记者基本上是跟这个编导刚回来马上又得跟另外一个编导出去，我们节目后期制作比较长。三个出镜记者疲于奔命，甚至是从这个节目点做完节目马上得飞到另外一个节目点，属于高速运转。

从策划负责制到出镜记者中心制

欧阳国忠：你们栏目是最早引入新闻策划这个职位的，策划在《新闻调查》当中到底起着什么样的作用？

张洁：《新闻调查》在借助一些媒介和思想界的精英参与节目的策划，就是借思想成就节目方面，在央视做得比较靠前。策划在《新闻调查》生产力当中起到了三个层次的功能。

第一层是选题策划。我们根据某个信息了解相关背景，这个信息也许来自平面媒体或者网络，也许是观众来信来电，我们根据这个信息看看可以从哪几个方面进行升华，把选题的意义以及它的大概脉络走向做一个梳理，成为一个选题，这是选题策划。选题策划报给台领导批准之后再进行具体运作。

第二层是节目策划。我们曾经实施过策划负责制，赛纳、凤凰卫视中文台副台长刘春以前就是我们栏目的策划。他们带着编导到现场对选题进行初步论证，看看从制作上怎么设置结构，从采访上怎么定位一些问题，调查点、切入点以及最后节目的出口是什么。策划拿出一个整体方案提供给编导，编导按照这个方案把节目的精髓反映出来。这样的策划不仅需要你有思想，同时还要求你有较高的电视业务水平，能够把握电视摄录画面，包括采访方面的整体构架功能，这样的策划我们称之为节目策划。

第三层是栏目策划。我的工作其实很大一部分就是栏目策划，栏目的总体发展在运作上有哪些考虑，比如栏目的选题，栏目的发展方向，包括我们一些重大的项目立项，包括对整个栏目编导、摄像业务上的培训提高，主持人的包装推广等等方面。

我们的媒介环境发生了深刻的变化，这个变化有两个标志。一个是媒介的市场化，导致了现在央视提出收视率考核，提出末位淘汰，整个栏目的生存，要求你必须关注收视率，而且与以前的重视程度大不一样。另外，最近几年媒介发展非常快，单就中央电视台而言，相关的深度报道栏目也越来越多。我们以前做过主题性调查、记录性调查、历史揭密性调查、一对一的专访调查等等，到了今天你回过头再看，很多当初是你的特色和要件的东西，如今相关的栏目都有了。比如，以前我们会做观点性的节目，但是现在这方面的节目有《央视论坛》，而且还是个日播节目。在已经变化的新闻资源面前，哪类节目是《新闻调查》最擅长的，或者说是不能被取代的，我们称之为核心竞争力的东西。通过七八年的梳理之后，我们认为，记者到现场通过自己的调查去印证事件的真实，这种调查是《新闻调查》的核心竞争力，这种真正调查性的报道是其他栏目无法替代的。

另外我们在专业上要求都比较高，包括摄录、记者提问。这点我很骄傲，《新闻调查》的提问在新闻节目当中是最好的。我认为这就是我们的优势，在调查节目里面，我们要进一步强化这些优势，并将这些优势发挥到极致。从2003年开始我们提出要做真正的调查性报道，舆论监督节目是最适合做调查性报道的。2003年我们进行了选题的大调整，以前我们常做宏观政策分析，2003年开始这些题目我们基本很少做了，我们大量做的是来自现场的、侵害公共利益行为的一线内部调查，把民众所遭受到的不公正的事实，通过调查挖掘出来，以维护他们的权利和利益。应该说这种选题的调整，既符合栏目的品质，也符合我们对调查记者的要求，凸现新闻的正义和良知。这种节目也应该有好的收视率。

还有一点，2003年我们把人力资源管理引进到栏目当中来，建立了一个绩效评估体系，质量要求高的揭黑报道我们给的分值高，记者做挑战性大的节目，只要做成了，他的报酬就远远超过常规节目的报酬，这就在机制上保证了舆论监督性节目的生产运作。另外我们一改以前实行的策划负责制和编导负责制，大力推行出镜记者中心制。在电视节目操作上，西方国家比我们早走了很多年，他们的主持人中心制在节目管理中有好的经验，我们应该借鉴过来。一个出镜记者只要发挥得好，那么这期节目就好，我们要保证出镜记者的主导作用。

欧阳国忠：策划负责制为什么不继续下去？

张洁：当初实行策划负责制目的是想让经验丰富的策划带编导。策划由几位最优秀的老编导担任，让以前的助编或者刚进来的新手任编导经受锻炼。这个措施让栏目的整体水准起来了，节目质量不会特别高或者特别低。但是不让原本挑大梁的骨干编导直接做节目会直接导致优秀节目的丧失。《调查节目》是获国际大奖最多的栏目，台领导要求我们每隔一两年就要有优秀的节目出来。策划负责制实施了半年左右，新带的编导素质都提高了，那些骨干编导也就重新回到采制节目的岗位上了。

欧阳国忠：你们的出镜记者实际上也就是观众所称的主持人。

张洁：在美国主持人是指坐演播室的，出外景的叫做出镜记者，我们延用了美国的叫法。

欧阳国忠：美国出镜记者的工作相对稳定性比较大，他们往往会将其作为一种职业做到老。今后《新闻调查》出镜记者的职业感和职业精神是不是也会不断得到加强？

张洁：我们希望是这样。在发达国家，一般来说主持人都是从记者开始做起，有的主持人则从编导做起，然后一步步到做外景记者，到四五十岁时进演播室。我们希望我们的出镜记者能一步步做到持续发展。但是首先要看我们这个平台，我们这些理念是不是让他觉得他在这里有较大的发展空间。美国《60分钟》从1968年到现在已发展了近40年，我们希望《新闻调查》能一如既往做下去。我们开玩笑说，在央视所有的栏目中《新闻调查》是生命力最长久的，它的最高境界很难达到，记者采访也好，编导业务也好，要求做到在40多分钟里（40多分钟是一个电视剧的概念），把你

在已经变化的新闻资源面前，哪类节目是《新闻调查》最擅长的，或者说是不能被取代的，我们称之为核心竞争力的东西。通过七八年的梳理之后，我们认为，记者到现场通过自己的调查去印证事件的真实，这种调查是《新闻调查》的核心竞争力，这种真正调查性的报道是其他栏目无法替代的。

的节目做到好看，把理念传达清晰特别不容易，对各工种都是一种挑战。这种挑战意味着我们的发展空间特别特别大。

欧阳国忠：你强调出镜记者的主体意识，是否意味着出镜记者有决定权？

张洁：《新闻调查》实行的出镜记者中心制，包装出镜记者是指让他多做适合他做的选题类型，从外在形体上找出他恰当的肢体语言和穿着等。但是对于一个真正的深度新闻报道记者而言，我们对记者中心制的核心要件提出了更高的要求，出镜记者必须对新闻要敏感要有热情有冲动。

以前我们强调编导中心制，记者的主动性会被抑制，编导找题材，记者到时候去采访就行了。2003 年 9 月 18 日我们进行了一次改革，引进了团队竞争的概念，以柴静、杨春、长江三个出镜记者为核心的三个小组形成竞争格局。以前我们每个编导可以轮换使用这些出镜记者，现在每个出镜记者手下配备三五个编导和几个摄像录音为其服务，编导选定一个题材除了经过我同意报台里批，还必须经过出镜记者。这样一来，大家的积极性主动性被很快调动起来，大家从屏幕上看到的节目变化非常明显。柴静组的编导在找选题的时候自然就会考虑哪些选题适合她，在话题设置中尽可能结合柴静的采访特点让她在镜头中多出彩。另外，记者在镜头前的表现也通过制度的确立上了一个台阶，但这并不意味着我们的记者已经达到了我们所期望的地步。

《新闻调查》也实行淘汰制，末位淘汰掉的更多的是编导，编导群体比较大，大概有十五六个。我们要求编导首先要理解新闻热爱新闻，对新闻有主动性，同时具备很多的公共关系技巧。摄像、录音比较固定，做了八九年，不可能淘汰掉他们。以前是记者跟着编导跑，编导把什么都安排好；现在反过来了，编导要跟着记者跑。出镜记者中心制是一把双刃剑，一方面可以推着记者往前走，另一方面也对记者提出了更高的要求，首先你得有一种向心力，你的思想素质，你的待人接物，你在现场脑子清不清晰，采访提问到不到位，大家都瞪大了眼在看着你，因为你是核心，你不适合就会把你淘汰掉。

好的电视节目首先必须有一个好的故事

欧阳国忠：美国三大电视网竞争主要是新闻竞争，树立一个王牌新闻栏目对于频道对于台的形象提升有很大作用，是不是要做到国际大台的位置一定要做出自己最好的新闻栏目？

张洁：对。国外大的媒体包括美国的三大广播公司都有自己的深度报道栏目，时长一般在一个小时左右，这种节目最重要的是把握思想的深刻性，能直观反映出这个媒体这批传媒人对于社会生活的认识和对整个世界的宏观把握。这帮人的思想载体就应该是这个栏目。这种栏目如果要做到理想当中的境界，必须要求有非常职业化的电视工作者。

欧阳国忠：对于一档45分钟的节目而言，要对观众产生持久吸引力是相当不容易的。你们使用了什么样的方法把观众吸引住？

张洁：一个好的电视节目，首先最主要必须有一个好的故事。选题方面来说，要有新闻性、故事性，故事性是很重要的元素。另外作为电视技巧来说，悬念层层递进式的设置，采访的到位，编辑节奏的整体把握，都是不可或缺的元素。总之，一期好节目选题上要求有好的故事，采访上希望步步紧逼，到位，有调查感。从节目整体情节上一层一层像剥笋一样往里走，这些都是构成节目好看的要素。

欧阳国忠：《新闻调查》对选题故事的标准是什么？

张洁：有好的故事，而且这个故事必须是有意义的。也就是说，有了好的故事并不一定能成为一期好的节目，节目中的故事要能够反映时代的特征，能够承载一些社会问题，能够对我们有所启示。光有故事没有意义我们不会去做，光有意义没有故事我们也不会去做。我们认为对故事性的强调是对观众的一种尊重，你不能说有意义就把强扭的思想，通过没有故事承载的东西发布给你让你接受。故事是一个让人易于接受的载体。

我们对选题的要求相对来说比较高，因为一个新闻事件太简单了不行，有的新闻事件有意义也有一定的故事，但是故事太简单了也不行。一般说《新闻调查》好的选题起码故事上要有三个回合，一期节目10分钟或者15分钟一个高

《新闻调查》实行的出镜记者中心制，包装出镜记者是指让他多做适合他做的选题类型，从外在形体上找出他恰当的肢体语言和穿着等。但是对于一个真正的深度新闻报道记者而言，我们对记者中心制的核心要件提出了更高的要求，出镜记者必须对新闻要敏感要有热情有冲动。

潮，要有这个情节线，这样才能吸引观众来看。有的故事一个回合或两个回合就完了，这样的片子更适合《焦点访谈》去做。我们要求故事有曲折性。

欧阳国忠：符合这些要求的选题不多。

张洁：这就是我们的难度所在。

欧阳国忠：获得国际大奖的《大官村里选村官》，很多人称它是纪录片而不是调查性报道，你如何看？

张洁：《大官村里选村官》和《第二次生命》这两期节目，仅仅是使用了一些调查的元素，比如使用了调查记者，使用了印证的方式，整体是纪录片。我们给了它一个概念叫纪录式调查，基本是靠纪录片的内容撑下来。栏目固然是越纯粹越好，每期节目都是揭黑幕都是舆论监督的，但是不可能。在符合栏目品质的调查报道没有那么多的情况下，我们可能会向其他领域扩张，比如做一对一的专访，我们把它称之为心理层面的调查，另外还有像大官村这样的纪录式样式。主题性调查其实是宏观立论找素材印证。无论做什么样的节目，我们用调查的因素来包装它，但是并不意味着它是真正的调查性报道。纯纪录片的样式我们是拒绝的。

调查性报道是《新闻调查》的核心竞争力

欧阳国忠：美国《60分钟》有一个报道，为了揭穿一个保险公司内部的欺诈行为，记者在保险公司卧底三年，最终把这个事情抖露了出来。《新闻调查》有过如此卧底的经历吗？

张洁：我们做过一个有关传销的节目，我们的记者曾经卧底到一个传销组织内部，过程比较短，也就一个星期。投入三年时间去做一个深度报道，我们试图做这样的节目，靠长时间投入来获取一些最有利的证据，但是因为涉及到成本投入问题，我们还没有做到这一步。另外我们是日常经营的栏目，播出是第一位的，每周得有一个节目来播出。对此我们有所考虑，但是要做到这一点，一年两年三年的发展时间还不一定。

欧阳国忠：记者应该具有强烈的社会责任感和良知，以前我在湖南电视台做一档被誉为“湖南焦点访谈”的《流动记者站》栏目制片人时，甚至很绝对地认为没有做过舆论报道的记者不能称其为完整的记者。

张洁：媒体记者，作为一种社会良知的体现者，应该抑恶扬善，对于假恶丑要鞭挞，对于真善美的东西则应该维护和弘扬。

欧阳国忠：在《新闻调查》中，舆论监督的比例占多少？

张洁：我们现在没有明确的要求，去年的这个比例还是比较高的，有影响的舆论监督报道达到十多期，超过五分之一。

欧阳国忠：《新闻调查》的记者肯定也在采访当中经历过不少风险。

张洁：要说风险方面，我们跟老大哥《焦点访谈》的记者比，他们的风险更大。他们出去就是一个记者一个摄像，而且经常是孤军深入，加上暗访的形式。我们摄制组出去一般都是五个人，所谓的兵强马壮阵容强大，而且我们仅仅靠隐性采访是成就不了一期节目的，我们的舆论监督必须得跟他们正面交锋，这是《新闻调查》的特色。这种面对面的接触也使我们的行为不像他们有那么大的风险性。但是，被威胁或者被利诱甚至被跟踪等等，这些对《新闻调查》的记者来说也都是家常便饭。

一般说《新闻调查》好的选题起码故事上要有三个回合，一期节目10分钟或者15分钟一个高潮，要有这个情节线，这样才能吸引观众来看。有的故事一个回合或两个回合就完了，这样的片子更适合《焦点访谈》去做。我们要求故事有曲折性。

欧阳国忠：“新闻调查”有点像侦探，揭露真相和掩盖真相实际上是一种较量，怎么样才能够把这些对方想掩盖的真相揭露出来？《新闻调查》这些年来积累了哪些技巧？

张洁：做舆论监督报道肯定是根据国家的法律法规，去监督纠正一些违反国家法律法规，违反公共利益的事情。我们做这类报道的时候，对方的反弹是比较大的。我们以前说过一句话，如果把《新闻调查》当成一个深度节目的话，深度意味着现场的抵达，深度意味着记者的追问，深度意味着证据的确立。这种证据的确立对调查性报道是非常非常重要的要素。你能不能通过记者的调查，通过记者的取证，这个取证可能包括语言上的证据和实物上的证据，来证明被调查方的确是在侵犯公众利益，是在干些违反法律和法规的事情。

欧阳国忠：怎样才能“炼”成一位优秀的调查记者？

张洁：首先我们得分清两个概念，即“调查节目”和“调查性报道”。国内对调查性报道和调查节目经常混为一谈。我们栏目叫《新闻调查》，但并不意味着我们做的节目都是“调查性报道”。“调查性报道”从传统新闻学定义来说有两个本质的定义。第一，内容是有的集团或者个人侵犯公众的利益，这种行为被掩藏被遮盖；第二，记者对揭穿这种行为的过程是记者独立的调查。这两点是非常重要的要素，我们认为是必须坚守的。

我们所说的“调查节目”有可能用调查的手法来做各种选题，包括正面选题、中性选题、负面选题。我们和司法部门合作做被司法部门定了案或者已经处理的案件，我们在他们的配合下做节目，这应该不算是“调查性报道”，这种调查依靠的是行政力量或者司法力量。

“调查性报道”是“调查节目”当中的极品。通过自己的努力打一只活老虎，揭露损害公众利益的行为，这个过程是要冒很大风险的，对记者的素质要求很高。我们努力多做一些我们认为的真正的调查性报道，但是同时也要使我们其他的调查节目达到较高的标准。经过这番梳理之后，我们清楚了什么样的节目按照调查节目的要件处理，什么节目按照调查性报道的要件处理。

怎样才能做一个调查记者？素质要求非常多，最基本的就是必须有责任感，必须有一种仗义执言、为民请命的精神，勇敢、坚定、执著、有韧性，这些都是基本的素质。另外还必须具备比较成熟的政治经验。比如在现有的环境里面怎么样操作这个题材，按照你的预设把这个节目采制成功，前期的拍摄、后期的把握要求比较高。另外做调查性报道必须有很多的专业技巧，包括拍摄和采访，怎么样能够拿到你想要的东西。一个优秀的调查记者应该是业务素质、思想素质和政治素质等几种要素的集合体。

欧阳国忠：最近一期关于法院院长案子的节目让人气愤难平。

张洁：这期节目讲的是发生在云南地区一个法院的副院长对一个幼女实施了侵害，逍遥法外将近50天，最近才被拘留，证据确凿，而且公安取证基本明确，但是被抓的当天晚上就被放了，因为他的背景。我们节目调查的就是在这么一个证据非常确凿的事实面前，法院的副院长为什么没有得到处理？

欧阳国忠：接受线索时估量过采访和播出阻力吧？

张洁：考虑过，凡是类似的报道都有一些阻力。但是，我想我们采访曝光一个事件，首先不是为了炒作一条新闻，我们是在做舆论监督，我们在进行某项监督或者揭露某个问题的时候，更多是从建设性的角度入手，而不是从炒作的角度入手，我们希望这个问题能够得到解决，这也是《新闻调查》和其他节目有所不同的地方。我们的记者到了现场以后，取证过程非常严谨，非常细致，做得非常到位。2003年我们做了一个反映天灾人祸的节目，讲当地一个镇政府在洪灾到来之前有行政过失，预警方面做得不到位，但是这些却被遮掩了。记者来到特别偏远的当地还原当时的情况，在荒山野外搭了帐篷自己做饭。他们拒绝了当地政府的接待，也没去打扰老百姓，在帐篷里住了八天八夜，就是为了把当初的情形一点一点还原。我们不会去歪曲或者放大事实。公众对炒作非常反感，我们远离这个词。

欧阳国忠：歪曲事情，实际上就歪曲了自身的形象。记者在采访的时候保持客观冷静，从而保证了节目的客观公正，最终保证了《新闻调查》栏目的高品质。有人问，没有一个新闻制度的保障，舆论监督型的记者很难有所作为，你们是怎么做的？

张洁：在新闻法没有出来之前，我们还是有很多保障的。舆论监督目的是净化社会环境，为改革发展营造一个比较好的法制环境，中央这种要求就是我们的一个保障。在进行这方面报道的时候，我们还必须有自身的一些职业约束即自律，比如说我们听说有一些媒体记者利用监督的名义进行敲诈勒索或者做有偿新闻，这样的话就使我们的舆论监督变成了不受监督的舆论。另外，我们对待一个事件要保持客观、公正、理智、严肃的态度，而不是炒作的态度。这些都是我们在做舆论监督报道的保障。

欧阳国忠：你们是怎么自律的？栏目内部有哪些行之有效的规定？

如果把《新闻调查》当成一个深度节目的话，深度意味着现场的抵达，深度意味着记者的追问，深度意味着证据的确立。这种证据的确立对调查性报道是非常非常重要的要素。

张洁：在《新闻调查》员工手册里，我们对各个工种都有很多要求，杜绝有偿新闻，不能以权谋私，这些就不用说了，而且中央电视台也公布了对有偿新闻举报的规则。大家知道现在做监督报道越来越难，对方越来越会保护自己，比如我们的兄弟栏目《焦点访谈》，现在如果不用隐性采访几乎很难成就一期节目。对于这样的偷拍或者说得文雅点叫隐性采访《新闻调查》做不做？我们对偷拍的态度是可用，但是必须慎重。因为偷拍毕竟是隐秘性的行为，必须有几个前提，比如说偷拍的主体是正在实施侵害公众利益，违反国家的法律法规。另外，这个行为必须经过我们一级领导的认可。我们栏目的记者如果用偷拍的手法必须经过制片人也就是我的同意。慎用偷拍，坚决杜绝也不合实际，很多情况只有在隐藏的状态下才能拿到要揭露的事实证据。传销这期节目我们就有很多偷拍的画面。

欧阳国忠：*作为制片人，你如何把握舆论监督与正面报道？*

张洁：我们用舆论监督的概念或者用调查性报道的概念也好，这些只能成为栏目的主导追求，但是不可能说每期节目都是舆论监督，那是不现实的。电视毕竟还是一个产品，节目从选题到播出是一个完整的过程，我们必须保证每周都有一期节目安全播出，跟公司的经理一样，必须有产品卖出去，然后在产品当中实现我们的含金量。死老虎我们也要打，比如远华大案、贪官成克杰案，在做节目之前案件已经查清楚了。我们做的《与神话较量的人》，反映一位有良知的中国知识分子刘姝威冒着风险与损害公众利益的金融集团作斗争，这期节目给《新闻调查》带来了两个月收视率的持续走高，这种节目的影响力度远不是一些揭黑节目能够做到的。其实这期节目制作非常简单，成本非常低，只是找了一个环境采访刘姝威，然后到她家拍些东西，但是它的影响却特别特别大。远华大案花了一年多的时间才采制完成，但是影响力却不如它。

后来我们发现，如果一个栏目或者一个媒体只一味追求曝光、揭露，那么也许它会让人愤怒震撼。但是另一方面，如果曝光一件事情却又得不到解决，相对来说给公众带来的反而是一种压抑、一种痛苦。我们不仅要揭露阴暗面，不仅要让公众看到黑幕，更要表现那些为了捍卫公众利益与侵害者无畏斗争的勇士，最终给公众以希望。像刘姝威，她为我们树立了一位合格的社会公民形象，这种精神的发扬光大对社会非常有益。所以我们两手都会抓。

《新闻调查》栏目的人格化

欧阳国忠：《新闻调查》揭露社会阴暗面的内容不少，你作为制片人每天接触这些话题，心情会不会暗淡一些？

张洁：我每天接到的观众来信来电非常多，而且许多都是你所说的反映阴暗面的。《焦点访谈》这方面的信件每天就是一大麻袋。用职业的眼光来看，所受的影响就会小一些。做这类选题，当记者通过努力使这些内幕得以曝光，甚至行为得以纠正，问题得以解决，那个时候作为一名调查栏目创作者，那种快乐的成就感和幸福感也是很难用语言来形容的。每当我们播出一个特别优秀节目的时候，我们开玩笑说，那天就是《新闻调查》快乐的节日。

欧阳国忠：职业记者面对压力有自己的释放方式。我曾碰到一个刚从大学毕业的女孩，她执意选择一个调查性栏目做记者，但是一两个月之后她就受不了心理压力，最终选择了离开。

张洁：前面提到记者的素质，韧性也是重要的。比如说你的节目中途流产了，或者节目做完了而且有不少令自己欣喜的出彩点最后却不能播出，这些你能不能承受，能坚持下来的肯定是有韧性的人。《新闻调查》这批调查人有一个共同的特点，就是我们不是和身边的人较劲，而是和自己较劲。无论在什么样的社会环境当中，无论从事什么样的职业，我们最大的敌人都是自己。比如我是一个胆怯的人，我是一个不愿意得罪别人的人，你做这种舆论监督节目首先就必须战胜自己的怯懦，这个较劲是自己跟自己较劲。另外你可能是一个不冷静、容易冲动或者不拘小节的人，你可能会犯很多错误，我要求你客观冷静，从容精确，这个毛病的克服要靠你自己。你的产品是什么样的质量，取决于你到底能不能超越限制你发展的因素，再上一个台阶。我们要明白一个人发展的最终障碍是自己，任何困难出现的时候你都是自己和自己较劲。

说到环境的问题，我们是有一些想做的事情不能做，但是反过来想，允许做的事情里面，你是不是做到了最好？任何一个时代都会有时代发展所具有的历史局限，我们不可能超越时代。并不是说这个时代没有给你前进的空间，改革发展始终在推动这个空间不断扩大，从 1993 年《东方时空》开播到现在，中国的媒介环境发生了多大的变化，这种进步是谁给你的？不是谁给你的，是所有人共同努力推动中国走到这一天。作为一个媒介记者，受不了挫折改行那没问题，一个个体可以按照自己的原则去选择。如果是真正热爱新闻，愿意通过新闻为国家民族做一点事情的人，他们会用另外一种方式，既看到时代的进步，也认识到目前所处的环境是什么样的环境，然后再慢慢通过自己的平台一点一点和其他的力量整合起来，推动它往前走。无论政界，还是经济界、文化界，包括科技界、产业界，一个国家往前走总得需要一大批这样的人。我们希望我们栏目的员工是推动这个时代进步的其中一分子。

欧阳国忠：你做记者的时候，被枪毙的节目有多少期？

张洁：三期。

欧阳国忠：什么感受？

张洁：那是我到《新闻调查》的第一期节目，为农民讨公道，农民受到不太好的村干部的欺负，后来节目没能播出。我们花了三个多月的时间，后期花了将近一个多月的时间，但是呕心沥血做出的 40 多分钟节目却不能播出，打击非常非常大。我觉得痛苦是难以用语言形容的。但是你必须超越，必须战胜自我，我们后来在评论部的手册上写上了这么一句话：“如果节目没能播出，洗个澡接着找下一个题”。

欧阳国忠：第一期节目就被枪毙，反而越战越勇，直到现在做《新闻调查》的制片人。你有什么招，尽量使记者的调查节目不被枪毙？

张洁：我有三期节目被枪毙，每期节目不能播出总有不能播出的理由，可能是我们没有把事情做好。后来反思我做的第一期节目，如果我用另一种方式来操作的话，这个事件是能够公之于众的，当时太感性太冲动太不够冷静。只有不断反省自己总结自己，你才会变得越来越成熟。但是我们所说的成熟并不意味着我们变得圆滑，新闻变得没有力量，不是这种概念；我们说的成熟是在这种环境下，把我们节目该传递的东西能够以安全的形式传播出来，这就需要很高超的专业技巧和政治技巧，这样你的传播才能得以实现。我特别认可一句话：巨匠在限制中产生。

欧阳国忠：你去过海南打工，中间回过云南，1993年来到北京，这些经历对你选择《新闻调查》有什么样的影响？

张洁：当初不走到北京来，现在就不会在《新闻调查》，首先得益于央视人事变革。社会上各界人才，无论是不是北京的，只要有能耐就能来到这个平台上，你能做摄像就做摄像，能做编导就做编导，能做主持人就做主持人，王志就是这么过来的，央视很多元老也是这么来的。央视这十年最值得一提的就是人事制度改革这块，人的解放是第一位的，如果没有这个的话，也就没有后来的《焦点访谈》、《新闻调查》。《新闻调查》正式员工五六位，大部分是来自全国各地的没有北京户口的招聘人员。他们是我们栏目的核心主体，没有他们《新闻调查》就支撑不下来。

欧阳国忠：你骨子里是一个爱打抱不平的人吗？选择调查性栏目与你的性格有什么关联？

张洁：我不是爱打抱不平的人，我这个人的个性是温和善良、与人为善，但是却疾恶如仇，眼睛里揉不得沙子。在我经营的团队中如果有违背我对人的基本要求的行为出现时，肯定会受到制裁或者抨击。我对人的要求太高，大家可能觉得跟着张洁干太累。

欧阳国忠：出于国际同类节目的模式，还有收视率的压力，《新闻调查》采用了出镜记者负责制，重在把出镜记者包装成栏目的品牌元素。王志、董倩以前都是在《新闻调查》做出镜记者，现在他们都另立门户分别做《面对面》和《央视论坛》了。一方面高出镜率大力推出镜记者，另一方面他们个人品牌打响之后又可能在台内“远走高飞”另做新的栏目，《新闻调查》怎样克服这对矛盾？

张洁：这个没有办法。当有一个更好的平台出现的时候，我们总是要成全他们的。因为每个人对自己的发展都期

《新闻调查》这批调查人有一个共同的特点，就是我们不是和身边的人较劲，而是和自己较劲。无论在什么样的社会环境当中，无论从事什么样的职业，我们最大的敌人都是自己。

待有更高的平台，这也是《新闻调查》的用人观点，我创造一个好的平台提供给你，如果你有更好的平台，那个时候我也会放你出去。不能说你走了我的节目受损失，我就不让你走，这不符合人才的市场配置。王志到《面对面》做主持人兼制片人，这个栏目填补了中央电视台的空白，这种事情不会经常有。相对来说《新闻调查》还是个比较好的平台，因为据我们所知，在美国新闻记者新闻主持人里面华莱士的地位非常高，华莱士在《60分钟》做了30多年。一个记者在《新闻调查》这个平台上，一年要做十多期深度报道节目，每期节目里深度采访的人的数量将近20个，这样一种积累对记者来说是多么大的一种财富。对一个事件的深度认知，对于事件当中当事人的深度认知，几年下来，我觉得无论对他们的专业技巧来说，对他们的经历、思想各方面的影响都是非常大的，这样一种机会是不多得的。我觉得对于一个有心做真正记者的电视人来说，这个平台是非常好的。

在一个急功近利的媒介环境当中沉下心来踏踏实实做新闻，我想在观众当中的公信力是不可预料的。大家对《新闻调查》还有一些好的口碑，最重要的一点，我们希望做让公众信赖的新闻，我们希望我们的记者也是让公众信赖的新闻记者。从记者行为上到节目上，我们都希望具有公信力。目前信息报道当中有很多新闻可能是不严肃的、不客观的，作为央视的重头深度报道栏目《新闻调查》，我们让新闻变得有力量，让新闻变得有尊严。

在栏目团队核心理念上，我们提出一个观点叫做栏目人格化。人格化是什么？今天是价值多元化的时代，很多东西被颠覆。生活当中什么样的人和什么样的事什么样的行为是能够让你信赖的，让你去热爱的，我们就把它变成我们记者的行为。一个勇敢的人，一个疾恶如仇的人，一个公正的人，一个有着博大同情心的人，这种人绝对会受到社会的尊重。如果你是这样一个人，你周围的同事肯定对你是尊重的。我们希望我们的员工对人是善意的，对周围的环境是善意的，另外一个方面又疾恶如仇、有良知，这也是我们所强化的。尊崇客观真实的理念，用平衡的手法，又冒着一定的风险，这些行为在今天的媒介环境当中是比较高贵的记者行为，我们《新闻调查》的记者力争做这种记者，我们做出的新闻力争承载这些精神，这样就能把我们的团队营造成在中国深度报道当中一个有影响力的团队。影响力的前提首先是公信力，如果你的新闻让人信赖，批评过的对方对你的新闻事实，对你摄制组整个精神面貌、工作作风都有一种认可或者公正评价的话，那么我认为你做新闻就做到了一种极致。我们在村里住了八天八夜的记者，当地政府对他们好评如潮。现在是炒作的时代，眼球的时代，好多东西丧失了，我们希望通过这个团队的努力来恪守、捍卫这些东西。

解决不公正的事情还是要靠法律的力量

欧阳国忠：有位网友给《新闻调查》写了这么一段话："这个节目我很喜欢，算是冲昏了头的冷静剂。希望《新闻调查》进一步加强曝光社会黑暗面的力度，为百姓呐喊，为当局者警醒，为推动法制中国助威。"

张洁：我们会尽量朝这个目标去做。网友对我们有这种期待可以理解，但是现在老百姓对媒介的期望值太高，总觉得新闻是包青天，可以解决所有问题。我们认为真正能够解决这种不公正的事情主要还是要靠基层的司法力量，还是要靠法院。到中央电视台门口告状的人比较多，某种程度来说是求助司法得不到解决才求助于媒体，从我们内心深处来说，我们希望大家把法律看得最重，法律毕竟是解决问题最好的方式。《新闻调查》一年才 52 期节目，就算全做舆论监督我们也只能做 52 个案子，但是我们每天所收到的求助信远不止 52 封。有很多年轻的记者一开始带着主持正义的理念来到《新闻调查》，来了之后却感觉到自己帮不上忙，有一位实习生接了不少投诉电话，回去之后嚎啕大哭，觉得自己做的事情太有限了。

在一个急功近利的媒介环境当中沉下心来踏踏实实做新闻，我想在观众当中的公信力是不可预料的。

对每个有冤屈的事情都能够帮助解决是不可能的，我们的使命在哪儿？我认为，作为一名记者，如果你的选题得以立项，得以到操作层面，那你就要尽全力把节目做好。拖欠民工工资有一百个案例，我们只能做一个，把切入点选好，然后花所有精力把节目做好，这就是我们能做和应该做的。

但是被曝光的一部分人，他们为了掩盖事实真相，会调动很多力量来阻止节目的播出，这是我们实施舆论监督当中所面临的最大障碍。经常会出现记者刚到现场采访第二天或者第三天，公关的就到了北京的情况，每个有影响的监督节目的播出都是全台上上下下抵抗公关的结果。地方的一部分人动用国家资源住着高级宾馆上下活动，其目的就是要使他们的行为不被曝光。我认为这种行为同样是一种腐败行为，因为他们在利用公共资源而且目的是维护少部分人的利益，用这种手法给电视台施加压力，使我们的节目不能播出。但是好在我们现在舆论环境越来越好，从中央到各级领导，对舆论监督这块越来越重视，在这种环境下，我们以后从数量上到质量上，尽量使我们的舆论监督节目上一个台阶。

链接一

《新闻调查》的运作机制

为保证节目生产运作的效率，从2003年开始《新闻调查》在中国人民大学的人力资源专家的帮助下，在中国电视界首次引入资源管理的概念，建立了一整套有效的管理机制。

第一是建立了一套绩效评估体系。这个评估体系的导向非常明确，凡是制作调查性报道，节目的评分就高，摄制组成员拿到的稿酬也就多。只要是调查性报道，根据难度和对抗性，会分别加10分到20分。编导在确立选题的时候就知道，调查性报道的题是能得高分的，而且如果收视率高，还加分。

第二是建立了调查性报道的风险机制。此前，有些编导不太愿意做调查性报道，原因除了是报酬和一般的调查节目比没有特别的增加，更重要的是调查性报道风险大，节目经常不能播出，摄制组的所有成员就拿不到稿酬。于是就出现了这样的现象：一个好的调查性报道选题，因为难度和风险比较大，有时候题在题库里放了半年、三个月都没人去领。因此，在建立绩效评估体系的基础上，第二步又建立了做调查性报道的风险机制。凡是制作完成的调查性报道，经过制片人验收而没有能播出的，摄制组可以拿到这个节目正常稿酬的80%，这80%的风险是由制片人承担的。这就打消了摄制组的后顾之忧。

第三是确立了记者中心制。长期以来《新闻调查》一直以编导作为节目创作的核心，先是编导领自己感兴趣的选题，然后看让哪个记者去采访，记者在创作过程中相对处于被动的位置。但是对于调查性报道来说，记者非常重要，往往起着主导的作用。因此栏目便考虑以三位出镜记者为中心建立三个团队，在个人意愿的基础上，每一个记者固定搭配三到五个编导，摄像录音也相对固定。记者对自己团队的选题有一定的否决权，但这同时对于出镜记者的要求也大大提高了，不仅要胜任采访工作，还能对整个节目把握得住，善于组织整个团队的工作。

现在老百姓对媒介的期望值太高，总觉得新闻是包青天，可以解决所有问题。我们认为真正能够解决这种不公正的事情主要还是要靠基层的司法力量，还是要靠法院。

除了充分利用栏目内的智力资源，《新闻调查》还非常注重借助外脑。早在1996年下半年，就形成了一个外围的策划班子，成员包括中国社会科学院社会学所陆建华博士、原《三联生活周刊》的主笔方向明等资深新闻人和专家。后来著名作家、历史学者吴思，中国社科院社会学所研究员陈昕等也先后成为《新闻调查》的专家策划。从2000年开始，《中国青年报·冰点》主编李大同、北京师范大学的于丹教授、中国青年政治学院的展江教授等专家，先后做过《新闻调查》的专家策划。

链接二

《新闻调查》的节目营销

为了扩大栏目的影响力，提高节目传播效果，从2003年开始，《新闻调查》逐渐形成了一套节目营销的理念和体系。对于节目营销的目的，制片人张洁认为：一是使节目的传播效果最大化，使传播过程由过去的一锤子买卖转变为波浪式推进的复合式传播；在业内人士和未来新闻从业者中传播《新闻调查》的新闻理念和职业理想，扩大栏目的影响力；在与专家和受众的互动中，发现和解决栏目创作中遇到的问题，真正以观众为本。

为此，《新闻调查》确立了单期节目的营销、栏目的营销和重大活动营销等多种方式。就单期节目的营销来说，包括节目播出前的预告、节目播出后的二次传播、与观众的互动交流等。节目预告主要渠道是通过央视新闻频道《相约新七天》和每日滚动的导视以及综合频道的导视等窗口进行，充满悬念和吸引力的导视，让观众产生强烈的期待和收视欲望，使得节目的收视率和传播效果得以提高。另外，《新闻调查》和多家平面媒体和网络有合作，优秀的节目会被一些平面媒体和网络再次传播，形成舆论热点。如果时机适合，还会组织节目的主创人员和网友交流。再者，每年《新闻调查》还会把优秀节目结集出版，形成文本方便读者长久阅读。

为了提升栏目的影响力，《新闻调查》还开展了校园行活动，和在校大学生交流新闻理念和职业理想，并就栏目实践中遇到的问题和专家学者共同研讨。2003年12月12日，在北京广播学院举行了第一次校园行活动——"电视调查性报道暨《新闻调查》栏目发展高级论坛"。2004年6月10日在北京师范大学举行了第二次校园行活动——"调查性报道"暨《新闻调查》栏目研讨会。2004年11月又在复旦大学、上海交通大学、浙江大学、南京大学、南京师范大学等华东地区的高校举行了第三次校园行活动。这些活动，受到了大学生和老师的欢迎，专家们并就如何更好地开展调查性报道给予了宝贵的建议，同时也极大地提升了栏目的影响力。

第 5 章

《时空连线》：我在现场，开机！

——对话制片人刘爱民

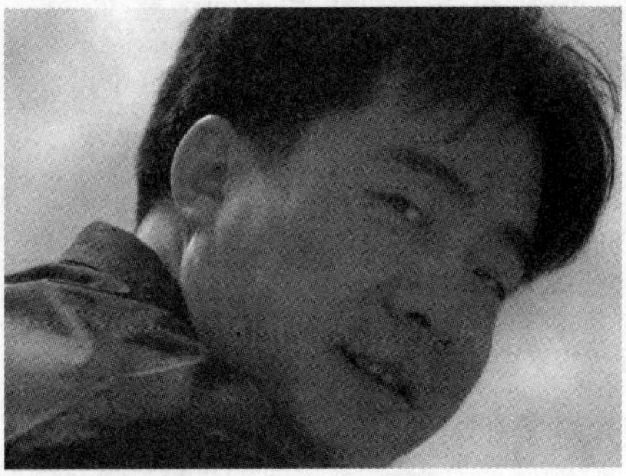

制片人绝对是一个工作机器，从生活状态来说，他过的日子绝对不是健康有序的生活。但是制片人的岗位，绝对是一个极有挑战性的工作，一个栏目能不能成为国内最优秀的专题栏目，很大一部分创造力、想象力和组织力来自于制片人。

——刘爱民

• 制片人简介

刘爱民　籍贯山东济南，出生于浙江嘉兴。大学读法律。1978 年从军，后来成为军队报社的一名记者。1996 年转业，为了一个叫做“话语权”的东西，进入《焦点访谈》担任记者。中央电视台评论部的部训——求实、公正、平等、前卫，给这位来自军队的记者以极大的诱惑。2000 年秋，《东方时空》改版，调至《直通现场》栏目任副制片人。2001 年底，《东方时空》再次改版，参与了《时空连线》栏目创办。

多年军旅生涯，学会了在忍耐中成长，在成长中忍耐。十年《焦点访谈》、《东方时空》的记者经历，懂得了比激情和愤怒更重要的，是冷静中的客观，客观中的质疑。

•《时空连线》简介

创办时间：2001 年 11 月 5 日

栏目性质：以现场报道为主要特征的新闻专题栏目

时　　长：10 分钟至 20 分钟不等，根据报道内容决定

播出频次：日播

栏目特色：

《时空连线》是《东方时空》最重要的压轴板块，是 CCTV 每天国内重大新闻最权威的报道窗口。它拥有一批优秀的现场报道记者，具备了一整套驾轻就熟的快速反应机制，能够在第一时间内报道刚刚发生的重大突发新闻。因此，快速的现场报道和深入的现场调查，是《时空连线》引以为傲的拿手戏。每天给观众带来快速深入的现场报道，成为《时空连线》日复一日永无穷尽的使命。

目前，《时空连线》共有四十多位成员，包括制片人、主编、记者、策划、编辑、摄影、节目推广、资讯、财务等多个工种。

从 2005 年 9 月 1 日开始，《时空连线》又推出一个新的板块《时空调查》，其定位和追求是“用数字掌握生活，用民意表达观点”，现已经成为《东方时空》新的收视增长点。

关注正在进行时的新闻

欧阳国忠：你当时从部队出来，一下子跨入《焦点访谈》，怎么会一下子完成这么大的转变？

刘爱民：我以前在部队也是做新闻的，站岗放哨的士兵阶段大概只有两年左右，从 21 岁起，我主要的工作就是跟文字打交道。写新闻、上学、当新闻干事、当记者，就这么一路走过来。可以想象那种生活，在部队报社当记者，养尊处优，有比较稳定的薪水、有住房，你就像一部庞大机器里的一颗螺丝钉，没有独立意志，但生活超级有保障。但是，这也给你带来了超级的压抑，感到精神上思想上很多方面无法实现自己的想法。积累到一定程度的时候，它就成为苦闷，就需要突破它，但需要有一种外部的力量来推你破茧而出。1996 年正好有一个机会，《焦点访谈》那时候刚刚开播不久，我通过一位在中央人民广播电台工作的朋友介绍，认识了当时的评论部副主任袁正明，请他给我一个机会，试试一个来自军队的记者能否担当起舆论监督的责任。他给了我这个机会，我也证明了自己。当时离开军队，就是想改变一下自己的人生，换一种生活方式，寻找一种能够独立思考并且获得社会尊重的职业。到《焦点访谈》当记者，在十年前，对我来说无疑是最好的选择。

欧阳国忠：当时吸引你的是不是记者职业的一种责任感？

刘爱民：我刚到评论部的时候，最吸引我的是评论部的八个字——“平等、前卫、公正、求实”，这是评论部的部训，是评论部第一任主任孙玉胜提出来的，每一间办公室里都挂着这八个字。我第一眼看到这八个字，眼睛就亮了，这不正是我梦寐以求的生活吗?!这八个字对我的冲击力和召唤力是非常大的，那是一种理想状态的新闻从业境界啊。

《焦点访谈》是国内第一个舆论监督栏目，一拿起那支有大眼睛标志的话筒，你会感到一种从未有过的话语权降临你身上了，你想说的东西，你感受到的东西，你思考到的东西，从此有了表达的空间和权利。一名记者的力量，被空前地放大。这种话语权太诱惑人了，它是其他媒体当时根本没有的。但是我的这种激动大概维持了不到半年，当你无数次地目击、体验社会底层民众的苦难、无奈时，激动就很快消退了，你会发觉原来舆论监督的力量并没有想象中那么大，更多时候你会陷入“我到底能够改变什么”的思考之中。到了这个时候，心中会生出一种更加坚硬的东西，那就是“尽我所能、揭露丑恶”，这大概就是你说的责任感吧。

欧阳国忠：我当时看到你在《焦点访谈》做了不少节目，非常有力度，最近看了《时空连线》播出的好节目，包括湖南嘉禾强制拆迁调查，也非常过瘾。你能否用一句话来概括《时空连线》的新闻特色？我作为一个观众要看《时空连线》，它吸引我的最主要的理由是什么？

刘爱民：我们把《时空连线》定位概括为三句话：“做有速度的新闻，做有现场的新闻，做有观点的新闻”。第一句话强调的是重大新闻不缺席。第二句话强调的是记者要在现场做报道，要有足够的经验来进行现场观察和判断。第三句话强调的是记者不仅是现场的描述者，更加重要的是记者的分析和观点。这是优秀记者区别于一般记者之所在。新闻强调真实，但比真实更重要的，是你要敢于讲出你的意见和观点。这不是诱引观众，而是一个成熟的有立场的记者的责任。

刚刚说到《时空连线》播出的节目，比如“嘉禾非法拆迁”、“沈阳野蛮拆迁”，最吸引观众的恐怕是现场的报道和调查了。来自湖南嘉禾的报道连续做了四期节目，每期都有新进展，是正在发生的重大新闻事件，记者进行现场调查，每天告诉你新的变化是什么，可能发生的变化是什么。以前做《焦点访谈》和《新闻调查》的时候，更多是新闻已经发生过后，再回过头去调查采访。而《时空连线》的报道方式，是正在进行时的事件，跟生活是同步的。将正在进行的事态揭开，找到事实的真相，这就是我们节目吸引人的地方。

"嘉禾非法拆迁"的连续报道，震惊了整个社会，它将一次由当地政府非法行政导致的非法拆迁民房的行为，如此真实地一天一天报道出来，甚至让当地群众、官员都在镜头前各自说出看法和观点。这种报道是极具冲击力的，以至于当时关于"非法拆迁"的议论、评论遍布各种媒体，成为社会普遍关注的热点问题。到后来，甚至引发了国务院常务会议的讨论，并出台了我国第一部关于拆迁的法律文件《拆迁条例》，这都是始料未及的。

欧阳国忠：据了解，《时空连线》反应快速，这是不是得益于前方记者和后方记者的有效配合？

刘爱民：确实如此。前方记者主要是新闻事实的采访，还有现场的连线报道等等，他们的任务是想方设法完成拍摄、连线，把对新闻现场的记录、观察、分析做到最大化。他们的所有智慧、精力都必须用在现场报道上，而不必为节目的编辑，或者其他的技术性事务劳神。每当重大新闻事件发生后，向前方派出多路记者的同时，我们也会在后方配备编辑和策划，对前方记者实施支援，帮助收集素材、编辑节目、建立信号传送渠道等等。所有繁杂的事务性工作大多由后方记者完成。所以重大突发事件的报道，前方和后方的配合是极为重要的，他们对节目的贡献是同等重要的。

在思路上前后方记者是一致的，前方记者不负责编辑，只是传送素材回来，后方记者负责把所有的素材重新梳理和编辑，重新进行包装做成节目。

欧阳国忠：《时空连线》经常会有连续的现场报道，一连几天，连续关注同一个重大新闻，这样做是否也出于缓解播出压力的需要？

刘爱民：这倒不是刻意所为，我们在报道重大新闻事件时，比如"重庆开县井喷事故"、"湖南嘉禾非法拆迁"、"吉林重大火灾"等节目，的确都是连续多天进行报道的。但连续报道的目的，是要一步步逼近真相，穷尽各种信息，

当你无数次地目击、体验社会底层民众的苦难、无奈时，激动就很快消退了，你会发觉原来舆论监督的力量并没有想象中那么大，更多时候你会陷入"我到底能够改变什么"的思考之中。到了这个时候，心中会生出一种更加坚硬的东西，那就是"尽我所能、揭露丑恶"，这大概就是你说的责任感吧。

让观众对重大新闻事件有完整的了解。而且，在面对重大新闻事件的时候，我们往往是多路记者同时出发，多点采访，保证在最短时间内把事实采访清楚，尽快播出。另外还有一个原因：现在地方上说情很厉害，多路记者采访，可以保证在对方说情之前，快速把节目播出去。这样操作，就形成了连续性报道的习惯，也成为《时空连线》的一种节目形态和风格。

欧阳国忠：*在嘉禾报道当中引入一个专家，这种做法比较新奇。*

刘爱民：那是因为当时记者到了现场之后，完全陷入当地政府设置的情景障碍之中，他们给你看很多材料，以此证明拆迁活动是完全合法的。拆迁是很专业的一种法律行为，我们的记者当时陷于当地政府的一个个文件圈套中，很难找到突破口。这时候特别需业内人士指点迷津，需要对拆迁活动了如指掌的法律专家。当时我们马上找到著名的专门打拆迁官司的王才亮律师。王律师当时正在武汉开庭，马上把手上的事情停下来赶到嘉禾。他的出现，使得嘉禾报道峰回路转，他到了现场立即指出问题所在：株连九族式的拆迁违反了公务员法和干部管理条例，还有拆迁费用的问题、野蛮拆迁的问题等等，一一浮出水面，全明白了。由于专家到了嘉禾指点迷津，记者一下子清楚了采访的方向。第二天《时空连线》的第一期节目就出来了。假如没有律师到现场指导，“嘉禾非法拆迁”这个系列报道我们很难做，非常困难。

欧阳国忠：*记者其实不一定对每个领域都清楚，从这个节目看，聘请专家可以随时进行互动互助式的采访？*

刘爱民：这个非常重要。我们做的很多节目，大概起码有三分之一以上的节目，需要依靠外脑资源，凭记者自身的智力是很难突破的。一个新闻专题节目，高品质的新闻专题节目，没有专家支援，不经常请业内专业人士来栏目组搞“科普”，你是很难使节目做到删繁就简、通俗易懂、抓住要害的，原因很简单，你无法深入了解，就做不到化繁为简。

《时空连线》运行机制

欧阳国忠：*《时空连线》的运行机制怎么样？*

刘爱民：《时空连线》有一个编委会，由主持人、主编、制片人组成，每期节目由编委会总控。但是落实到具体节目，每个具体节目分给某一个具体的主持人、编导和策划来做。当一个选题通过编委会的审定之后，就把选题方向分配给一个具体的工作小组，这个工作小组包括主持人、主编、前方编导、后方编导等。进入这个过程的时候，编委会放手让他们去工作，创造性地做好这个节目。完成节目之后，编委会要对节目进行预审。编委会是《时空连线》的灵魂机构，保证所有节目的水准不会大起大落，就像生产线一样，要保证生产线的每个产品都是合格的，节目生产出来质量永远比较均衡，这是一个专题栏目成熟的标志。

除了编委会制度外，我们还有例会制度，每天有两次会。上午 10 点编委会有一个会商制度，坐在一起大家聊今天感兴趣的新闻，包括当天节目的编排等等。每天下午 2 点，正好是《时空连线》节目的重播时间，编委会召集所有《时空连线》在家人员看当天节目，主要是对我们节目进行评议，评议当天的节目，主要以批评为主，非常不客气的批评。

一个新闻专题节目，高品质的新闻专题节目，没有专家支援，不经常请业内专业人士来栏目组搞“科普”，你是很难使节目做到删繁就简、通俗易懂、抓住要害的，原因很简单，你无法深入了解，就做不到化繁为简。

我们正是通过这么一种制度提升团队的整体新闻素质。

欧阳国忠：《时空连线》经常出现多视窗，仅仅是形式上的东西，还是有更深层次的含义？

刘爱民：多视窗有两个优势：首先，视窗便于连线的快捷，拍片子毕竟是很困难的事情，我第一时间找到当事人迅速进行联系，比拍片子快得多。第二，能够把不同新闻当事人同时在视窗里出现，进行争论，这是过去新闻专题节目里面没有的。这种多元化的平台，争论化的平台，表达了新闻的多方信息，让观众自己去分析和判断，这跟过去的新闻理念是非常不一样的。

我们过去做新闻的方法，往往告诉观众一件事情的时候，都是单向式的传播方法，我告诉你怎么回事，这件事情的价值何在，完全是告知型的。嘉禾事件发生的时候，各方有不同观点，被拆迁方有被拆迁方的观点，政府有政府的观点，不同当事人的观点能不能平等展示出来？我们要听多方的声音，这种声音展示出来的时候，新闻不需要明确的结果，我们给了观众多元化的信息，这里面当然隐含着媒体的态度，但是这种态度不必刻意表达出来，这种做新闻的方法比单向传播要好得多。这是《时空连线》多视窗最重要的功能。

欧阳国忠：《时空连线》主攻方向是具有调查性的题材，这种定位是一开始设想就这样的，还是经过发展和变化后才到现在这个样子？

刘爱民：《时空连线》选题定位方向发生了两次比较大的变化。刚刚创办节目的时候，因为某种程度上学习了美国ABC的夜线节目，那种节目更多是观点争论的节目，当时想把《时空连线》办成一个争论性的节目。刚开播的时候，选题大部分都是这样：这件事该不该做？中华牙膏该不该合资？扬子鳄该不该吃？……那时候的选题多注重争论。但是一段时间下来，我们发现有一个问题，这样下去我们会陷入一种为争论而争论的怪圈当中，因为很多新闻事件不具备争论的品质，争论无意义。有时还导致我们争论一些无谓的话题，争论一些特别小众的东西，离公众，离国计民生，离主流意见越来

《时空连线》同仁济济一堂

越远。这时候我们做了第一次调整，不能再这么争下去了。我们首先定下一条原则，《时空连线》的新闻品质不能变，在保证新闻品质的前提下，再考虑它的分析和争论的特点。不久，阿富汗战后北部发生大地震，我们进行了一系列的地震报道，以此为契机，《时空连线》开始走上新闻化的路线。

从那时候开始，《时空连线》进入新闻性回归的时期。我们做了很多节目，包括阿富汗地震、大连五·七空难等一系列突发事件。《时空连线》开始关注新闻，关注突发事件后，一批非常有影响的节目那时候出现了。但随之而来又出现了一个新的问题：如果一个栏目所有的报道点过多地记录突发事件的话，你会发现突发事件不是经常有的，没有突发事件的时候做什么？

《时空连线》通过嘉禾事件的报道，通过沈阳拆迁事件的报道，又进入了第三个定位调整时期：强调记者的现场调查。很多事情不是突发事件，需要记者调查去挖掘它的新闻价值的时候，那么它会给《时空连线》提供新的空间。正在发生的重大的或者不那么重大的新闻事件，通过记者的调查把它做大。嘉禾拆迁事件刚开始就是27户居民不搬家，政府强制搬家，导致政府和群众的冲突，这样的冲突在中国司空见惯，比起非典来说不够重大。但是我们把它做成了中国头一号新闻，通过拆迁关注到中国的民生状态、地方政府的行政行为。这就是我说的记者调查式的现场报道。

我们要听多方的声音，这种声音展示出来的时候，新闻不需要明确的结果，我们给了观众多元化的信息，这里面当然隐含着媒体的态度，但是这种态度不必刻意表达出来，这种做新闻的方法比单向传播要好得多。这是《时空连线》多视窗最重要的功能。

实现直播需要技术环节的磨合

欧阳国忠：听说你们的多视窗是在后期做的，你们技术上是怎么做的？

刘爱民：《时空连线》节目的制作方式，是用直播的方式做录播的节目。第一，多视窗有甲乙丙三个人，连线的时候一次性完成，主持人在演播室同时采访三个人，这三个人的画面由于现有技术条件，可能画面不能马上同步进入演播室，但是声音可以同步进来，主持人和三方嘉宾可以同步采访、讨论。第二，涉及到画面，三个人的画面，前方记者电话连线的时候同时进行拍摄，也是同步进行的，只不过画面晚一点传回到电视台，再插到刚才的声音当中去，用插画面的方式解决。后期再增加一个插画面的过程。

欧阳国忠：据业界同行说，国外夜间连线有些是直播的，《时空连线》今后有没有可能运用这种手段？

刘爱民：不光夜线节目，连线是美国很多节目常用的形态，不像中国这么稀罕。连线大部分都是直播的，也有插画面。我们开办这个节目就是要做直播，由于受到技术条件限制，中国广电光缆只铺到省会城市，县城或者更小的乡镇是没有的，必须通过卫星线路。这样，新闻现场就必须有卫星直播车跟着去，工程量非常大，目前我们还没有办法经常这样做，所以插画面的办法还不得不这样做。

中国电视新闻还没有达到这一步，我们现在只能够用这么一种插画面的方式暂时过渡。你说的直播是一个方向，《时空连线》很多节目已经这么做了，但是前提必须是在大城市。比如我们做过的非典直播、与台湾东森电视台的连线、台湾澎湖空难事件报道等等，这全部是通过光缆或者卫星一次性完成的。演播室做完了，节目就做完了，不用后期再编辑，非常快捷，非常爽。

欧阳国忠：我看了台湾的新闻，后面架一个小锅就可以直播了。

刘爱民：我2002年去台湾的时候，看到东森电视台五六百人，没有中央电视台一个部门大。东森电视台通过台湾大选报道已经成为非常有影响的电视台。我到台湾去的时候，印象当中东森电视台大概有50辆地面卫星直播车，岛内任何地点发生重大新闻事件的时候，它的直播车最多不超过30分钟就可以到现场，马上开始直播。这才是干新闻。我们在省会城市都做不到这一点，不要说在乡村地区。

欧阳国忠：今后随着技术的提升，实力的增强，就会做到这一点？

刘爱民：现在不但是提升技术，而且要转变电视理念。即使这些设备给了你，你能不能用好？我们每个技术细节能不能运转自如，这是需要体制变革的。其实一台卫星直播车也就是一两百万人民币，中央电视台每年庞大的技术系统开销，买上几十台直播车，也不过是九牛一毛的事情。台湾东森这么一个小台都买得起，中央电视台会买不起？关键还是一个新闻理念问题，想不想搭建全国的直播系统？想不想让中国观众第一时间看到全世界发生的重大新闻事件？想不想成为真正一流的新闻频道？如果你没有这种想法，当然不会把直播当回事，维持目前这种编播方式也就心安理得了。

欧阳国忠：有了技术保障，关键还在于你的人员能不能够达到很灵活自如的运用，达到职业化的水平。

刘爱民：我们曾经和台湾东森电视台合作制作了台湾空难的节目。台湾有一架飞机在澎湖列岛掉下去了，我们当时决定做这个节目，并和台湾东森台联系，大概一个小时之内，台湾东森电视台把现场的直播车、直播记者、现场连线的方式，以及如何和大陆沟通信号传送，所有我们认为很复杂的直播系统，一个小时之内全部搞掂，一张单子传真到我们的办公室。告诉我们，现在马上可以直接连线到前方记者，前方直播车在什么位置，可以提供什么画面，现场有哪些信息，清清楚楚。我们要做这件工作，没有一天是协调不完的。各个技术环节要磨合很长时间，这仅仅是技术设备的问题吗？不是。我们总认为我们的技术设备很不错，我们是国际大台，国际大台其实并不是人多和设备先进，更重要的是管理先进和新闻理念先进。

关键还是一个新闻理念问题，想不想搭建全国的直播系统？想不想让中国观众第一时间看到全世界发生的重大新闻事件？想不想成为真正一流的新闻频道？如果你没有这种想法，当然不会把直播当回事，维持目前这种编播方式也就心安理得了。

调查记者应该具备的素质

欧阳国忠：“调查性”和“舆论监督”这两个词是相辅相成的，你在《焦点访谈》工作多年，在一线从事过很多有力度的报道，是不是对媒体的监督功能有更深一步的认识？

刘爱民：我过去做《焦点访谈》时间比较长，对批评类、监督类的报道情有独钟。从2000年离开《焦点访谈》后，我开始做《东方时空》的改版，有两年多的时间跟舆论监督脱开了。我曾经有一个想法：我们能不能不做舆论监督，太累人了，能否另辟蹊径做出更加有特色的节目？

但是经过将近三年的实践，我发现还是不行。做媒体离开监督就没有生命力，你不去做监督节目就是自寻死路。媒体本质上就是用来监督权力的，我们把媒体称为社会公器，社会公器不就是民意嘛，不就是民众代言者嘛，如果不替民众说话，不替民众监督权力的行使，媒体还有什么存在的价值呢？现在回过头来，还是要强调它的监督色彩。只不过在做监督类节目的时候，《时空连线》在形态上要跟《焦点访谈》、《新闻调查》做出区别，做出不一样的形态来。这是《时空连线》前期积累出来的经验。

欧阳国忠：*中国调查性记者比较缺，你做《焦点访谈》记者时，对你影响比较大的经历是什么？是不是经常跟你的记者、编导沟通？*

刘爱民：在《时空连线》最近一年当中，牵扯我精力最大的事情，就是不断培养《时空连线》的记者在前方进行调查采访的能力。作为一个新闻记者，调查采访是最高境界，一个新闻记者如果不会做调查式采访，这个记者基本就是一个做短新闻的料儿，成不了气候，做不出有品质的大新闻来。

《时空连线》的记者比较年轻，最缺乏的就是这种调查式采访的能力，当你遇到困境的时候怎么突破困境。记者在现场调查的时候，困境来自方方面面，个人的经验、知识面、气质性格，他人的阻挠，信息提供者的不真实信息等等。这些都影响着记者对新闻进行准确的判断，这些东西需要积累才能到一定的水准。《时空连线》坚持走调查采访的路线，现在最大的难题就在于我们记者自身，这是牵扯我精力最大的一件事情。

欧阳国忠：*记者调查的能力和技巧特别重要，技巧和能力是在实践当中磨炼出来的，你当年是怎么做调查性报道的？这种可学习性的东西来得更直接。你在做调查性报道的时候，最难忘的一次调查性报道是怎么做出来的？*

刘爱民：我做《焦点访谈》的时候采访比较多，很难说哪一次非常难忘，因为难忘的时刻特别多。我觉得一个好的记者，现场采访经验的形成是一个积累过程，一个优秀记者最重要的品质不是读了什么专业，而在于他的生活阅历和他的采访阅历有多深厚，这决定他对一件事情能否作出正确的判断。

我曾到湖南株洲采访。当时株洲一个啤酒厂的厂长酒后驾车，撞死两个人之后逃逸，公安局却只按照一般酒后交通肇事处理。肇事者的理由是：我当时喝酒喝多了，根本不知道撞死了人。事后，他甚至还去了按摩房做按摩。事发后，当地群众很不满意，认为肇事者是在神志清醒的情况下撞死两个人。事实到底是怎样的，关键在他撞人的时候是否清醒，他是逃逸还是不知情。要弄清楚事情的原委，必须找到当时的人证，也就是事发后第一时间与肇事者接触过的两名按摩小姐。

可以说费尽九牛二虎之力，我们总算在车站附近找到了那两名按摩小姐。经过好几次的说服工作，这两个女孩终于同意接受采访。她们一开口，事实完全不像肇事者自己说的那样，其实他当时非常清醒，一进按摩房就说“我闯祸了，压死人了”。还很清楚是压了两个人，并支使别人出去探风声。他的确是喝了酒，但是大脑是清醒的，交通事故逃逸的事实是非常明显的。

做媒体离开监督就没有生命力，你不去做监督节目就是自寻死路。媒体本质上就是用来监督权力的，我们把媒体称为社会公器，社会公器不就是民意嘛，不就是民众代言者嘛，如果不替民众说话，不替民众监督权力的行使，媒体还有什么存在的价值呢？

围绕着一个堂堂的厂长为什么逃逸，我又去他们工厂调查。不想在财务室又发现了新的线索，这个厂长出车祸已经不是一次了，过去出车祸都是厂里买单，既给受害人赔钱，还得赔上车辆损失。这次出了车祸之后，给死者家人的赔偿厂里已经悄无声息地付出去了，报废的轿车也是厂里的财产，肇事者一分钱也没有掏。怪不得有恃无恐，每次都是公家花钱买平安，用钱铺路，万事大吉。这次大概也不例外，所以撞死人他就溜了，想用权力和金钱来解决问题。

由此看出这家国有企业管理之混乱，一个厂长居然能够这么随意开支厂里的巨额资金，跟任何人不打招呼，根本不履行正常的财务手续，随手写几张买材料的白条，二三十万元就赔出去了。这位厂长大人，如果没有这种管理混乱的企业环境，没有让他随心所欲挥霍国有资金的机会，多多少少有一点监督手段的话，他做人做事可能会小心许多。一个人出问题了，背后牵出的问题似乎更让人不好受。

这是一个比较完整的调查链，其实不复杂，但是很有范本意义。这个调查过程最有意义的部分，是越远离表象、越让人无奈的时候，越有新闻价值。这是深入调查的魅力所在，从这个意义上来说，没有调查就没有新闻价值。一个有经验的记者到了现场，当他掌握了很多信息之后，会很快地判断出突破点在哪儿，很快瞄准一个方向，集中精力调查猛攻。一般年轻记者比较缺乏这种判断力，在现场很容易被各种各样的信息干扰。

欧阳国忠：优秀的调查型记者判断力是首要的，他的韧性是不是也很重要？

刘爱民：一个记者对一个事件采访的持续跟踪能力，还是取决于判断力，如果对于事情没有判断力和洞察力，很难有韧性。

欧阳国忠：舆论监督节目看起来非常过瘾，如果新闻专题类的节目失去了舆论监督功能，就可能失去受众。这里面也有一个问题，人情猛如虎，这里面最关键是度的把握，《时空连线》是怎么把握的？

刘爱民：我首先必须了解这个节目的底线在哪里，我对一个事情进行批评曝光，首先得知道目前作为政府或者作为上级宣传部门，对这个事情有没有明令的红线不能逾越的，这是我作为节目的制片人必须了解的。把握舆论导向是制片人非常重要的工作，当我知道红线在哪儿的时候，我尽可能靠近红线，但是不越过红线，把舆论监督的作用发挥到极致。

作为制片人，第二个度就是守住自己内心的价值判断和道德判断的底线。有些批评监督看似很过瘾，但是可能伤及更多人的时候，我们必须考虑到社会效果。不过对有一些令人深恶痛绝的社会现象或者一些腐败现象，对它曝光的时候一定要坚决彻底，绝不能留情。我们经常做的一些突发事件涉及到未成年人的问题，“打黄扫非”当中涉及女孩子卖淫等等问题。这是一些非常敏感的问题，我们要保护女性和未成人，尽管他们的行为令人厌恶。在揭露一种社会丑恶现象的同时，尽可能不要伤害到原本弱势的人们，这会使他们和主流社会更加脱离。

制片人是一个工作机器

欧阳国忠：中央电视台很多主持人兼制片人，现在是不是有一些人分离了？是否应把主持人作为核心重点？

刘爱民：现在央视主持人兼制片人的不是太多，但是还有。别的栏目我不是太清楚，像白岩松这么优秀的主持人，他平常承担主持节目任务非常重，现在是《时空连线》、《新闻会客厅》和《中国新闻周刊》三个栏目的主持人。他做主持人的优秀和智慧不应该过多分散，甚至从某种程度来说，让白岩松做一个栏目的管理者，既耗费他更多精力，对他的优秀才华也是一种浪费，现在他应该集中精力做主持人。了解电视新闻专题的人都明白一件事情，一个主持人是一个栏目当中最优秀同时也是最辛苦的人，主持人是非常非常辛苦的。一个主持人一天要主持两三档节目，之前要做大量的文案准备工作，要和前方记者和后方策划进行大量沟通和新闻背景的了解，甚至和专家沟通，这样才能把新闻专题节目做好。不能拿着别人替你写好的提纲去主持节目，那是花瓶式主持人，大家不喜欢这样的主持人。像张泉灵、白岩松这样的主持人能够受到大家喜欢，是因为整个节目过程他们全参与了，那是要费出很多精力的。如果再让他们当制片人，不堪重负。

像张泉灵、白岩松这样的主持人能够受到大家喜欢，是因为整个节目过程他们全参与了，那是要费出很多精力的。如果再让他们当制片人，不堪重负。

欧阳国忠：《时空连线》这样的栏目，节目的经费开支应该是比较庞大的。作为制片人，在经费这块你是如何管理的？

刘爱民：电视节目是制片人的节目，制片人对经费对人员的管理要负全责，怎么运作选题以及用哪些人来做哪些节目，用多少钱来做节目，都是制片人决定的。毫无疑问，《时空连线》有一个非常好的编委会制度，制片人在《时空连线》不是完全一个人说了算，我们通过编委会制度集体形成一种决定，避免制片人专断独行——一个人脱离监督的情况下，有这种可能性。有一个好的编委会存在，互相监督。

欧阳国忠：制片人制度是从国外引进的，你怎么评价中央电视台现行的制片人制度？现在省级电视台、地方电视台的制片人制度符合初衷吗？你自己当了制片人后，有什么心得?

刘爱民：必须给予制片人充分的授权，包括节目的经营权、人员的管理权和财务的使用权，这样制片人才能放开手脚做好这个栏目。制片人制度本身是电视市场化的一种制度，现在很多电视台包括中央电视台，一些人对制片人制度的认识比较片面，认为制片人就是一个班组长，给你十来个人做节目，至于人怎么定岗，做什么选题，奖金如何分配，完全没有决定权，这和新闻评论部实行的制片人制度不是一回事。目前我们评论部实行的制片人制度，是一种比较合理的制度，一个栏目的用人、经费、节目制作全部授权给制片人，制片人向部门领导负责，保证节目的质量、经费使用的合理。当然，部里面还有一整套监督制片人的制度，有制片人的考评制度，还有制片人的应聘制度。这是一整套关于授权和监督相配合的制度，这是电视机构走向市场化后必须实行的制度，非常有效。试想一下，回到过去那种死板的管理制度下，没有制片人极具个性化的管理和创造，中央电视台评论部会出现这么多风格、内容不同的好栏目吗?

必须给制片人充分的授权，这样才能把制片人的才智发挥到极大，制片人才可能在所管的栏目当中把有限的资源用到极致。比如上次制作“沈阳野蛮拆迁”节目时，前方我用了五位记者，后方三个记者。拍摄“嘉禾非法拆迁”时，也是八个人作前后期的配合。过去新闻专题节目没有这么高密度派出记者的，集中这么多人做一期节目，性价比非常不合算，如果在通常情况下制片人没有得到充分授权的时候也不敢这么去做。节目投资会大量增加，两个人做的节目八个人去做，多出六个人的成本。但当我对节目的成本、内容、影响负全责的话，我就敢于这么做。因为这些事件的新闻价值很高，同时还可以拓展成系列节目。用最优秀的记者、编导来做，集中力量来做，能够做出大动静，做出声势。从整体效果来看，最后嘉禾拆迁事件成了全社会关注的热点，《时空连线》的品牌做出来了，对电视台本身也是一个很好的回报。同时，做成系列节目，也大大节省了成本，使社会和经济效益都极大化了。

记住：没有充分授权，就没有真正意义上的制片人。同样，没有制片人，就没有真正意义上的电视栏目。

欧阳国忠：让制片人充分发挥能量，既要给他充分授权，同时也要对他进行监督。怎么使管理有一个评价体系，怎样评价，怎样进行监督。这方面你有什么体会？

刘爱民：对制片人评价应该有几个指标：节目评价指标，确定收视率的标准。或者确定满意度标准，或者专家评议的标准，首先有一个内容标准的评估，还有一个是财务评价标准，你给他的资金用得是不是得当，有没有违规这是重要的。没有违规的话，使用的标准是否按照规定在执行。特别注意一点，上面对制片人使用财务的标准绝对不能以省钱为标志来评价，一个好的电视栏目从投资方（我们的投资方就是电视台）来说，就应该不断增加投入，而不应该降低投入，既然是好栏目就应该增加投入。第二，要看制片人能不能把有限资金最大化地使用，同样的钱办多少事，《时空连线》现在增加了链接部分，增加了外脑的支援部分，这种情况下没有多花一分钱，把投资效益最大化，这恰恰是应该鼓励的。财务考核应该有一个效益考核，有没有把我对你的成本投入达到最大化，能够把握这两个标准来考核，对制片人的考核就应该比较完整了。至于用人完全交给制片人，用人公正不公正，合理不合理是制片人考虑的事情，因为道理非常简单，一旦和栏目利益挂钩的时候，制片人是不可能用庸才和白痴的，肯定是尽最大可能用最优秀的人才，不然他主管的栏目质量就会掉下来，这是制片人扛不住的。

没有充分授权，就没有真正意义上的制片人。同样，没有制片人，就没有真正意义上的电视栏目。

欧阳国忠：作为制片人，你一天时间是怎样安排的？

刘爱民：说出来很惭愧，我是睁开眼想的不是早餐，而是节目，到晚上闭上眼还是节目。我一般早晨10点以前到办公室，为什么去得这么晚？因为《时空连线》每天早晨7：15播出，当天晚上12点甚至两三点还在办公室，回去比较晚，所以起得晚一些。上午10点一直到晚上12点都在办公室。

我每天要做各种各样的选题分析、节目评价、节目审看，日常工作做完之后，还要抽出时间来跟摄像、编导进行沟通。如果哪个编导选题太软了，会告诉他注意事件性的报道。有的编导可能这段时间调查能力下降了，我会跟他沟通为什么会下降，改进可能性在哪里。个别交流也占用很多时间，这些工作做完之后就到了晚上，开始考虑第二天节目的播出。整个时间几乎就是在办公室，一天在办公室呆上十四五个小时。

欧阳国忠：一天在办公室呆十四五个小时?!

刘爱民：制片人绝对是一个工作机器，从生活状态来说，绝对不是健康的生活状态。但是制片人绝对是一个极有挑战性的工作，一个栏目在你手里面，一个团队在你手里面。它能不能成为中国最优秀的专题栏目，很大一部分的创造力、想象力和组织力，来自于制片人。

欧阳国忠：《时空连线》理念有十点，其中有一点谈到快乐工作，要是工作不快乐，是制片人错了，制片人不快乐是应该的。这个话怎么理解?

刘爱民：一个好栏目应该有一个好的栏目文化，所有人在《时空连线》工作，除了在一种理念下做节目，要在这个栏目得到一种实现感，就是能带来快乐的东西。这种实现感是什么？我想对于在一个栏目工作的记者，首先必须对这个栏目认同。对这个栏目的认同，体现在我们大家都认为除了在这里工作，其他地方都放不下我们难以满足的心，起码目前是这样的。这里有我们共同认同的价值观、情趣和气氛。

《时空连线》有四十多人，分成许多工种，每一个人在《时空连线》都应该受到同等的尊重，即便是一个实习生，也有权利参加编委会，提出自己的选题建议。在这种氛围下，他们在《时空连线》虽然工作非常辛苦，但心情是非常愉快的，这是制片人应该给连线团队创造的文化。

我想，制片人应该也是快乐的，虽然每天连续工作14个小时很难成为一个快乐的人，但当一个非常难完成的选题完成的时候，像嘉禾、沈阳拆迁报道几乎在不可能的情况下完成了，播出了，我们关注的问题得到了全社会的回应，这种快乐是很长久的。

欧阳国忠：《东方时空》走过了很多年，《时空连线》作为其主打板块也已走过三年历程，将来有什么新的打算?

刘爱民：一个媒体专家曾说过："电视新闻专题节目的生命期就是三年，第一年成长，第二年成熟，第三年死亡，所有超过三年的新闻专题节目都是苟延残喘。”我特别不认同这句话，为什么是3年，不是30年？我们妄自菲薄是因为过去我们太急功近利了，优秀的新闻专题节目应该是能够持久的，美国的《60分钟》已经40年了，死了吗？《东方时空》已经12年了，它的生命力还很旺盛呀。我觉得《时空连线》要我永远做下去的话，我要做30年！华莱士不是80多岁还来采访江泽民吗？未来《时空连线》要守住我们的两个方向。第一要对正在发生的重大新闻事件毫不迟疑进行快速报道，对民生性新闻进行分析性调查性报道，坚持下去一直走向《东方时空》的直播。第二要做成汇聚民众观点的多元化的平台，要使不同的声音通过《时空连线》发出来，媒体再也不是简单的教育工具了，它应该传播真实信息，体现多方观点。这两点只要做好了，《时空连线》一定会非常优秀。

优秀的新闻专题节目应该是能够持久的，美国的《60分钟》已经40年了，死了吗？《东方时空》已经12年了，它的生命力还很旺盛呀。我觉得《时空连线》要我永远做下去的话，我要做30年！

链接

《时空连线》：做有速度、有观点、有现场的新闻

一年多前，我与欧阳国忠先生曾对过一次话，没想到时隔这么久，欧阳依然细心地将它找出来付诸文字。对认真做事的人，我总是怀有敬意的。

时隔一年多，《东方时空》已经有了许多变化，同样《时空连线》也有了许多变化，这些变化一直朝着一年多前我指向的那个方向：做有速度的新闻，做有现场的新闻，做有观点的新闻。看一看今天《时空连线》对重大新闻事件毫不动摇气势磅礴的连续报道，新生的《时空调查》用数据表达民意表达观点的勇气，还有《东方时空》自由连线海峡两岸五洲四海，就能够理解我们当时的坚守是何等重要！即使

被称之为恶俗的“收视率”，也把《东方时空》高高地举了起来。

其实一个栏目不是我们生命的全部，如果当时我们放弃它，随波逐流任其生死也不是多么严重的事情，中国每天不是都有因为各种各样的原因死去的电视栏目吗？我们坚守只不过是想证明我们的一些想法：严肃认真的新闻专题栏目是有生命力的，直播新闻事件在中国是可行的，不随波逐流也是可以活下去的。

我们就想证明这些。

（刘爱民）

第6章

《新闻会客厅》：会见新闻当事人

——对话制片人包军昊

一个节目有没有个性，除了节目形式个性化之外，最重要的就是主持人的个性化。目前我认为我们的两个主持人沈冰和白岩松，在栏目运行一年以后，已经到一个突出个性或者说打造这个栏目个性的时候了。

——包军昊

•制片人简介

包军昊　毕业于北京广播学院新闻系。在中央人民广播电台办过报纸，做过广播，1999年初先后在《焦点访谈》、《东方时空》工作，2003年聚集一群志同道合的兄弟姐妹创办《新闻会客厅》。常自称新疆人，喜欢警匪片，相信上善若水。

•《新闻会客厅》简介

创办时间：2003 年 5 月

栏目性质：新闻人物演播室访谈节目

时　　长：30 分钟

播出频次：周一至周五日播

栏目特色：

《新闻会客厅》关注的是当日或近期国内发生的重大新闻事件中的人，强调挖掘新闻事件中当事人或关联人的亲历、亲为和亲感，突出新闻中人性和新闻性的结合。在节目形态上，《新闻会客厅》以家庭式的客厅为演播室基本形态。在节目形式上，《新闻会客厅》以一位主持人加两位嘉宾的形式为主体，在特殊情况下，也可以有一位主持人和一位嘉宾或者两位主持人和一位嘉宾的组合形式。

《新闻会客厅》的核心竞争力

欧阳国忠：我看你的经历挺丰富的，从中央电视台《时空连线》到《新闻会客厅》制片人这个转变大吗？

包军昊：转变挺大的。当时我们在《时空连线》，它是以谈论观点见长的栏目；而《新闻会客厅》是以谈论人物为主要对象的节目。我个人的角色发生了很大的变化，以前我可能只是做单独节目的策划，到这里要负责节目运行，变化非常大。

欧阳国忠：新的开始、新的挑战。像中央电视台的《新闻调查》可能参照美国的《60分钟》，像《幸运52》也有向国外借鉴的形态，《新闻会客厅》有没有从国外的节目当中汲取养分的过程？

包军昊：据我了解，如果说《新闻调查》是参照《60分钟》，我认为不是很准确，至少可以说是追求《60分钟》的目标。《新闻会客厅》从外观上看是谈话节目，可能大家会觉得跟其他节目有形似的地方，但是从神似的角度来说，至少在当初我们创办的时候，没有找到这样一个完全一样的节目。当然我们在创办这个节目之前，也是把国内外比较好的谈话节目都找来看了，也都相互做了一个比较，找一下自己的坐标系。我认为到目前为止，至少在我们创办的时候，脑海里是没有现成的模式和概念的。

欧阳国忠：您觉得《新闻会客厅》设计时有哪些原创的元素？

包军昊：当时创办这个节目，第一是从频道的功能和要求出发的，比如新闻频道在晚上8：30黄金时段需要一档每天播出的，对新闻人物进行采访的节目。我们是从新闻频道的整体结构来考虑的。我们所诉求的新闻节目人物和节目形式应该是有先进思想和理念的。第二，我们节目是要以家庭的氛围、比较轻松、比较活泼的状态来对人物进行解读。如果说我们要依照一个什么参照系，我只能说国外和国内的一些东西，我们只是注意它关注它，有什么好的可以汲取借鉴，但是完全现成的模式也没有。我在2003年和2004年也参加了两届谈话类节目的评奖，担任评委，基本上国内好的节目都看了。从新闻谈话类的节目来说，至少从理念上来说，我认为还没有一个完全一样的。

欧阳国忠：《新闻会客厅》还是有比较大的原创性，你认为《新闻会客厅》吸引观众的核心元素是什么？

包军昊：这其实是我们一直在考虑的，换句话说，你这个问题可以翻译成为一个节目的核心竞争力是什么。大家经常会提到，我也曾经思考过，我认为一个节目的核心竞争力主要体现在它对节目解读方式的个性化。解读方式包括哪几个层面？第一是形式的个性化，作为电视节目，形式是手段，不是最终目的，但是它的个性化是非常重要的。《新闻会客厅》的个性化应该是比较温馨的家庭氛围，在这里，来者都是客，对人善意的质疑，是一种比较融洽的刁难和疑问，这是它的形式。同时它的形式还包括多种“秀”手段的运用、多种电视手段的运用，《新闻会客厅》节目形式的包容性比较强。在这里面道具能用，连线能用，对新闻的演示、图板也能在《新闻会客厅》里用，这是节目形式的个性化。

解读方式的个性化还体现在主持人采访个性、采访风格的个性化，这也是核心竞争力很重要的组成部分。一个节目有没有个性，除了节目形式个性化之外，最重要的就是主持人的个性化。目前我认为我们的两个主持人沈冰和白岩松，在栏目运行一年以后，已经到一个突出个性或者说打造这个栏目个性的时候了。我们栏目倡导的个性是结合主持人本身的特性，去粗存精，或者说更精细化。目前我们栏目在主持人采访个性上存在着不清晰的状态，表现在会见某位新闻当事人的时候是一种态度，在会见另外一个新闻当事人的时候是另外一种态度。可能对不同节目是有好处的，但是对一个栏目个性化的定位是非常有害的。

第三点，我认为也是最重要的一点，我们对新闻人物开掘方向的特定化。比如说主持人和形式的个性化都已经解决了，开掘方向是整个团队的努力方向，包括策划的意识就很重要。就是说做客会客厅的这个人，我们要开掘他的什么东西？比如说《东方之子》开掘成功人士、精英人士成长的轨迹和思想，《艺术人生》开掘的是成功艺术家对人生的意义。我们所做的新闻人物和《东方之子》、《艺术人生》人物之间的落差非常大，我们的特定开掘方向是什么？这个问题也是我目前不能用一个清晰的语言表达出来的难题，但是我也曾经试图总结成一句话，希望在实践当中来验证这句话是不是准确的："通过当事人和嘉宾对事实和细节层面的陈述来带动对新闻的表达。"一定要是嘉宾在实践当中的亲历、亲为、亲感，从节目形成的状态来说，一定是大量的事实细节和过程的陈述，而不是议论层面、感受层面占大量的篇幅，我们要的是事实和细节。

我刚才说的核心竞争力这三个层面归根到底一点，不要忘了这是新闻节目，新闻节目的关注度、时效性是这三者当中不可或缺的。如果离了这个，其他三点都不成立。

我认为一个节目的核心竞争力主要体现在它对节目解读方式的个性化。解读方式包括哪几个层面？第一是形式的个性化，作为电视节目，形式是手段，不是最终目的，但是它的个性化是非常重要的。

寻找包容性和个性化的平衡

欧阳国忠：刚才你说的《新闻会客厅》三个核心竞争力，解读一下栏目的名称，"新闻会客厅"，新闻是它的一个核心，会客厅只是手段，新闻可以连线直接到达。作为会客厅，如何在新闻进程当中来突出栏目的个性？

包军昊：我认为这个问题可以分两个层面来回答，栏目的个性不仅仅是由细节、时效性所决定的，我认为细节和时效性是所有的新闻节目都应该追求的。至于以人物、谈话为主的新闻节目如何来追求时效、如何突出自己的细节，或者说它的细节跟别的新闻节目有什么不一样，这是另外一个层面上的问题。我想重点说的是如何突出自己的个性。

首先是从定位来考虑，我们的定位是什么？我记得当初在策划、筹备这个节目时，对我们的播出环境进行了了解，我们做的其实是新闻人物谈话，目前在央视新闻栏目、谈话类节目都有哪些呢？《东方之子》、《面对面》，目前主要就是这两个。播出形式和时段与我们类似的就是《面对面》。

要突出自己，首先定位要非常清楚。我们曾经画了一张新闻的大饼，有一部分是属于动态类、消息类的报道，这一部分我们不要。还有是专题类的，如以影像和现场采访为主的《新闻调查》、《焦点访谈》，这也不是我们的份额。剩下的部分是新闻人物，这才是我们要做的。但是在我们开播之前，《面对面》已经开播有一年了，这一块先划掉，它的特点是长篇人物访谈，一周以来关注度比较高的、比较有开掘深度的一些人物的访谈，我们现在排除一些。

但是我们发现在新闻人物这一块还有很广阔的天地，我们可以做的地方还有很多。我们主要是通过新闻事件当中的当事人、嘉宾的亲历、亲为、亲感，通过人来解读新闻，我们重在人与新闻之间的关系，除了新闻当事人以外还有新闻观察人员，不仅有新闻当事人还有新闻当事人的关联人——包括嘉宾、专家跟当事人的组合，一同走进演播室，这样把新闻的丰富性、多样性就做出来了。《面对面》更多突出主持人个人的性格和风格——我要质疑。我认为它的个人化风格比较重，《新闻会客厅》栏目的风格和特性相对重一些。

欧阳国忠：作为一个谈话类节目吸引人很重要的一个元素是冲突、悬念，再者就是主持人和栏目定位的个性化。看国外的一些谈话类节目时就会觉得，你想了解的是政要人员的生活或者是事件，我可以看某某谈话节目；要看女性方面的，可以看某某一档的谈话节目。如果是看《新闻会客厅》，我要在看什么节目时会选择它？

包军昊：在《新闻会客厅》开播之初，有一个对联“死磕高官贵人；勤会布衣平民”。我们想，如果在节目里只会高官贵人，或者只会布衣平民，节目会很单一的。如果我们是一个周播节目，这一点不成问题，但是做日播节目的话，节目的吞吐量是非常大的，而且新闻有淡季、旺季的。在淡季的时候，你想做到人物的单一性很难。所以包容性多了以后，造成的客观结果是大家觉得节目的定位不是特清晰。当然我不是为我们自己开脱，说我们定位不清晰是由于客观原因造成的。我们要做到无论什么样的菜进到我们这个锅，都用比较一致的方式去炒这个菜。白菜也好，肉也好，到我这里出来的都是鱼香肉丝，但是要做到进入的人员落差不要太悬殊，不能今天是一个高官贵人，明天又是一个布衣平民。

欧阳国忠：你刚才拿做菜来打比方很好，在湘菜馆我们做出来的全部都是湘菜，菜里有海鲜，有泡菜；进入鲁餐馆做的就是鲁菜。

包军昊：在入口这一块我很难把住，如果作为周播的"菜馆"，我能够做到只进青菜，不进荤菜，因为它的定位很清楚，要么是一个蔬菜馆，要么就是一个荤菜馆。但是我们作为日播的"菜馆"很难，青菜得做，鲍鱼也得做。

我们主要是通过新闻事件当中的当事人、嘉宾的亲历、亲为、亲感，通过人来解读新闻，我们重在人与新闻之间的关系，除了新闻当事人以外还有新闻观察人员，不仅有新闻当事人还有新闻当事人的关联人——包括嘉宾、专家跟当事人的组合，一同走进演播室，这样把新闻的丰富性、多样性就做出来了。

策划先行，过程管理

欧阳国忠：作为一个制片人，怎么样处理好节目播出数量和质量的关系？

包军昊：当制片人之后，播出量的压力一直是最头疼的，今天晚上的客人是谁，要"拉客"进来，稍微一放松，就面临着无菜可做的局面，量永远是第一位的。但是经常面临的痛苦是量做到了，质却很难保证，保证质没有别的好的方法，只能通过管理，通过标准化程序，保证所有进来的菜都能够不走样，基本上一个味。但是这只是标准化的第一步。

我觉得这给管理提出了更高的要求，我们现在第一年主要解决的只是标准化，在标准化的基础之上，要让这个节目更有生命力、更有活力。更有活力从结果上来看体现在节目上，在过程当中则体现在每一个主创人员身上。不能说按照制度我给你做出来了就可以了，主创人员发自内心的创造力是非常重要的，这就需要团队的建设。

欧阳国忠：刚才你谈的节目只是一个表现，节目质量的高低体现的就是管理，管理是把整个团队朝一个方向发展的手段。《新闻调查》每期节目有200多道工序，《时空连线》在内部实行评委会制度，《新闻会客厅》是怎么保证节目流水线质和量的统一的？

包军昊：首先我要谈两个对谈话节目的基本认识。第一，谈话节目的龙头是选题，选题为王这是一个基本认识。谈话节目谈什么太重要了，要紧紧抓住这个龙头，为了抓住这个龙头，在考勤制度表上把选题的数量和你做节目的数量画等号，换句话说，你一个月可以一期节目不做，你可以找四个选题，同样可以完成你的工分。

第二，策划是谈话节目生命力的源泉。在工作流程、工作环节上也要相应地做一些改变，比如说实行策划法人制，你要对这个节目的成败、运行，包括最终的结果负主要责任。策划人员一个人的智力是有限的，要做到智力最大化，要实行头脑风暴法，每期节目都有四到五个人参与头脑风暴，大家提出意见，这是必需的环节。我们的策划就相当于是申请立项的项目承包商，我要立项选题和证明策划的可行性，风暴会成员提出质疑、批评性的意见，他要为自己辩护，最后提出建设性的意见，形成一个最终的意见来策划实施，不行的话要修改。

基于以上两个基本认识，我们在管理上还实行了一个大的改变，就是重心前置的工作流程。很多专题节目在后期制作花的时间很长，后期提升的空间非常大。对谈话节目来说，后期可提升的空间非常有限，只要节目录完了，后期想修改很难，认识到这一点就要重心前置。等到节目录完之后或者是后期制作时就是无足轻重的工作，我认为70%在前期，策划、风暴会、跟主持人的讨论沟通、对嘉宾的选择、选题的筛选，这都是在前面的，这些工作完成了，后期的节目可以不用看，我已经知道后期的节目是什么样了，非常清楚。

为了实现重心前置的流程，在考评、激励机制上也要做一些变化，比如说实行过程管理的方式。以往专题节目的考评办法是“用片子说话”，实际就是用结果说话，这个结果的确能够反映出来策划、编导做了多少工作。但是对于谈话节目来说，这个结果很难反映出策划在这个过程中做了多少工作。因为一个策划出的方案要经过风暴会来修改，经过主持人现场发挥，节目出来之后，很难看到策划在这个节目当中的贡献，所以考评要强调过程管理，要把策划的体力劳动和智力劳动分开。

欧阳国忠：中国的谈话节目可能是“伪谈话”，这和策划有没有矛盾？

包军昊：有，跟主持人也有关系。但是我认为目前《新闻会客厅》的主要瓶颈在策划环节。策划是大家整体要达到一个水准，有一个共识，下一步就是主持人的问题。我认为“伪谈话”不是一个技术层面的问题，而是一个认识或者是意识的问题。作为策划、作为方案的设计者，要不时地问问自己，提的这个问题是一个真实的问题吗？是一个有效的问题吗？是一个老百姓能够听得进去的问题吗？有了这样的意识，节目做好就不难。

比如问一个金牌获得者，你拿到金牌时心里高兴吗？这其实就是典型的伪问题。我不认为这是一个技术问题，更重要的还是一个认识问题。认识问题要解决的话真不是一朝一夕的事情，我接触过，比如对待新闻的立场要客观、中立，不要把进了会客厅的新闻人物都当成是正面人物，不要把他们都当成劳模来进行采访，这都是根子里的意识问题。

但是现在传媒的很多人员受了多年宣教思想的影响，很多方面不自觉地就要把进来的人往好人方面塑造。新闻节目的品格是无论你是一个通常意义上的好人或者是坏人，到了这里都应该以中立的态度对待，可能我外在表现是非常热情的，来者都是客，我可以对你热情，但是提问的内容一定是非常中立的，所以写解说词有时也非常头痛，我们编导在写那些形容词有时不由自主地往别人脸上贴金，把自己的立场都贴没了。

我认为“伪谈话”不是一个技术层面的问题，而是一个认识或者是意识的问题。作为策划、作为方案的设计者，要不时地问问自己，提的这个问题是一个真实的问题吗？是一个有效的问题吗？是一个老百姓能够听得进去的问题吗？有了这样的意识节目，做好就不难。

节目的长远生命力在于主持人

欧阳国忠：谈话节目是一个提问艺术，主持人在这个节目当中是占很大比重的，白岩松、沈冰又是中央电视台非常有名的节目主持人，他们在这个节目当中目前的位置是什么样的？

包军昊：主持人非常重要，一个节目的个性化、一个节目长远的生命力归根到底看主持人。这样一个说法大家都不会否认，谈话节目归根到底是主持人的节目。我现在做的工作，某种程度上像职业经理人，要做到主持人品牌的保值和增值。如果这两个主持人在这个栏目知名度、美誉度却有所下降，这对我来说压力是非常大的，所以怎么强调主持人的作用都不为过。

欧阳国忠：你参加过很多次全国性谈话节目的评奖，也研究过国外的谈话类节目，你认为国外非常成功的谈话节目，他们的操作流程和我们有什么不同？比方说主持人要提问的问题是不是已经设计好了，然后再由主持人来发问？

包军昊：我认为国外跟国内很大的不同就是，谈话的禁忌非常少，如果有的话，非常明确就几点，比如种族等等要少说一些。我们的新闻里尤其是热点新闻、敏感新闻，条条框框比较多。既有本身属于新闻的内在知识性的规定，又有口径上的一些东西，要求主持人、后期队伍提供大量的知识准备，跟国外比起来，我们的策划团队做这方面的工作要比国外具体一些。国外也有一个团队为主持人服务，并且分为几个小组，小组里有外联员，他们叫邀请员，专门给客人打电话进行联系，可能也会有策划，大概会有几个要点，但是不像我们有比较详细的节目操作方案。当然各个国家的国情不一样。

欧阳国忠：中国谈话类节目主持人和国际上发达国家谈话节目主持人的差别在哪里？他们看起来很轻松幽默，看他们的谈话节目有哭有笑，非常自如。

包军昊：该哭的时候就能哭，而且要敢于哭；该笑的时候人家能够笑，而且笑得非常真实和自然，不同之处就在这里。CNN副总裁到北京来，我曾经也跟他进行过沟通。他说了一个印象，说你们中央电视台的主持人都非常的年轻，这是让他们想象不到的，他们那里的主持人一般都在四五十岁、五六十岁，这其实也是我们感受比较深的。

为什么国外谈话节目主持人能够做到该哭的时候能哭，而且敢于哭呢？这是有一种生活的底蕴、生活阅历在里面，经验的积累非常多。他就有这个自信，认为在这个节目里哭出来不会有问题，很自然。目前我国的新闻主持人偶像化、年轻化非常要命，同时一些主持人社会活动非常多，不敬业，对新闻的投入不够，背后只能靠一些团队来支撑。

我认为新闻节目主持人要想有所成就、要想走得远，必须先从一线记者干起。原来央视新闻评论部也是这样的想法，要从一线开始培养新闻评论员、新闻主持人，我希望这种做法能够持续下去。

欧阳国忠：这个想法有开创意义，中国和发达国家谈话节目的差距，你说了国际上是主持人责任制，中国谈话类节目则是后面的团队来支撑着主持人。

包军昊：主持人中心制，现在在中央电视台不是不能够实现，完全能够实现，重要的是主持人要能够而且可以成为这个栏目的负责人。

欧阳国忠：主持人自身的修炼没有到那个程度，要完全实行这种角色的转换，只有请团队给他做支撑工作，他才能够担当下来。您认为这是比较重要的一点？

包军昊：我之所以说，目前重要的环节不在主持人，是因为我相信主持人会有一个自己的追求，他会比策划、制片人更着急，因为他是节目最后的一棒，更要拼全力撞线，往前冲。我觉得主持人不是问题，当然主持人有问题的话，我们也会想办法来解决。从长远来看，国外的经验是值得借鉴的。因为他们所用的主持人一定是有生活阅历的，对社会的洞察非常深刻，无论来一个什么样的人都能够挥洒自如。

我认为国外跟国内很大的不同就是，谈话的禁忌非常少，如果有的话，非常明确就几点，比如种族等等要少说一些。我们的新闻里尤其是热点新闻、敏感新闻，条条框框比较多。

欧阳国忠：一个谈话类节目的操作流程，一般是话题确定之后收集资料，对当事人进行广泛的了解，之后是主持人和当事人见面，再请他到演播室进行一些现场的录制，你们是这样的吗？

包军昊：主持人尽量不跟当事人见面。

欧阳国忠：为什么？

包军昊：经常有这种情况，主持人提前和当事人见面之后会影响那种感觉，把那种气给泄掉了，如果见了一面再进演播室，说出来就显得假，像是演给观众看，我们认为那种状态也不好。新闻节目要强调真实性，真实性要表现在内容、状态上。比如我们曾经纠正过一个细节，在演播室里沈冰介绍嘉宾时，要跟嘉宾握手，在节目研讨时就提出，首先你跟这个嘉宾握手，肯定不是在节目里第一次握手，你是在人刚一坐下来时就已经握了，这是人之常情。

如果给观众介绍后再来握手，这代表你个人的握手，显然就有一点演的成分，后来就把这个细节拿掉了。为了尽可能真实，让对方对主持人保持一种新鲜感，主持人与对方也保持一种相对的陌生感。其实主持人对他已经不陌生了，只是假装未知，好多事情不知道，要通过你在这里解读。如果之前主持人和他有很好的沟通，很多事知道了，在这里还要假设不知道，双方都在演，那就很要命了，要演只能主持人一个人演，当事人最好别见。

欧阳国忠： 现在国内的谈话节目，还有一个问题是对被采访者了解得太透了，我对他都了解，还要假装我对他不了解，进行追问，这本身就是一个矛盾，你怎么演还是有痕迹的。国外的谈话节目有一些很意外，主持人脸上表现出一种很惊诧的表情。你认为对被采访者了解到什么程度是比较合适的？

包军昊： 我认为主持人应该尽可能多地了解更多的信息，了解得越多思路越清楚，提问时针对性越强。要纠正一个词，就是刚才说的演。演的状态最好要跟作假区分开，它还是一个真实的状态。主持人应该是揣着明白装糊涂去问当事人，如果你真的一点也不明白，没关系，这是一种真实的状态。你可以对他新披露出的信息和事实不明白，但是你绝对不能不明白整个节目是要干什么的。

《新闻会客厅》：会见新闻当事人

欧阳国忠： 有一个观点叫“细节决定成败”，地方电视台对中央电视台谈话类节目的操作经验是非常看中的。作为《新闻会客厅》在栏目操作上有哪些细节是有借鉴意义的？

包军昊： 目前我认为《新闻会客厅》值得批判的东西还挺多的，值得借鉴的还真不好说，只能说是一堆的经验教训，可能要发展到一定地步时，我们再来谈这些。

欧阳国忠： 节目好不好看关键在细节怎么样，为了挖掘出更多的细节，你们的编导、团队作出了哪些努力？

包军昊：一个是预采访，我现在是非常不满意，做得不够。我了解了一下《艺术人生》，他们的编导要采访一个人，比如采访宋丹丹，他可以去找五个不同的人了解有关她的情况。我们的编导这方面做得很不够，往往是找一两个人打打电话就算了，所以这一点是我非常不满意的。

欧阳国忠：我了解到《艺术人生》采访一个人要见很多次面，想方设法从当事人身上获取很多具有信息承载能力的道具，你刚才也说了，利用的表现手法要多元化、丰富化。

包军昊：我理解的新闻访谈是道具、谈话语言等多种手段和因素的综合运用。但是这方面做得不够，问题在哪里呢？主要也是日播节目强调时效，很多时候只要求最低标准，没有时间了可能就放了。比如有一期节目《家里有五胞胎》，有一个随机秀，他们在聊天，五个孩子在那里爬来爬去，这是随机秀，我觉得这些应该发扬光大，做得还不够。但是秀也有一个误区需要杜绝，就是把秀当目的了，秀只是一个手段，一定要是朴素的、自然的，不能太花哨、太过了，毕竟是新闻节目，应该是跟内容结合紧的地方来运用。

我理解的新闻访谈是道具、谈话语言等多种手段和因素的综合运用。

欧阳国忠：你们的栏目定位是以新闻当事人来谈当前最关注的热点新闻，这跟家庭很温馨的氛围有没有矛盾？

包军昊：不矛盾，对我们来说，只要是客人愿意进到演播室，愿意进到客厅，就意味着他愿意接受客厅里各种善意的质疑、善意的为难。并不是说主流的新闻、硬新闻就一定是冷冰冰的，当然不排除有这样的因素，但是我们节目的特点是要给坐在家里的人看新闻人物的音容笑貌，而且不能西装革履非常严肃地跟他们谈，应该是一边喝茶一边聊天的状态。所以这不矛盾，恰恰是要把我们的个性和特色进一步发扬光大。

欧阳国忠：东方卫视的《东方夜谭》看起来比较轻松，在这方面你们有元素吸纳的计划吗？

包军昊：会客厅的包容性非常强，从形式上来说不会拒绝任何有效的方式和手段。可能偶尔有些节目也都试过一些元素，但是最大的困难就在于日播节目的量上来之后，没有办法兼顾这些东西，在手段上我们一点也不拒绝。

另外来说轻松、活泼元素的引入，我觉得谈话节目有一个特点叫形散神不能散，我可以是东拉西扯地聊天，但是中间的神是一定不能散的，是一定要通过人物解读新闻的，一定要突出新闻性。否则我们做的就不是会客厅节目了，而是《锵锵三人行》，或者是论坛了，这一点我们一直是有警觉的。

第一，我们做人物不能把它做成话题，但是可以用话题的方式来破解人物；第二，话题不能做成论坛，论坛和人物类型的区别在什么地方呢？比如说有一期节目，我们跟《央视论坛》的嘉宾是可以互换的，整形美容40年的专家，上《央视论坛》也可以，上我们这里也可以，这样的人我们做出了我们的区别。《新闻会客厅》主要是当事人注重述说事实和细节层面，整形美容专家要来跟我谈，同样是聊美容界的一些问题时就不能与事无关，你要亲历亲为亲感地来跟我说。而当事人要上《央视论坛》，一般说的是自己的观点、看法和认识，观点在先，肯定也会举一些例子，但是这些例子是不是跟个人经历有关，是不是亲历亲为亲感已经不重要了。

主持人的观点可能不是像《央视论坛》那么鲜明，在《央视论坛》里主持人是揣着一个观点，通过嘉宾的讲述来得出一个结论，或验证一个结论。我们的主持人在这里是带着问号前行的，这是我们两者之间的区别。

__欧阳国忠__：你刚才说的这三点非常重要，一个谈话节目要做得好，谁说、说什么、怎么说是非常重要的问题。在你的理想当中，你将来想把《新闻会客厅》做成一个什么样的状态？

包军昊：当然是关注度越高越好。谁来说？由关注度非常高的人说。对我们来说是操作环节，如何把人第一时间请进来，这也是比较关键的。怎么说？主持人的采访要更个性化，让这个人说得非常过瘾、观众听得非常过瘾，这样收视效果感觉会不一样。归根到底新闻节目没有别的秘诀，我做了十几年新闻，印象里是无论你是什么形式、什么花样，只要在第一时间解决大家最关注的事，那你就成功了。

第 7 章

《讲述》：书写中国民间的心灵档案

——对话总制片人梁红

我们节目的嘉宾无论社会地位多么卑微，无论表达多么木讷，一样能够引起大家心灵的共鸣。我们这些人也是在草根中生长的，我们愿意展现草根中很普通但是很尊贵的灵魂！

——梁　红

• 制片人简介

梁红　中央电视台《讲述》、《纪实十分》栏目总制片人。1990 年毕业于复旦大学新闻系，1994 年入中央电视台，曾先后任《半边天》编导、《今日说法》主编，2001 年至今担任《讲述》、《纪实十分》栏目总制片人。2004 年到 2005 年策划并创建央视第一档大型日播《心理访谈》栏目。曾获得 2004 年度"全国电视百佳栏目创新创意制片人"及"国家广电总局感动人物"等荣誉。

她担任制片人的栏目作品及个人电视作品多次获国际奖项及中国政府奖奖项等，纪录片《达巴在歌唱》获 2003 年第七届四川国际电视节"金熊猫"奖、国际纪录片评选人文及社会类"最佳创意奖"和"最佳长纪录片"奖。

●《讲述》简介

创办时间：2001年7月9日

节目形式：每天讲述一个真实生动、曲折典型、充满悬念、催人奋进的人生故事

时　　长：25分钟

播出频次：日播，CCTV-10、CCTV-1、CCTV-4每日播出

栏目特色：

故事对人的吸引力恐怕我们都不会忘记，谁没有缠着别人讲故事的年代呢？每个人都是作家，藏在我们心中的故事讲述出来都会带给人们深深的感动。《讲述》栏目是“五个一”工程：一段终生难忘的经历，一份刻骨铭心的情感，一片魂萦梦绕的土地，一个激荡灵魂的身影，一种催人奋进的力量。

激荡过心灵的故事，必将在《讲述》绽放人性的光辉！《讲述》坚信：无论世界如何花样翻新，如何色彩变幻，功利场上的追逐如何鼓噪，总有一部分人，能够静静地守着自己的心灵，守着心灵那个神圣而又隐秘的角落，守着生命的源头，守着灵魂的中心。

口述体纪录片

欧阳国忠： 我们一见到你就感觉有一种侠气，特别爱交朋友是吗？

梁红： 对，当时《讲述》是几个朋友一起创意的，想把人生当中惊心动魄的经历讲出来。社教中心主任高峰定下《讲述》这个栏目名字，这个设计当时在中国电视界比较大胆，看起来最不富有电视冲击力，有人说广播也能做，为什么用电视做呢？认为《讲述》当时是反电视的。经过四年实践证明，从收视率上来说，《周末讲述》连续四年在CCTV-10排名第一位，故事也源源不断，一天一个故事，当初很多人认为没有那么多故事可讲，而且又没有很具有电视表现力的画面，很难吸引人，收视率肯定比较低。四年证明，《讲述》是CCTV-10收视率最高的栏目之一，在中央电视台也是得奖最多的栏目之一，我们不但得过"金熊猫"的最佳长纪录片奖和最佳创意奖，而且我们打造的特别节目《中国记者风云榜》和《爱的变奏》等长纪录片，也得到中国广播电视政府奖特别节目一等奖第一名及长纪录片一等奖等荣誉。无论从收视率、获奖还是业内口碑来看，虽然说我们每个人都是不完美的，但这个团队组合在一起就是完美的。

欧阳国忠： 《讲述》成长得最快，跑步进入成长阶段。当初创办之初，你在《今日说法》。

梁红： 当时我在《今日说法》做主编已三年，CCTV-10《讲述》2001年7月9号开播，需要从《今日说法》调骨干来创办。我被作为骨干调过来做样片，最后我做的样片在编委会获得通过。我眼中的《讲述》就像是自己的小孩，从孕育到成长，一直到现在飞速奔跑，包括去年央视大调整，《讲述》作为新锐栏目跻身一套，这是对我们团队的一种认可。

欧阳国忠：CCTV-1是精品栏目汇集的地方，《讲述》进入一套说明水平、收视率非常高。电视强调画面语言，强调现场感，可以看出来，这档节目强调讲述。《讲述》讲究故事性，现在电视节目步入故事化的阶段，各种栏目都想办法讲故事，《讲述》讲故事的手段很高，你们用什么样的因素来吸引大众？

梁红：任何技巧都可能是苍白的，做任何事情包括做电视都是这样，你想做什么是最重要的，如果为了讲故事而讲故事，以此吸引大众视线反而得不到大众的认可。我们虽然年纪并不太大，但是也有自己很难忘的经历，温暖你，鼓励你，使你能够走得更好，生活得更好，这些经历应该拿出来彼此分享。现在人心浮躁，有的人道德沦丧，信仰缺失，特别需要一种温暖鼓励彼此共同前行。我们希望在人生中寻找力量、彼此分享，使之像火柴一样，把别人的人生点亮。所以当时这样的一种定位，把故事拿出来跟大家分享，是我们的初衷。人心都是向真向善向美的，在这种基础上选择的故事对吸引大众眼球有第一位的功能，因为大家心里需要。第二才是通过电视技巧把这种力量、把能够温暖大家的感觉表达出来。有人认为口述或者讲述方式是反电视的，我并不认可这种说法。我们在演播室里面可以看到，很多普通老百姓平时不善言辞，但是讲自己真实经历的时候，会还原到过去的状态，会激动，会表达得非常有声有色有感染力，平时一个非常内向的人在那一瞬间有了一种光彩，焕发出某种青春活力，因为又回到过去经历的状态。这个是镜头不能代表的。

有一段时间纪录片特别风行，纪实拍摄，什么东西都拍，但是我刚才讲的人生经历是用这种电视镜头无法表述的，恰恰亲历者的口述，他的神色、脸上的泪光，包括痛苦时的抽搐都是有画面表现力的，我认为《讲述》也是有电视画面的冲击力和感染力的，有电视特性的。我并不认为《讲述》本身是反电视的，所有的东西都是故事性的一种传达，而且是故事性的一种体现。从这个角度，首先我们注重内容，我们挑选的东西是观众所需要的，其次我们并不认可纪录片传统的做法，有很多人说《讲述》像初生牛犊不怕虎，跌跌撞撞跑得很快，虽然会摔跤，但比很多栏目都跑得快。《讲述》每一年都会有新的举动出来，包括2004年我们承办的中国国际广播电视博览会的项目《DV2004：我们的影像故事》全国DV大赛。很多专家在争论《讲述》是谈话节目还是纪录片节目，有人说《讲述》在用纪录片的精神做谈话节目，应该说很难归类，什么形态不重要，观众需要是最有价值的。而且在追求高收视率前提下，并不失掉自己的品牌和品质，节目的品质和高收视率是统一的。就故事性来说，我们选择的是符合社会心理需求和审美需求的内容；主持人访谈方面，很多人说故事性要靠主持人去挑动，很多谈话节目，如《实话实说》、《聊天》全靠主持人撑着，《讲述》在这一点上不一样，主持人主要是倾听，以讲述人为主。每天换不同的讲述人，讲述人的经历是新鲜的，故事也是有独特性的，我们把点放在讲述人身上，也是增加故事性的一种方式。

欧阳国忠：你们节目当中，主持人也不叫主持人，有一个新的名字叫访问人。从这一点来看，你们有不同的定位，谈话类节目是一个主持人的节目，靠主持人出彩，靠他的临场发挥和智慧幽默撑起一个节目，而《讲述》是一个倾听者。

梁红：谈话节目一般以主持人和嘉宾的碰撞，情感冲撞或者谈话感为重点。《讲述》主持人更多是倾听者，是一个访问者，他的倾听和访问也不是完全被动的，要在对话中抓住线索，铺展开整个人生经历。主持人是幕后的工作，幕前亮光给了讲述人。

欧阳国忠：从开播到现在，你们的理念有一些变化吗？

梁红：从开播到现在，当初定位的核心没有变，但是手段上更丰富了一些，编导的认知程度也在不断加深。从一开始我们想做感动人的东西，结果大家做的都是残疾人题材，还有悲悲泣泣的题材，不是说残疾人没有感动我们的东西，但是如果都是在这些范围内感动人的话，太局限了。我们发现阳光的、健康的题材，同样有感动的泪光在跳跃，这样认知上题材就扩大了。过去我们对日常生活的关注不是那么密切，讲的故事有时候没有年代烙印，在哪个年代哪个地方哪个月份都是可以的。《讲述》从2003年到现在更加关注生活，关注老百姓，关注我们身边发生的事，争取更多反映社会的痕迹。我们认为这是一个媒体的社会责任感，媒体应该引导社会风气，整合社会资源，中央电视台有这样一个平台，应该为社会提供更多有价值的东西，满足大众需要，而不是自我满足，个人喜好什么就做什么。从这一点看，《讲述》第一年里面没有特别节目，第二年开始有了特别节目，2002年做了《新闻背后的故事》，当时是雏形，在试验，2003年正式推出《中国记者风云榜》，把本年度最有影响力的大事件中，有独到见解并且有独家专访的记者推到幕前。现在媒体非常多，记者非常多，我们推荐对历史有推动、凸显记者功能的记者。2003年有非典期间的记者，有伊拉克战争中的记者，他们在促进法制领域、社会生活等方面对社会有贡献，如果没有这些记者的报道，这个事件可能不会出来，社会因此可能往前迈的一小步不会那么顺畅。我们把这里面起了非常大作用的记者遴选出来，推介出来八位记者，变成中国记者风云榜，领导们非常认可，尤其新闻业内口碑比较好，老百姓也认为震撼人心。汕头大学陈婉莹老师把这个记者节的节目拿到美国哥伦比亚大学播放，他们都很震撼，因为他们看到了中国的记者其实一点不比他们美国的记者逊色。他们现在问我们要碟，国外同行觉得很佩服。大专院校的老师把这期节目作为教材告诉刚入行新闻系的学生，我们优秀的记者在做什么，为社会推动着什么。我们很自豪，《讲述》在日常节目的平台上，还能做一些特别节目，凸现媒体人的社会责任感。我们都是在慢慢尝试，比如我们也希望为中国社会做更多的不仅仅是讲情感故事，也讲大情大感的故事，讲一些在社会建构中起到主要力量的人的故事。

建立中国民间的心灵档案

欧阳国忠：你们从被动参与记录到主动记录，有意识把主题加入自己的策划意识，你们那些精彩的故事从哪儿来的？

梁红：在团中央交给我们承办的“中国十大杰出青年人物”颁奖晚会上，航天员杨利伟来问我们，你们怎么有本事找到那么多的故事。所有这些故事是我们团队里面的编导，通过交朋友、看新闻得来的。我们的编导和记者特别自豪，他们有一双发现的眼睛，平常的故事在别的地方也做过，我们不是做得最早的，但是我们有一个独家的角度。本台很多制片人很喜欢看我们的节目，说他们编导到我们栏目找故事，发现我们的故事做得比他们要好。这跟《讲述》的栏目文化有关系，我们不仅仅找到的故事跟别人不一样，而且我们能够发现跟别人不一样的讲故事的方式，包括这个人在别的栏目没有焕发出来的东西，可能在我们栏目被激发了。这些东西跟文化，包括编导和人打交道的方式，主持人的交流方式都有关系。我们常说，《讲述》是做给关心人们命运的观众看的，也许是因为我们具有特别关心人们的眼睛和心灵吧，才会看到和别人不一样的故事。

欧阳国忠：每个人心中的故事像矿藏一样，挖掘方式不一样，决定了能不能把矿藏找出来。你们找故事有什么途径？

梁红：我们开始定位讲人生故事，不是定位在漫长的人生过程中。漫长的人生过程，年轻编导很难驾驭，我们每期节目往往选择人生的转折点，截取一个人生的转折点，这个转折点可能是发生了什么事件，遇到什么人，从而使讲述人发生重大的转折。在这样的情况下，我们栏目往往采取跟别人不同的方式，因为几年的训练，编导都能落实到操作当中，起到主要作用。

欧阳国忠：整体队伍里面有自己的价值取向和选择方向，决定了你们的每个故事都是比较精彩的。挖掘转折点，挖掘人生的拐点，大起大落的时候人的情感容易迸发出来。作为制片人如何判断选题标准？

梁红：我不是属于特别理性的人，我比较感性，一般会从自己的角度出发。我平时特别爱看电视、电影，本身就是一个普通观众。如果从这个故事里面我能汲取到一些东西，

《讲述》从2003年到现在更加关注生活，关注老百姓，关注我们身边发生的事，争取更多反映社会的痕迹。我们认为这是一个媒体的社会责任感，媒体应该引导社会风气，整合社会资源，中央电视台有这样一个平台，应该为社会提供更多有价值的东西，满足大众需要，而不是自我满足，个人喜好什么就做什么。

我觉得别人可能跟我一样可以汲取到一些东西。另外，从媒体的功能来说，我们不应该讲述全是自己感兴趣的很边缘化的东西，我们栏目还是要追求大众性，尽量多给人一些收获，把自己的感受和社会媒体的功能定位结合起来。一般的选题到我这儿会毙掉三分之一，留下三分之二。刚开始的时候一半的选题被毙掉，那时候编导一两个月报不上选题。现在还有三分之一的选题会被毙掉，不过另外的三分之二，却让他们知道什么样的选题能通过。

欧阳国忠：很多观众喜欢看边缘化的栏目，有一些栏目做边缘化的人，比如街上乞讨的人，或者卖艺的人。你怎么看待边缘化和主流？

梁红：不是以这个人的身份和职业来判断，而是这个题材能不能引起大家的共鸣，如果能引起大家比较多的共鸣就不是边缘化的人和事。媒体是社会公器，应该服务于大众，节目品质应该和传播功能相结合，播什么样的东西，选择什么样的东西，心里应该装着老百姓。我们是日播节目，一年有365个题材，如果我们以猎奇的做法得到今天的收视率，就是牺牲明天的收视率。《讲述》一直用平实心态做栏目，我们判断节目好不好的标准不是猎奇不猎奇，而是以它能不能给别人带来心理的、审美的，包括人生阅历的分享作为判断标准。有时候会有一些题材，天然带着非常好玩的传奇性，但是并不是我们的方向。猎奇的栏目应该说是杀鸡取卵，这种方式不可取。我们栏目秉承新闻人或者职业媒体人的心态，平实做事情。奉行的口号是简单做人，踏实做事。

欧阳国忠：品位向上，眼睛向下，要和老百姓贴得近，但是要求高品位。

梁红：很多人总是觉得高收视率和高的品位品质是冲突的，就我看来，这两者是合一的。我在《今日说法》做主编的时候，领导一个小组主打《今日说法》星期天的收视率，星期天中午收视率最容易冲高，我带领小组做了大半年，创下了很多高收视率。当时关于选择猎奇题材还是选择常规题材以质量取胜，大家有不同的说法。后来经验总结，并不是猎奇的题材获得高收视率。两年来，我们在做法上没有特别大的突变和调整，一直踏踏实实做栏目，寻找好故事，给大家更多的共鸣、感动和收获——人生的智慧启迪或者人生的收获。当初我们也没有想到它是收视率最高的栏目，大家一直觉得深夜好多知识分子特别爱看《讲述》，有时候CCTV-1凌晨1：45才播，我自己要睡觉，都等不到。我们同行看的特别多，本来我们是为大众播出的，没想到知识分子也爱看，可见高收视率和高品质并不打架，只要是好的节目，就能打动大家，获得大家的眼球。现在我们的节目每天在CCTV-10播出两次，每天在CCTV-1播出两次，2006年开始每天在CCTV-4也要播出两次，这样全球就都能看得到，我们一点一滴地进步。被领导和老百姓一天天地认可，我们自己也觉得挺有成就感的。

欧阳国忠：《艺术人生》以带有明星光环的人作为主打吸引眼球的方式，《对话》以企业家作为吸引眼球的方式，《讲述》能成功最主要的因素是什么？

梁红：他们是以明星以精英人物作为主述者，我们是以百姓作为主角来做这个节目。从大历史角度来看，历史不仅仅是叱咤风云人物的历史，更多是草根百姓的历史，这些历史往往被忽略，在大历史中没有被书写。《讲述》就是在书写这些草根百姓的历史，他们的生活历史，从大历史观来说能起到这么一个作用：不管一个节目能做多少年，很多年以后如果大家再拿《讲述》来看，那样一个时代有这样一群人是这样思考、这样行为的，他们的心灵有过这样的挣扎，有过对社会的贡献，有过对别人的启迪。我觉得每个人在媒体中能够胜任的角色其实不是那么大的，作为制片人，我的能量只能说踏踏实实做自己的一个栏目，我的栏目里如果能够为这个时代的百姓书写历史，建立他们的心灵档案，能够展示一些东西，大家能从里面得到共鸣，我就感到有意义，这也是为什么《讲述》在CCTV-10那么受欢迎的原因。心灵的共鸣不是以身份的显贵与否作为判断价值，我们节目的嘉宾无论社会地位多么卑微，无论表达多么木讷，一样能够引起大家心灵的共鸣。我们这些人也是在草根中成长的，我们愿意展现草根中很普通但是很尊贵的灵魂。

不是以这个人的身份和职业来判断，而是这个题材能不能引起大家的共鸣，如果能引起大家比较多的共鸣就不是边缘化的人和事。媒体是社会公器，应该服务于大众，节目品质应该和传播功能相结合，播什么样的东西，选择什么样的东西，心里应该装着老百姓。

欧阳国忠：《讲述》的嘉宾学问不高，但是讲出来的话有哲理，有时候往往给人一种触动。

梁红：林语堂的女儿林太乙高中刚毕业的时候，本来可以上很好的大学，但是林语堂和她说，你可以不要上大学，最大的课堂就是社会。这个大学是没有围墙的，要上没有围墙的大学，不要上有围墙的大学。我并不是引导大家不要上大学，社会是大课堂，能学到特别多的东西，不一定硕士或者博士才是最博学的人。社会大课堂会教会你很多东西，可能是最有人生智慧的东西，最能焕发出哲理的东西，而这些也许是书本上看不到的。做《讲述》这个栏目非常养人养心，我对人生有了更多的理解，心态更平实更平和，还是非常幸运的。

平常节目是家常菜　特别节目像大餐

欧阳国忠：讲述人用自己的亲身经历讲出来的话最真实感人，以前用明星娱乐大众，现在用大众娱乐大众，你们举办的DV征集大赛，是不是转变的一个征象？

梁红：现在最时髦的词就是“娱乐”。作为社教节目，我们一开始定位时有过这样的认知，我们现在做的《讲述》栏目不像新闻风风火火，也不像娱乐热热闹闹，我们用自己的视角展示人生百态，把人生经历与大家分享，现在我们有那么高的收视率，令人兴奋，也让人意外。我们对娱乐大众的理解，应该说是用大众的经历和大众一起分享，我觉得这个观念并没有赶上媒体里面比较时尚的观念。也许大家在看的过程中，会感到娱乐的效果，过程本身就是娱乐元素，但是主观上来说，我们并不刻意追求这效果。

欧阳国忠：DV2004我们的影像故事，征集之后反应怎么样？

梁红：凤凰卫视、三星、歌华包括各地方电视台都做过，我们这次是广播电影电视集团和中央电视台社教中心共同举办的，承办是《讲述》栏目和DV中国推广协会，这是中国国际广播电视博览会里面新增的栏目，过去有华表奖、金鹰奖，这次第一次增加了《DV2004：我们的影像故事》，渲染出更多的大众色彩。《讲述》2003年SARS期间推出周六DV讲述版，这次总局和中央台社教中心交给《讲述》，原来参与过DV讲述、在我们栏目表现过的都能继续投稿。结果出乎我们的意料，接稿量仔细算起来有五六千份报名表和作品，接到的作品现在还源源不断，超过以前任何一次DV大赛。我跟一些同仁聊过，上海电视节和四川电视节接到的作品量可能没有我们这次多。虽然有这样那样的不足，从专业角度来看不是特别好的专业作品，这次DV大赛降低技术门槛，或者不以技术为门槛，我们不以技术指标有多么高作为判断标准，希望每个人能够拿起DV表达自己的感受，这种感受能够与大家分享，也是《讲述》理念的延伸。我们非常乐意承办这个项目，作品进入最后的评选阶段，9月19日那一天推出整个颁奖晚会，中间8月底到9月上旬集中两到三周的时间，把全国优秀的DV作品在我们栏目进行展播。DV还是非常可贵的，对像我们电视台这样职业的影像工作者是非常好的补充。不可能所有角落被专业捕捉，DV有一个广度和深度记录的功能。大家在《讲述》的展播和颁奖晚会中会看到非常有震撼力的DV作品。

欧阳国忠：由观众记录身边原生态的故事，降低门槛是不是一个趋势？最近湖南卫视推出《超级女声》节目，零门槛进入非职业的歌手大赛，以前我们要设定一个标准，进入我的大赛一定有个标准。现在这种理念越来越平民化。

梁红：任何事情包括媒体的变化都是社会大背景的反映，从三贴近的提法到包括很多平民化风格栏目的诞生，包括你刚才说的地方电视台的做法，都表明对电视媒体功能认识的转变。过去包括《东方之子》要有成绩要有业绩、要是模范人物才能上电视上电影，平民老百姓不能作为主角。讲述老百姓的故事《生活空间》，一批纪录片的诞生受到大家的欢迎。这时平民到前台，到了一个舞台的中央，但跟原来讲述老百姓生活状态还是不一样，可能还带有一些观赏性，老百姓可以被观赏了，可以进入纪录片作为主角了。现在更有一种人民创造历史的感觉，不仅仅被观赏，人民也是一种创造的主角。现在我们栏目都是把讲述的主角给予讲述人，代表我们对电视讲述变化，电视不仅仅是我说你听，我说你看，大家可以一起参与，就像画家画画，没有欣赏者参与，就不能完成审美需求的最终体现。老百姓不仅仅看，还可以

现在更有一种人民创造历史的感觉，不仅仅被观赏，人民也是一种创造的主角。现在我们栏目都是把讲述的主角给予讲述人，代表我们对电视讲述变化，电视不仅仅是我说你听，我说你看，大家可以一起参与，就像画家画画，没有欣赏者参与，就不能完成审美需求的最终体现。

参与，可以作为栏目的主角，都跟社会大的背景相联系。

欧阳国忠：审看那么多参赛的DV有什么新的发现？

梁红：DV记录生活的一种广度和深度，在这次大赛里面让我感觉非常意外非常震撼。以前一些地区的同业者说，DV爱好者的热情比我们要高，但是水平远比我们估计的要低。我们不从专业角度评判DV，我们平时带着一拨人举着吊杆话筒采访的时候，老百姓不会把真实的东西展现出来，DV大赛让我深刻感觉，拍摄者和被拍摄者的距离远近，影响到整个影像质量的呈现。DV不是带着电视台的任务去拍，被拍摄者非常自由，非常容易展现自己真实的一面，健康、积极、有人性光辉的段落能在DV作品当中看到。有一些作品我们自己看了都感动，主编准备一堆餐巾纸在旁边，这次DV大赛很多参赛作品真是出乎我的意料，把那么多真实美好的东西端上来。过去说DV是阴暗的、地下的、非主流的，过去理解在边缘题材里面只有以对抗的姿态才能拍到有价值的东西，这个完全是一种误区。只要大家有共鸣的作品，有感染力的作品不一定非得要靠边缘题材和对抗姿态才能展示。这次我们看到的作品，所谓阴暗、地下的作品非常少，可能因为广电总局和中央电视台共同举办的原因，我们收到的作品非常有震撼力。好的作品一定会跟大家共鸣，仅仅猎奇的题材不会有长久的生命力。我看好DV，在专业影像之外用民间影像，用老百姓的视角能够记录身边特别感染我们的有价值的东西，对我们社会飞速发展过程中的记录，有可能因为专业影像不足而失落的一些东西，民间影像能起到重要的补充作用。如果大家都能够拿起DV，人们书写的历史会非常丰富，我觉得这是件功德无量的事情。

欧阳国忠：《讲述》有意识推出大型活动，开始介入生活，不仅仅是感知生活，还推动社会上正面的力量。这一点变化是可喜的，去年做十大杰出青年颁奖，还有中国记者评选，还有DV活动。在活动方面有什么新的打算？

梁红：今年DV项目是我们栏目新增设的项目，团队也非常喜欢这个项目。来了五六千部作品，我们的眼睛都快看肿了，唯恐遗漏好的节目。我们组成巨大的评委会，有资深专业人士和非专业人士，包括社会文化名人从各个角度去看，我们在央视网站栏目都有一些展播，观众可以投票，我们结合专家意见，最后是大中型的评选，有一些作品会入围获奖。计划今年把记者节项目做好，新增加的DV项目也要做好。现在找我们做项目的人非常多，目前到年底还会推出一些活动，最重要的两个项目就是现在这两个项目，还有把每天一个故事讲好。我们有一个比喻：特别节目像豪华大餐，平常节目是家常饭，还是家常饭最好吃，偶尔吃一点大餐。

制片人更像车间主任

欧阳国忠：你1990年从复旦大学毕业，一个人独闯北京？

梁红：现在很多人独闯北京，"新鲜人"的勇气远远超过我们。我当时到北京来找工作，跑了十几家单位，到了《北京周报》，是一个对外宣传的，用英文呈现的。前面我们用中文写稿子，翻译们译成英、法、德、日、西班牙文，在那儿做了五年，收获很多。1994年中央电视台面向社会招聘的时候，我经过好几关考试进入到中央电视台《半边天》栏目做编导。

欧阳国忠：当时为什么要进入电视？

梁红：我从小特别喜欢看电影，对影像直觉比较好，想体验一下用影像表达和文笔表达是什么样一种不同的状态，当时《半边天》刚好在招人，有这么一个机会就过来了。做了影像之后不能割舍，我觉得用影像表达更能够展现我的综合素质，表达起来也比较顺畅。

欧阳国忠：制片人对栏目的人财物和栏目的方向负责，你一天的时间怎么安排？

梁红：早上8点钟起床，8：30出门，9点到办公室，有无数像雪球一样的事情滚过来。现在事情太多了，不是靠你调整生活的艺术能够解决的，这个栏目的片子看了三年，直到现在，第一遍、第二遍、第三遍都要看，多的时候要看五遍。大家说《讲述》节目在栏目开播之初，不是做出来的，而是改出来的，前面经过主编看，然后我看，我对片子要求比较严格。我每天上午下午最重要的工作就是审片，经过主编审完到我这儿审，有时候40分钟的片子要看三个小时，一边看一边说，怎么表达，怎么讲故事更好，这是个传帮带的过程，但是也许对别人的创造力有所压抑。

制片人是一个栏目的总负责人，做栏目不是考编导而是考制片人，经过制片人认知认可的节目代表了制片人的水平，我们在做的过程当中非常勤奋也非常努力。看了一天的片子，基本眼睛迷离，晚上10点多钟回家。这当中作为制片人还有一些行政事务，上午忙到12：30，有盒饭端过来，一边吃饭一边说话，签很多财务报表和单子、选题表。批选题、签设备清单、编导稿费、审片、开策划会和编导主编交流对节目的认识，安排日常事务和特别节目。人家说制片人像职业经理人CEO，CEO在我眼中都是很潇洒浪漫的，我的生活充满了忙乱、忙碌、疲劳。我做完DV大赛要调整状态，尽量把主编、编导培养成熟，把一部分担子分到他们的肩上。现在主编非常能干，大家对人生观、价值观有相应之处，对节目认识相似，他们挺能够帮我分担一些，在局部上尽量能够多培养我们的骨干队伍，我自己才能轻松一点。

欧阳国忠：以前中国的制片人引入不太久，从不成熟到成熟，现在制片人这种概念越来越被推崇，你对这种现象怎么看？

梁红：既有惊喜也有压力。自从我自己做了制片人以后，虽然承受越来越多的压力，但荣誉感也比以前增强。因为过去以行政角色看待制片人，制片人属于科级干部，没有特别凸现制片人在一个栏目当中的作用，更多是干部管理的角度。从前年到现在，越来越多的制片人被赋予市场、节目生产管理经营一条龙管理的角色，荣誉感更凸现了，其实竞争压力越来越大了。我觉得这是不可避免的，频道越来越多，竞争越来越多，更多是栏目与栏目之间的比拼，一个频道如果没有几个像样栏目的话，这个频道就没有竞争力。栏目是频道很重要的细胞，而制片人对这个细胞起着决定性的作用。制片人制度现在不是很成熟，关于制片人管理，包括制片人管理别人，都还有很多亟待补充完善的地方，我们自己也在探索。比如制片人怎么管理员工和节目，怎么样在成本核算上控制，现在有很多探索的东西。制片人在体制内做得好和坏，应该有一个管理优化方案。现在中央台和地方台都在探索，渐渐走向成熟。

欧阳国忠：电视台的竞争归根到底是栏目的竞争，制片人是栏目生产的灵魂，对所有的环节进行统筹安排。制片人工作环节很多，生产链条有很多环节，保证节目的质量需要管理的制度和方法来实现。你通过什么样的方法保证《讲述》每期节目播出后质量达到一定的水平？

梁红：我们在尝试一种方法，就是把产品质量的控制方法应用在整个栏目上。我们规定了几个环节，要有一些指标必须达到。从题材选择来说，来了选题要有几个大概标准，不仅仅是一些我们的直觉和感受，它的故事性、主题是什么，画面感怎么样，有一些指标已经运用到了这个栏目的操作中。从选材到加工、生产这个环节有哪些步骤，选题经过策划之后应该达到什么样的水准才能进演播室，我们都有一些细化规定。到最后制作播出这一关，我们分成几档来验收，每一档有每一档的指标要求，更多是用规格化生产的管理方式在管理节目。制片人不仅仅像一个乐队指挥，高音部低音部要唱得很和谐；更多像车间主任，要有一些硬性指标、量化指标去检查这些节目。虽然这个节目是精神产品，不像杯子一样那么有形，可以量化得那么外在明显。但是艺术产品毕竟还是有产品商品的功能，这个也还在探索中，很难说成型有效。《讲述》量化了一些指标，才能保证节目在一定的水准上。

制片人不仅仅像一个乐队指挥，高音部低音部要唱得很和谐；更多像车间主任，要有一些硬性指标、量化指标去检查这些节目。

欧阳国忠：《讲述》有多少人？

梁红：60多个人，我们这个队伍现在同时承担着CCTV-1晚间黄金时间9：40播出的《纪实十分》栏目的任务，去年我们这个栏目还开创了CCTV第一档大型日播心理栏目《心理访谈》，兼做了一年，待质量稳定了，品牌初步形成了，才顺利地剥离出去，贡献到CCTV-12。所以2004年到2005年是我最忙碌的一年，因为我同时兼任《讲述》、《周末讲述》、《纪实十分》、《心理访谈》四档栏目的制片人。

欧阳国忠：中国制片人逐步从过去单纯注重个别节目到

注重整个管理方法，有栏目引进一些人才的评价机制，或者编委会制提高整体水平。你接触过外国制片人，中国和外国制片人差距在哪儿？

梁红：各村有各村的高招，我和外国制片人交流过，并不觉得他们的节目比我们好多少。比制作技巧，我们一点都不差，包括美国《60分钟》节目制片人，包括娱乐节目制片人，我们在一起座谈过。中国有中国的国情，要根据中国国情生产设计开发一些节目，国外有不同的文化环境和观众的喜好，根据他们观众的喜好量身打造一些节目。操作理念来说，国外市场化倾向更浓，完全按照市场压力来做；中央电视台不仅要用市场的眼光来做，包括我们的角色定位，中央电视台还有宣传的任务和功能要完成。从理念包括制作方式，包括节目，中央电视台的节目质量上一点不比国外大媒体差。

国际传媒界的主导是美国、英国，有历史沿袭的原因，包括他们的电影业发展比我们要早。我们国内电影电视人也比较努力，很快吸取国际先进的理念和手法。在市场化推动之下，将会有更多更好的节目出来。我们应该跟国际制片人站在同样舞台上表演，展示我们的才华，应该说互相取长补短。我们跟他们交流过程中，他们也看好我们的节目，过去他们对我们不了解，没有看到我们的节目，或者中国的节目没有在国际大舞台上占一席之地，卖给国外数量很少。其实我们有很多很好的节目，国际市场营销上应该加强这方面的影响力。我们希望把和国际接轨的操作方式引入进来，这样我们在国际市场上会有更多的话语权。

欧阳国忠：从网站、报纸上可以看到《讲述》的文字内容，你们也出了不少书，有没有打算将你们制作过的节目以另外的方式进行推广，从而使它的价值最大化？

梁红：我们还没有特别注意这方面，现在已经出了两本书，今年记者节是第三本书，节目也可以通过文字的方式分享嘉宾的人生经历，不要把资源浪费，既然花了那么多力气做节目，不要浪费掉。现在已经做了这样一些网站链接、平面媒体的互动以及书籍出版，但做得不是很充分，因为人力精力都有限。《讲述》一开始就像电视版的《读者文摘》，《读者文摘》既然能保存，我们也可以出书。但电视到文字转换，怎么样转换才能恰如其分，我们缺少这样的改编者，有这样理想的单位可以联合和我们一起来做。

链接

《讲述》的品牌模式探索

《讲述》是个以言载道，提倡道德风尚，传播道德理念的栏目；是个讲述平凡人不平凡的故事的栏目。这一方向性的定位决定了《讲述》在传播市场中必须打硬仗，因为它的产品原料不可能有猛料、爆料之类，也不可能与名人明星共享风光，《讲述》要做的事和要走的路就只能是：用阳光产品，占领心灵高地。因此，《讲述》从一开始就进入了苦力型劳作，没有任何投机可言，也没有一夜之间大红大紫的可能。但从科学的角度来看，任何一种产品，都有科学生产、科学管理的空间。《讲述》要打造自己的品牌，一是要走持久战的道路，二是要有全面质量意识。用最科学的态度来确立生产模式、管理模式及品牌模式。

因为它的产品原料不可能有猛料、爆料之类，也不可能与名人明星共享风光，《讲述》要做的事和要走的路就只能是：用阳光产品，占领心灵高地。

1. 规格化生产模式

规格化生产是《讲述》栏目具有明显特色的生产模式。《讲述》的生产理念不是单一寻求市场的最高限，而是把“确保底限、整体进位”作为发展战略。作为一个有一定生产规模的栏目，做一期冲高的节目也许不很难，但要确保每一期节目都在可接受值内，其难度就大了。这就要有产品审查和验收的规则、规格和指标，就要评估其进入市场中是否符合市场的需求。

电视不是漫无目的地创作，电视更是制作，就电视播出和制作整体梳理来观察电视就是一个按照流程化、系列化安排生产的过程，如果是这样，规格化生产就必然成为其中的基本规则。这不是讲管理，而是讲究生产方法，从方法论角度说，规格化生产是提高效率、确保质量稳定的基本要求，要想进行信息的梳理，就要确定一些指标、规格，要想在短时间内做出高质量节目，就更要确立一些规则和规格，这应该成为基本的生产方法。因此基于从产品研究角度出发的认识，我们必须建立一套自己栏目独有的“产品”加工标准，一个节目如果经过这些量化的程序检测能够达标，那么它就会是一个保证质量的节目，就会符合栏目的品牌特征。对于《讲述》来说，品牌特征就是通过讲述精彩的人生故事，倡导、引导一种积极、健康、向上的价值观，倡导与时代发展相适应的道德，体现终极的人文关怀。

《讲述》通过研究电视栏目的生产规律，并结合栏目实际，实行“规格化生产三大步骤”。

第一阶段　产品的材料准备阶段——精挑细选

在对选题的选取把关上，我们摈弃了主编、制片人拍脑袋决定、过于主观随意的传统做法，对选题有10到20个明确的质量评估规定，例如：(1) 情节支撑是什么：《讲述》对故事本身的情节设置要求日常版不低于3个，周末版不低于6个。(2) 核心卖点是什么：这个选题你想说什么，你要倡导什么，或是想鞭挞什么，或是引人思考什么。(3) 是否符合《讲述》栏目样式的电视化表现，如周末版要有足够的镜头表现空间，日常版的嘉宾素质考评如何，语流魅力如何，这个人在道德上能否站得住。

第二阶段　产品的制作阶段——精雕细刻

所有的选题完成第一道工序后，进入产品制作阶段两个重要的程序：(1) 进入策划会。(2) 在拍摄周期、编辑制作周期、经费报销周期上有明确的时间规定，引入量化标准。

凡是经过栏目批准的题目才进入策划会。《讲述》栏目的核心卖点是具有人文关怀意味的价值观。因此策划会负责从两个坐标上来把握和提炼价值观：一是人性的角度，二是社会发展的角度。

策划会对于选题含金量的评估与提升也有几个明确的量化标准：

(1) 确定主述人是谁，因为这个主述视点的确立代表故事整个切入的角度，有时主述视角确立得不准确会使整个故事的呈现不够客观、全面。

(2) 对于电视化效果的评估：包括讲述人的表达能力、情节的曲折度、题材的时效性。

(3) 对人物故事道德含量、人文关怀价值的评估。对于人物身上的歧义性、题材中似是而非的东西，通过这一道工序，要做些正确和有分寸的处理，使政治导向和价值观引导上既积极健康同时又有栏目独到的人文眼光。

第三阶段 产品的审查阶段——精益求精

对于经过上述各道工序制作出来的片子，栏目实行主编初审，制片人二审，部主任三审制度。

这三道把关制度各有各的量化标准，记录在审片流程表中。

(1) 主编初审。根据策划会意图与栏目宗旨审定，直至判断能够实行前期策划的意图，达到栏目播出水平，指导编导修改，送交制片人审查。

(2) 制片人二审。制片人依据精品的标准去要求经过主编加工的“产品”，这时故事事件基本会叙述清楚、流畅，但主题开掘是否充分，结构是否精当，细节是否足够，人物性格是否突出，节奏是否张弛有度，都是要再“精益求精”的，这时往往片子或多或少还会有部分的修改，直至制片人再次审查通过。

(3) 部主任终审。对政治导向、电视表现手法、错别字等做播出前最后一道工序的审查。这时的片子是一个电视完成版，制片人、主编同部主任一起审片，听取意见。

《讲述》生产的三大步骤是落实生产规范化、程序化、系统化的蓝图，在具体的操作过程中还有更为具体的细则。

对于《讲述》来说，品牌特征就是通过讲述精彩的人生故事，倡导、引导一种积极、健康、向上的价值观，倡导与时代发展相适应的道德，体现终极的人文关怀。

2. 生动性管理模式

由于《讲述》是一种规格化生产模式，因此，在管理上它必须是建立在一定规模之上，实行规模化管理。一提起管理，人们总会想到枯燥的制约机制和严厉的惩处手段，而《讲述》在管理上更多的则是追求管理过程的生动性。一个看似静态，甚至枯燥的东西，在什么样的前提下能使其生动起来，这是《讲述》面对电视素材和电视管理同时都要深思的课题。《讲述》做节目追求细节生动，这种生动的体验同样可以带到管理工作中来。在一片浩大繁杂的生产规模中，管理者从哪里下手，怎样才能构建生动的管理版图和管理手段呢？《讲述》的做法是：

第一，寻找职业核心魅力。作为此栏目而非彼栏目的工作人员，应该充分了解并享受自己所从事职业的核心魅力，职业魅力往往是与职业产品的核心竞争力重构在一起的，而产品的核心竞争力就在于它的独特个性。经济学家张维迎发现，行业内部企业之间的利润差距远远大于行业之间的差距，企业的存亡取决于是否具有核心竞争力，即是否具有“偷不走、买不来、拆不开、带不走、溜不掉的独特资源”，企业如果具备了上述五个特征的资源和能力，就意味着能够在市场中占领先机。

而一个栏目也是如此，使其立于不败之地的“杀手锏”就是栏目独家的个性，没有它，就没有核心竞争力，也就没有了生存的前提。当我们发现我们的产品与别人的产品不一样的特色、不一样的个性，不一样的张力，而且产品的周身有着明显我们自己的血脉烙印时，我们就有了自我欣赏的理由，滋生成就感的理由，这也就是职业魅力的源头。《讲述》特别注重产品的核心竞争力。因此，《讲述》将栏目各个方面、各个环节、各个部位的工作个性都作提炼，并将提炼出来的个性元素进行张榜，让人人都知道自己岗位的职业特色及个性是什么。如：对节目的选题和制作我们提出了“五个一”的理念，即一段终生难忘的经历，一段刻骨铭心的感情，一片魂牵梦绕的土地，一个牵肠挂肚的身影，一种奋然前行的力量。“五个一”是《讲述》的特色个性，也是核心竞争力所在。而对《周末讲述》除了遵循“五个一”外，还针对全程外拍的特点，又提炼出透视真相、倾注真情、崇尚真实、奉献真诚的特色理念。把每个人的生命个性与职业个性融为一体，是《讲述》打开生动管理通道的第一步。

第二，实行模块组装管理方式。把一个繁杂的生产模型解构成一个一个的部件，对每一个部件进行量化分析，量化配额，然后，又将各个载有量化指标的工作部件一一组装进生产体系中，这样，整个管理版图立即生动起来了，各个部件的职能也都明确、立体、丰满了。比如最初的《讲述》，是将节目、片花、配音、配乐都交由编导负责完成，这样操作的结果是节目的片花、配音、音乐等风格不相一致，对于形成自己的栏目特色风格有影响。为了解决这个问题，《讲述》将片花、配音、配乐等环节进行解构，然后对这每个环节设专人制作，这些看起来是管理上的细节，但这些细节一旦到位，整个管理层面都生动起来了，产品的质量效果明显有变化，片花、配音、音乐都有了《讲述》的风格。细节往往是产品主体的生态环境，当整个产品的生态环境得到优化后，对促进产品主体的优化无疑会有极大的推动作用。

第三，建立多维考核机制。如果说一种考核方式具有片面性，难以全面展现客观公正的合理性，那么多维的考核办法，将使管理工作的立体感明显加强。《讲述》对每一期节目好与差的评定，分别采取三条线同时进行。(1) 制片人在合成前根据片子的质量打分，占20%的比例，代表本栏目的评定；(2) 部主任审完成版时打分，占30%的比例，代表部里、台里的评定，也代表多年收视的规律性评估；(3) 观众收视率评定，占50%的比例，代表市场的客观反馈。

对节目的选题和制作我们提出了“五个一”的理念，即一段终生难忘的经历，一段刻骨铭心的感情，一片魂牵梦绕的土地，一个牵肠挂肚的身影，一种奋然前行的力量。“五个一”是《讲述》的特色个性，也是核心竞争力所在。

每次栏目收上来对每个节目的打分，经过平均值以后便是该节目最后的播出质量级别。这个质量级别不仅直接决定节目播出后的稿费等级，而且与工作量等一起计入编导工作业绩的评估中。

3. 稳定性品牌模式

《讲述》的生产模式、管理模式决定了《讲述》的品牌模式。品牌模式有多种划分，这里仅按照品牌的质量结构来划分：充满变量元素的品牌模式、依赖性较大的品牌模式、可自控的稳定品牌模式等等。充满变量的品牌模式中具有众多冲高及迭低变数因子，当正向因子占强劲上风时，它就有可能冲高，当逆向因子处在顽固状态时，它就有可能迭低；依赖性较强的品牌模式，是与某种资源或某种要素紧紧绑在一起的，一旦抽去可与之捆绑的内容，这种品牌将立即解体。《讲述》选择的是可自控的稳定品牌模式。

《讲述》在生产模式上实行的是“确保底限，整体进位”的战略，在管理模式上实行的是“组装”及“多维”的管理策略，所以《讲述》的品牌模式是向着持续、稳定、精品化方向发展。这种产品的品牌形成过程，需要严密的机制支撑，它不能只寄希望于几个人或几拨人，而是每个人、每道生产环节都得出彩，都不能有丝毫闪失。值得庆幸的是《讲述》从2001年7月在CCTV-10开播以来，平均收视成绩一直名列频道前茅，且收视率及收视份额一路攀升。在整体质量稳定的前提下，《讲述》也产生过一些具有冲高实力的节目，先后获得过国内国际顶级大奖多项。更值得庆幸的是，《讲述》每一个有影响的节目；支撑它的首先是机制，其次才是编导的个人勤奋、天才加灵感。《周末讲述》制作的《达巴在歌唱》在2003年国际电视节中获取最佳长纪录片奖和最佳创意奖，而这样的作品竟然是一位年轻编导的处女作；创造《讲述》最高收视成绩的一期节目，同样是一位刚刚踏进《讲述》的新人制作的。她们没有工作经验，没有过人的本事，她们的成功，一是身后有质量保证体系，二是在机制的优化能量中爆发了灵感和热情。

（梁红）

第 8 章

《百家讲坛》：建构时代常识　享受智慧人生

——对话制片人聂丛丛

前辈们经常说：你们这一代算是赶上好时候了，真是这样。我们赶上了尊重知识的好时候，感激这个时代。让我们一起拥抱知识吧！

——聂丛丛

• 制片人简介

聂丛丛　学中文出身，爱“做梦”，并因此曾在电影学院专修“织梦”（编剧专业），怕得颈椎病，在一部作品问世之后便淡出“梦工厂”，但“做梦”的恶习至今未改。对电视情有独钟，能干自己喜欢的事是最幸福的感觉。

•《百家讲坛》简介

创办时间：2001 年 7 月 9 日

栏目性质：电视讲座栏目

时　　长：40 分钟

播出频次：周一至周六日播

栏目特色：

《百家讲坛》是中央电视台一个汇集名家名师的讲座式栏目，栏目宗旨为建构时代常识，享受智慧人生。主要面对具有中学以上文化程度，具有求知欲的受众。节目内容涉及人文科学、自然科学、社会科学。选题范围包括：大学通选课、选修课精华，名校有影响的专题讲座、主题演讲，社会各界学者、名流的精彩演讲。选择目前大家最感兴趣、最前沿、最吸引人的选题。形式不拘一格，学理性与实用性并存，权威性与前卫性并重，追求学术创新，鼓励思想个性，强调雅俗共赏，重视传播互动。

适者生存：《百家讲坛》进入成长期

欧阳国忠：近年来，在中国电视荧屏上出现了一种新的节目样式，包括凤凰卫视的《世纪大讲堂》，湖南卫视的《千年论坛》，包括中国教育电视台的《学术报告厅》、上海东方电视台的《东方大讲坛》、南方电视台的《财富论坛》，山东电视台的《名家论坛》等。其中最具有代表性的是中央电视台的《百家讲坛》，今天我们请来这个节目的制片人聂丛丛。你的名字很有文化韵味，是不是家人给你取名字有这种寓意？

聂丛丛：以前的学名不叫这个，这是我的小名，叫着叫着，家里人和玩伴都叫这个名字，就把学名改了就叫小名。到16岁改户口本的时候，我才把这个名字改到户口本里面。

欧阳国忠：你的名字很符合《百家讲坛》的气质。《百家讲坛》是哪一天开播的？

聂丛丛：2001年7月9日，到现在已经播出了572期。

欧阳国忠：两年多的时间播出了这么多期节目，工作量很大。

聂丛丛：非常大。凤凰卫视《世纪大讲堂》一个月的播出量不够我们一个星期播。

欧阳国忠：工作量大之外，你看了这么多节目，是不是也会感觉很厚实？

聂丛丛：最强烈的感觉是我自己提高了。通过这两年，我明显觉得自己比没做这个节目之前提高了一大块。不仅是我自己，我们栏目有一个速记员，她的职责是给嘉宾的每句话上字幕，开始的时候老把字打错，不懂专业术语，两年之后她说特别高兴，那些字都知道了，提高了很多。做这个栏目让我们每个人都从中得到了提高。

欧阳国忠：做了两年多的节目，现在你们的栏目是处于培育期、成长期还是成熟期？

聂丛丛：培育期刚刚过，现在刚刚进入成长期，离成熟期还差得太远。

欧阳国忠：一路走过来容易吗？

聂丛丛：当然不容易了。开始的时候为了赶播出，首先不能“开天窗”，这个压力非常大。哪儿有论坛、讲座，我们就去拍，拍完就播，那种感觉是有什么就拍什么，来什么就播什么，这是第一步。慢慢从拍来的东西剪出点儿好的。我为什么说它到了成长期？我们已经能够把握自己的选题，我想要播什么，我来策划什么，我想要在我的节目里面给观众什么东西，现在我们可以做到这一点。

欧阳国忠：很多电视台出现像你们这种样式的节目，你们怎么和他们竞争？

聂丛丛：现在的节目尤其是文化类产品的节目，主要是特点的竞争，必须独特，这是不可替代性。

欧阳国忠：你们的不可替代性是什么？

聂丛丛：我们的不可替代性就是我们的资源和独特的形式。

欧阳国忠：《百家讲坛》、《世纪大讲堂》和《千年论坛》有什么样的不同？

聂丛丛：《千年论坛》和《世纪大讲堂》的思想还是比较前卫的，也许它们的不可替代性就是它们的思想前卫性，这是它们的竞争优势。我们的不可替代性是知识性。

欧阳国忠：你们的收视人群是什么？

聂丛丛：以前我们刻意把收视人群固定为高中毕业、大学毕业的观众，按学历来分。做了两年以后，我想收视群不应该以学历和知识储备来分，我们的收视群应该是一个有精神追求的群体，只要看我们节目的人，肯定是在寻求一种精神上的生活，因为我们这种栏目不会实实在在给你一些什么帮助，教你很实际地应付生活上的问题。看我们节目的这些人肯定是为了精神上得到某种享受，得到一种知识上的滋养，能感到生活很充实。我想尽可能吸引那些想要有精神生活的人来看我们的节目。我把这组人群作为我的观众群。

欧阳国忠：你们的栏目致力于打造人们的精神家园。你们所播出的节目受众面比娱乐性及新闻性节目窄得多，如何扩大你们的收视群体，让更多人知道你们呢？

聂丛丛：喜欢的多，知道的人就多了。这个节目的收视率其实跟社会总体的发展、人们生活水平的提高、人们对知识的需求、对精神生活需求的增长是联系在一起的，像这种节目光是去想做到大多数人都能看、都爱看，对于我们来说还不是太现实。你一味迎合还是不行的。

欧阳国忠：很多电视人会说我们如何迎合观众，你是怎么看待这个问题？

聂丛丛：那样迎合不行，越迎合越糟。是有一个迎合的问题，但是更有引领的问题，这是大众传媒的一种责任。

欧阳国忠：中央电视台的《百家讲坛》、凤凰卫视的《世纪大讲堂》和湖南卫视的《千年论坛》是中国电视论坛的三驾马车。凤凰卫视的《世纪大讲堂》现在越做越好，湖南卫视的《千年论坛》已经消失了，你对这种现象怎么看？

聂丛丛：这种现象说白点儿就是适者生存，某种意义上跟生物一样，栏目也有它的生命周期，其实都是一样的。我觉得每个电视台的栏目因为你所处的电视台不一样，你所处的平台就不一样，土壤就不同。作为生物你首先得适应土壤，然后再去发展适应这种土壤的东西。作为一个栏目，从大处讲要适应社会，从小处讲要适应电视台、适应频道，甚至还要适应领导、适应观众，所有都适应的情况下你才能够生存。如果开始很火，但昙花一现就没了，那肯定是有它自己不适应的地方。

欧阳国忠：凤凰卫视的《世纪大讲堂》有哪些值得借鉴之处？

聂丛丛：我非常喜欢他们这个节目，做得非常精致。这次我跟人大出版社聊的时候也提到，出版的丛书绝对不是畅

看我们节目的这些人肯定是为了精神上得到某种享受，得到一种知识上的滋养，能感到生活很充实。我想尽可能吸引那些想要有精神生活的人来看我们的节目。我把这组人群作为我的观众群。

销小说，要是靠薄利多销就不要做了，我们要做的是精品、是品味，给那些可以买这个书的人做，他买了以后就是一种知识积累。多少年以后都是一份很精致的东西，跟知识可以相匹配，我们这次也是借鉴了凤凰的经验，也是想精致地来做。

欧阳国忠：《百家讲坛》的独特优势是什么？

聂丛丛：独特优势就是我们的专家，央视这个平台给我们创造了一个先决条件，我们能够请到国内一流甚至于世界一流的顶级专家。这个可能是其他电视台做起来比较困难的，但恰恰是我们最大的优势。

学术栏目：专家思想平台

欧阳国忠：你们的节目做了这么多期，到现在一共有多少个专家登台演讲？

聂丛丛：将近六百个，到现在是572期。

欧阳国忠：这么一个庞大的专家库，这个库建立起来有一些什么样的作用？

聂丛丛：建专家库也是特别偶然的考虑，无心插柳柳成荫。我们做节目需要采访一些专家，台里经常有同事给我打电话，问我们有没有这方面的专家。我快成了他们的联系人。我突然想电视台都这么大的需求量，社会上的需求量肯定更大。其实这是为社会做的一个服务，也是对我们栏目的宣传。我们现在已经六百人，再做几年可能上千人，全国稍微知名的专家，我们几乎都把他们弄到一起建立一个明细表，工作当中需要找什么专家，只要上我们的专家库就可以检索到。

欧阳国忠：实际上这是为观众提供增值服务。专家潜心研究自己的东西，但是他的知识如何转化生产力，你们起到桥梁的作用。《百家讲坛》这样节目的出现，给我们中国的知识分子提供了讲述自己观点、思想的平台，以前中国的传统知识分子注重一个人默默地去做，现在注重传播了。你怎么看待这种现象？

聂丛丛：这是非常好的一个现象。知识确实在为社会起作用，而不是说我只是知识分子，国家花那么多年、花那么多钱培养你，我学了很多知识放在肚子里，自己躲在小楼里看我的圣贤书独成一统，你有再多的知识，对社会贡献能有多大？我们提供这样的平台，让更多知识分子感觉到这一点，把知识转化为生产力，这样才是非常良性的一种循环。

欧阳国忠：你们的专家有的特能讲，有的特有名，你们选择专家的标准是什么？

聂丛丛：首先得在这个领域不是顶级也得是非常知名的人，也许大众可能不太知道，尤其是那些比较偏的领域，但是他绝对是在这个圈子里数一数二的人，这是第一位的。再有就是他的演讲，会表达，这是两条标准。

欧阳国忠：以前的知识分子或者专家在课堂上去讲很精辟的观点，可是无非就是一个大礼堂，听的人只有千把人，但通过你们的播出，他们的声音扩展到全国乃至全世界，这种价值是不可比拟的。《世纪大讲堂》有主持人，你们什么时候有安排主持人的打算？

聂丛丛：也许正是因为所有其他讲坛之类的节目都有主持人，我才一直不太想在我们节目里面有一个非常像模像样的作秀的主持人，我们想给顶级专家搭一个很好的平台，让他们在上面充分展示自己，而不是用电视的手法非常作秀地去给他包装成什么样子。到现在我们也没有刻意找一个主持人，以后也许某一天或者某一类型的节目会找一个主持人。

欧阳国忠：凤凰卫视的《世纪大讲堂》换了一个主持人，号称是“知道分子”的王鲁湘，全新包装这个栏目。你觉得一个主持人和论坛节目之间的关系是什么？

聂丛丛：主持人应该起到提纲挈领的作用，如果节目有一个主持人则能把节目的创作意图更好地贯彻，能把对这个节目控制得更好。这个也是我们栏目的一个弱点。任何事情都有两面性，我们在追求那面的时候可能会忽视这一面，有时候尽管我们在开始策划时，跟主讲人沟通了很多次，告诉他要怎么怎么样，但是一讲起来我们就控制不了他，也会出

知识确实在为社会起作用，而不是说我只是知识分子，国家花那么多年、花那么多钱培养你，我学了很多知识放在肚子里，自己躲在小楼里看我的圣贤书独成一统，你有再多的知识，对社会贡献能有多大？我们提供这样的平台，让更多知识分子感觉到这一点，把知识转化为生产力，这样才是非常良性的一种循环。

现失控。因为这样的问题，流失的节目还是有的，而且还不是太少。如果有主持人可能会好得多，成功率会高一些。

欧阳国忠：主持人对一个栏目来说实际是一个门面，也是品牌作用的一个元素，如果主持人和栏目比较合拍而且相得益彰的话，对栏目的品牌推广和发展应该是很有促进作用的。国外有同类型的节目吗？

聂丛丛：据我所知，国外谈话节目非常多，几乎每天特别是在下午的时候播出，都是给家庭妇女看的。我在做栏目的时候曾经查了大量的资料，我们想借鉴一下国外是怎么来做这件事的，但国外没有“学术性栏目”这个名词，所以只能查谈话节目。

欧阳国忠：这种节目知识含量不用怀疑，但如何使这些知识更加轻松地被观众所接受，这是我们电视人应该想的。你觉得有哪些办法可以想？

聂丛丛：我们这种栏目主要的办法是做好主讲人的工作，要求他深入浅出地讲，我们会做大量工作，我们会说您这是给观众讲，而不是给您的学生或者学这个专业的人讲，老百姓对于这个领域一点都不知道。这样，专家就会知道应该怎么讲了。表达的好坏各有差异，但是他们基本上都会做到浅，做到从科普性的角度来讲，对于我们这个栏目来讲这是最关键的关键。其他电视手法的介入，如插一些画面做一些专职的讲解，我们也在用，但这些只是辅助性的。

欧阳国忠：众所周知，文化类的节目像《百家讲坛》要承载知识，而电视画面转瞬即逝，不像报纸和杂志，能够把一些思想性较强的话题凝固下来，供读者慢慢品味。你怎么看待电视媒体的属性给这种栏目的制约？

聂丛丛：这是电视的先天不足，无法解决，所以才有了后续的这些产品。

欧阳国忠：电视有先天不足，但我们的表达方式是不是能充分发挥电视的表达手段和表现方法，使我们的知识微笑起来，使我们的知识能更轻松地被别人接受呢？

聂丛丛：还有发挥的空间，但我总觉得现在不太适宜刻意追求这种轻松。像这种类型的节目严肃有严肃的张力，轻松也会有轻松的肤浅，就看你需要什么，根据栏目的特性来定。

欧阳国忠：很多人很奇怪，为什么你们的节目有时候有主持人，有时候没有，到底什么时候能有一个有水平的主持人？

聂丛丛：我们有期节目中曾出现的那个主持人不算是我们的主持人，他是文学馆的研究员，在文学馆听讲座的那期节目中，只是起到串联作用，我们没有刻意让他起主持人的作用。

各司其职：栏目制作“工业化”

欧阳国忠：以一期《百家讲坛》节目为例，你们的操作流程是怎么样的？

聂丛丛：各司其职，先策划选题，之后报选题，找主讲人，编导和主讲人进行沟通，想让你怎么讲、讲什么，这些都成熟之后，我们有一个摄像，进行前期拍摄，拍摄完了之后进行后期制作，再合成包装，审片播出。责任制式的流水线式的工作。

欧阳国忠：电视制作是团队的工作，是工业流水线，你作为制片人怎么实现各个环节之间的无缝连接？

聂丛丛：我们尽可能做到无缝，但任何工作都不会做得那么天衣无缝。我有一个方法就是责任制，把制片人的责任分解到各个环节中去。

欧阳国忠：你如何看待你们的团队？

聂丛丛：我们的团队是非常优秀的一个团队，每一个人都非常清楚我们的目标是什么，每一个人也都知道为了达到那个目标我们应该怎么做。他们自身的素质都是很优秀的，其中很多是广院的研究生、本科生还有比较好的学校毕业的学生。如果没有这个团队，没有他们的支持，我觉得我一个人也做不出来。

欧阳国忠：你们的节目一周播出六期，怎么处理好质与量的关系？

聂丛丛：这是我们现在比较难解决的问题，我正采取一个方法策划，前期策划越来越严密，这样的话可以保证我出来的这些节目从选题到内容上，起码有一个预期。主讲人到底讲得怎么样，有时候真是很难把控。

欧阳国忠：这种节目每天一期，主题不一样，如何让观众找到对位的节目呢？你们有什么样的方法？比如提前做预告，做系列等等，或者还有没有其他的方法？

聂丛丛：归纳起来就是这两种方法。一个是做预告，我们在《中国电视报》包括央视一些预报节目上发布，再有就是一些纸媒介宣传，比如在各个报纸重头推出来。再一个就是做系列，我们十天八天就是这一个系列，那样的话观众会比较容易找到，形成收视的习惯。

欧阳国忠：通过不同形态的媒体互动来扩大你们的影响，提前预告你们的节目，使观众有意识地收看你们的节目。你们做过考古类的讲坛，能不能有一些介绍背景的短片出现，或者有一些前线很生动的考古知识穿插在论坛里面？

聂丛丛：我们曾经试图这么做，但是这样周期会很长，要跟着考古队去做。我们现在还是拿回一些考古照片，或者找一些台里已经拍回来的素材，我们在做这方面的工作。这个也是我们节目本身受限制的地方。

欧阳国忠：做节目的时候碰到专业性很强的问题，能不能做生动的三维动画或者图表？

聂丛丛：现在在努力加强这种制作。

欧阳国忠：你们做过一个系列《中国电影百年》，社会反响很好。这样的节目怎样做到与众不同？关于历史的东西有时候是很枯燥的。

聂丛丛：我们的《中国电影百年》特别节目没想按照电影历史的大事记来做，比如什么时候电影发明的，什么时候传到中国的，怎么从胶片发展过来的，20世纪30年代电影怎么样，不是按时间来做，是按照兴趣点来说的。比如说反面形象，从旧中国的时候到新中国到现在，反面形象有什么变化；还有人的情感从30年代周璇式的人物怎么谈恋爱，到现在《开往春天的地铁》里面现代人怎么谈恋爱，根据这种兴趣点来组合这个节目。不是告诉观众电影是怎么发展过来的，而让观众从节目中看到自己的成长过程，看到国家的发展过程。

欧阳国忠：《百家讲坛》知识性学术性很强，播出时间45分钟不过瘾，能否加长播出时间？是否能改在黄金时间播出？

聂丛丛：这个我说了不算数，这属于台里大编排的工作程序。一个频道 30 多个栏目，领导也要考虑栏目放在哪儿播出最合适。但是领导对于这个栏目还是越来越重视了，周六中午给我们播出，就看出来是重视的动作，周六也算是黄金时间，我们会把周六那天放一个我们觉得是最好的节目播出，那是我们的精华。

欧阳国忠：《百家讲坛》有综合集装版就更好了。

聂丛丛：很难解决，包括能不能集装一个版本，我们曾经这样考虑过，但是现在有一个问题：我们每一个题目是按 40 分钟来讲，要截一小块再集装的话，会感觉到什么都没说清楚，展不开，还不是一般文艺节目集锦，比较难做。在教师节的时候，台里给我们一块特别节目，时间四个小时，我们集锦了一下还可以。但是把好的节目集中在 40 分钟或 45 分钟感觉总是花里胡哨的。

欧阳国忠：你们是否想过在外地做这个节目？

聂丛丛：没想过在外地做，但是外地电视台有，山东台有一个类似节目还很火。桂林市政府还有桂林电视台曾经跟我们联系，把我们的节目拿到外地电视台播。这个事我做不了主，牵扯到电视台的版权问题。在外地制作节目，我以前曾经想过，各高校有自己的资源，我们想跟高校联手做这件事，操作过一次，我们觉得不太成功。《百家讲坛》虽然是讲座式的节目，首先是节目而不是讲座，合作单位毕竟没有做过节目，特别是要做到符合中央台的播出要求的节目还是有差距。

欧阳国忠：《百家讲坛》这样一个知识类节目，很大一个价值是后期开发。你们在这方面做了什么工作？

聂丛丛：我们和中国人民大学出版社签了一份大协议，把我们所有出过的节目都出了光盘，书也编辑了 30 本，作为人大出版社 2004 年推出的大手笔，在五六月份就能上市。

我以前曾经想过，各高校有自己的资源，我们想跟高校联手做这件事，操作过一次，我们觉得不太成功。《百家讲坛》虽然是讲座式的节目，首先是节目而不是讲座，合作单位毕竟没有做过节目，特别是要做到符合中央台的播出要求的节目还是有差距。

欧阳国忠：这种栏目的书不是畅销书而是常销书，生命力很强。

聂丛丛：对。

欧阳国忠：栏目今年有什么重大选题推出？

聂丛丛：三八妇女节有一个《女人说话》，我们请了张抗抗、李银河、龙应台等写女性研究女性的作家对女性的权益、婚姻生活、社会地位各个方面做讲座。这是非常值得一看的节目。接下来就是品读《水浒传》，从作者、思想、人物，请顶级专家来讲。接下来有一个《民法》系列，与老百姓相关的话题，包括婚姻、家庭、财产、遗产税、物业管理等等，身边非常近的与法律有关的问题让法律专家来给我们解读；还有天文系列、《清十二帝疑案》、百年电影、三国演义、一系列作家访谈，钱钟书的《围城》、张爱玲小说等我们慢慢都会谈到。

欧阳国忠：很多观众喜欢你们的《新解红楼梦》，能不能再多做些有关红楼梦的节目？

聂丛丛：那是红楼梦专家在谈，我们有一个想法可能2005年推出，推出红楼票友大家谈，刘心武还有一个统战部副部长都是红楼票友，包括王蒙，他的观点可能跟传统的专家有些不太一样，我们想把这个整合一下。

电视人生：梦想与现实之间

欧阳国忠：当初创办这档栏目是出于什么样的想法？

聂丛丛：我本身说不上出于什么样的想法，我纯粹是服从命令。首先这个不是我的想法，开始只是把我调到这个栏目来，让我管这个栏目，我完全是服从命令。在接这个栏目之前，我在《夕阳红》做新闻调查类的节目，那时候我跟中组部的领导在下面调查老干部的生存状态，还在外地出差，我们主任一个电话把我叫回来，说有新的工作安排，回来让我管这个栏目。在我的心目中我还是对社会性的东西比较感兴趣。对我来说这是服从命令，没有想刻意做什么。

欧阳国忠：当时接受这个任务，你有一点畏惧或者茫然吗？

聂丛丛：畏惧说不上，有一点点茫然，主要是感觉没有太大的兴趣。

欧阳国忠：做到现在，你的想法有没有一些改变，比如说原来没兴趣、而现在离不开这种栏目？

聂丛丛：我觉得是，现在起码我有兴趣做这件事。以前干记者这一行很冲动，好像要担当道义，有一种使命感的东西。现在我觉得其实这种栏目是“润物细无声”的一种工作，这种工作也许是更实在的一种东西，可能对全民文化素质的提高有所帮助。也许你看不见，可能十年八年你也看不见，但这种东西确实非常实在，比起以前做出来好像很刺激的新闻调查片子来，可能对社会的意义更大一些。

欧阳国忠：接手这个栏目之后，以前想问题简单一点，可能表面化一点，现在接触这个栏目，做久了之后，自己可能会变得沉稳一些、平和一些。

聂丛丛：以前自己做节目特单一，这个可能跟工作性质不一样有关。现在做的是管理，两种不同的思维模式，锻炼了你想问题都是全方位的，而不是只想你的一个问题，以前想问题是线性的，现在是立体的。

欧阳国忠：你毕业于哪个大学？

聂丛丛：首都师范大学。

欧阳国忠：你好像是一个爱做梦的人？

聂丛丛：年轻的时候爱做白日梦，现在是晚上做梦。

欧阳国忠：原来在北京电影学院进修过？

聂丛丛：那是我学习编剧之梦。

欧阳国忠：出过作品吗？

聂丛丛：写老年人的婚恋问题的作品，我特别喜欢《金色池塘》那种感觉，那时候可能处在做梦的年龄，那时候我就想，我要写一个那样意境的东西，后来写出来也拍出来了，但是拍出来的东西和我想的有点差距。

欧阳国忠：为什么后来没有接着做？

聂丛丛：说实话是懒。写作是世界上最苦的一种工作，需要脑力和体力，可能还会得颈椎病什么的。我吃不了那个苦，也耐不住寂寞，还是干点儿力所能及的事。我现在有一

以前干记者这一行很冲动，好像要担当道义，有一种使命感的东西。现在我觉得其实这种栏目是“润物细无声”的一种工作，这种工作也许是更实在的一种东西，可能对全民文化素质的提高有所帮助。也许你看不见，可能十年八年你也看不见，但这种东西确实非常实在，比起以前做出来好像很刺激的新闻调查片子来，可能对社会的意义更大一些。

个团队，我们在一起做一件事，写作更多是一个人，你会觉得你一个人非常孤独地在面对那么多人，那种压力是不一样的。

欧阳国忠：电视在你生命中占有什么样的位置？

聂丛丛：确实很重要，电视是我的工作，也是我喜欢干的一件事。在我生命中有一件既可以赖以养家糊口、又是喜欢干的事非常不容易，我非常感谢上帝能给我这种机会。

欧阳国忠：电视人都是很忙碌的，你是如何处理家庭与事业的关系？

聂丛丛：没刻意想过怎么处理，现在也处理得挺好的。基本没做过饭，外面的小饭馆也很便宜，有时候比你自己做还便宜，随便吃点儿就完了，现在也没什么家务事，衣服有洗衣机洗，有时间就收拾屋子，那样还是一个调节。

欧阳国忠：在聂丛丛和她的团队的努力下，《百家讲坛》日益成为我们在电视上的精神家园。最后你想说些什么？

聂丛丛：希望大家有空多看我们的节目，多关注自己的精神生活；我们也会更加努力，把更加精彩的节目奉献给大家。

第 9 章

《艺术人生》:用艺术点亮生命　用情感温暖人心

——对话制片人王峥

我是做电视的，首先有一个人文情结，特别想做一点自己血液里面骨子里面的东西。我们想把国家、民族在发展过程当中逐渐被遗忘、逐渐被消亡的理想主义、浪漫主义，包括改革开放 20 年社会的变迁，通过我们的节目表现出来。

——王　峥

• 制片人简介

王峥　1996 年毕业于北京广播学院。曾在济南电视台锻炼，1997—1999 年担任《银屏歌声》栏目主编，1999—2000 年成为《艺术人生》栏目制片人，2000 年至今担任《艺术人生》栏目制片人，2004 年 3 月至今担任《音乐人生》栏目制片人。

•《艺术人生》简介

创办时间：2000 年

栏目性质：大型人生访谈类节目

时　　长：由原来的 30 分钟延长为现在的 50 分钟

播出频次：周播节目，在 CCTV-1、CCTV-3、CCTV-4 首播和重播

栏目特色：

《艺术人生》开播以来，立足于把闪烁着智慧光焰的高品位文化理念引入当今通俗的娱乐圈，做“用文化引导娱乐，用品位提升娱乐”的探索者和开路人。其宗旨是用艺术点亮生命，用情感温暖人心，周五之夜，探讨人生真谛，感悟艺术精神。《艺术人生》以“正直品质、极端制作”作为核心理念，以人文关怀的精神，关注中国文化艺术界的重大事件，以强大的制作班底制作完美节目。《艺术人生》市场理念是栏目团队化，团队公司化，与先进的电视制作与推广方式接轨。

《艺术人生》发展三阶段

欧阳国忠：《艺术人生》从开播到现在已经四年了，你们第一期节目播的是童安格。当时为什么选择童安格？第一期节目很重要，这期节目推出有什么背景？

王峥：我们第一次在推嘉宾的时候，当时大家在台后面朝鲜烤肉店——一个特别破的小店里面谈节目，在那个特别破的小店里面把嘉宾定了。刚开始做的时候，《艺术人生》只是一个名字，到底做什么不知道，也没有定位，台里只给了时间段和名字。当时我们想做怀旧，什么人能让我们特别有强烈的怀旧情绪，当时想了很多歌手，突然一下子想到了童安格，想到了《明天你是否依然爱我》，便决定请这个嘉宾。

欧阳国忠：我做过很多栏目，栏目创办的时候很艰苦，但是艰苦的同时也很值得怀念。俗话说“台上一分钟，台下十年功”，你们从筹备到播出，中间经历了多长时间？

王峥：从筹备到播出只有三个月，9月份筹备，12月份开播，时间非常短。

欧阳国忠：这是不是一段比较艰苦的经历？

王峥：筹备不算艰苦，包括刚开播半年都不艰苦。《艺术人生》特别幸运的是，一开始就找到一个特别好的定位，就是做人生。刚开始做的时候我们没有想到会有这么大的动静，往后会有这么大的影响。刚开始做的时候是做电视本身的快乐，没有这么大的社会责任感。任何成功的东西到后来发现都是一样的，首先做你喜欢做的事情，然后再想能给你带来什么。《艺术人生》的成功验证了这一点，我们刚开始做的时候很简单，很快乐，很轻松。

刚开始做的时候是做电视本身的快乐，没有这么大的社会责任感。任何成功的东西到后来发现都是一样的，首先做你喜欢做的事情，然后再想能给你带来什么。《艺术人生》的成功验证了这一点，我们刚开始做的时候很简单，很快乐，很轻松。

欧阳国忠：根据人性化的本质来做，这是受众的需求。

王峥：在2000年开始做的时候，大家看到的电视节目都是晚会这样的东西，看不到有血有肉的人，我们做这个节目，给台长审节目的时候有编委会，跟台长们陈述节目的时候，脑子里面突然一下子闪现出。我听到这个词是在1992年上大学的时候，我们有一个老师是教美学的，八年之后有一天我讲陈述报告的时候，突然出现这三个字——真善美，这个词现在少人用，但是我当时突然想起来，我们的节目一定要说真善美。

欧阳国忠：《艺术人生》这个节目有独特性，一般作为娱乐圈的人讲他的隐私故事，讲一些打打闹闹的东西，但是《艺术人生》做出来的是有品质感的作品。《艺术人生》经过三年的发展，经过了哪几个发展阶段？

王峥：以年算的话，每年都有一个发展规律，特别巧合。第一年我们基本是歌友会，像蔡琴、彭丽媛、李玟，这些节目非常成功。当时很多人从来没有见过蔡琴，大家一看电视有一个节目在播蔡琴，她谈自己的人生、婚姻、爱情，那一期节目把大批观众拉进来了。当时我们做蔡琴的时候，请蔡琴的歌迷来给她唱歌，蔡琴在我们的节目里唱了三四首歌，最后播了两首。第一年基本是这样，嘉宾很兴奋，观众也很高兴。

第二年，我们琢磨到底做艺术还是做人生。当时凤凰中文台台长助理刘春跟我们一起聊，他说做艺术的人生，就做人生。还有很多策划老师对我们栏目帮助都很大，在很关键的地方——做艺术还是人生，最终我们选择了人生。第二年做的时候我们沉下去，不浮不躁，包括大家最喜欢的秦怡，她在节目中谈到自己人生的三个遗憾。第二年几乎每一期我们都沉下去谈人生。

第三年，我们开始新闻化、主题化。2003年刚录完那期《走进〈无间道〉》，论坛里面网友们特别关注，有说好的有说不好的，而且把大段提问发到网上去。2003年最重要的是经历了一次非典，非典时我们没有停止录像，在非典之后谈人生，眺望生命的远处，把人生和时代结合起来谈更有意义。现在的《艺术人生》不再做狭隘的人生，而是做时代中的人生、变迁中的人生、热点中的人生，跟随中国社会发展不停在变化发展的艺术人生。

欧阳国忠：纵观《艺术人生》这几年的发展，它还在不断成熟，包括2003年提出集体记忆的理念，录制了《花儿为什么这么红》、《红楼梦再聚首》，这是不是代表你们理念的跨越？

王峥：我们前两天在陕西有一个人文谈话研讨会，对我的感触很深。我是做电视的，首先有一个人文情结，但不好意思说是知识分子情结，我觉得做电视的，像我们这样的有强烈的理想主义和浪漫主义色彩的人不是很多。如果给空间给平台的话，特别想做一点自己血液里面骨子里面的东西，一定要抓住机会来做这样的节目。我们想把国家、民族在发展过程当中逐渐被遗忘、逐渐被消亡的理想主义、浪漫主义，包括改革开放20年社会的变迁，通过我们的节目表现出来，不想让《艺术人生》成为纯粹的娱乐节目，

如果有可能，我们想把艺术人生做成宣传片里面最近一年多始终提的口号："记录时代人物"。艺术人生刚开始是"真实记录明星心路历程"，《红楼梦再聚首》、《冰山上的来客》都是属于抓这样一些点。《冰山上的来客》完全超乎我们的意料，在提这个方案的时候，我们在化妆间里面，《吉林日报》的一个记者说怎么不录我们长春的人，我说谁啊？他说《冰山上的来客》。我当时听了没走心，过了两个月，在非典之后，人们特别需要一种聚会，当时火车不通嘉宾来不了，整个北京像孤岛一样。得请朋友来我们这里一起热闹热闹欢聚一下，后来请了这几个人来。他们非常好，不怕非典，古兰丹姆从新疆飞过来。播出之后很成功，我们主任审的时候很感动，很激动地看完这期节目。这期节目本身的故事没什么，但是代表集体记忆的情绪很强烈，一下子拽住了人。

现在的《艺术人生》不再做狭隘的人生，而是做时代中的人生、变迁中的人生、热点中的人生，跟随中国社会发展不停在变化发展的艺术人生。

欧阳国忠：这个节目从一开播到目前的情况下是怎么样的轨迹？

王峥：我们今年在央视一套播出，加上三套和四套的观众，《艺术人生》每年的观众群都在递增，递增速度很快。

艺术人生，真情流露

欧阳国忠：现在有很多电视圈的人，他们想通过对《艺术人生》栏目发展个案的剖析，来了解一下谈话类节目的共性问题。《艺术人生》有一个法宝，能够使进入演播室的嘉宾都情不自禁表达自己的内心世界，而且到最后都情不自禁流下热泪，这里面是什么样一些方法或者操作原则，使一个个艺术家或者大牌明星能够泪流满面？

王峥：我们开策划会的时候，我们从来没有谈到怎么样使嘉宾哭，而且这个也不是我们的目的。什么使他们泪流满面，观众特别关心。在节目里面感动也好，悲伤也好，哀伤也好，只属于这一代人，等到再过一些年，可能五年十年，我们这一代人就不会再哭。

为什么说这是一代人的问题？中国社会从来没变迁这么快，20 年，每个人回家连自己家都找不着，回到家乡的时候，家乡什么都在变。哭的问题不是我们节目让人哭，而是现在整个社会变迁很快的情况下，现代社会可能有一些断裂的现象。但是现在关注这方面的文学作品、艺术作品、电影作品几乎没有，太少了。

大家可能看电视剧能体验到这样一些感情，但是在别的方面可以宣泄、释放、探讨的空间太少太少，我觉得在我们节目里，突然一下子所有的人找到了情感宣泄、探讨和交流的场所，所以说我们嘉宾容易哭，观众也容易哭。如果我们像国外一样有很好的朋友聚会，有很好的交流途径，我觉得可能不需要电视栏目来承担这个责任。但是在中国的情况是人们没有这样的场所，没有用文艺作品来表达自己的感情，探讨社会发展之后的人生问题、世界观问题。这个事情被我们做了，被明星做了。明星容易被人说，他走到台前影响力会更大，但是我觉得他探讨这些问题对普通人的帮助会更大，非常非常大。

我一定要说说梅艳芳的问题，她是香港艺人的楷模，每次香港艺人出事情时，比如刘嘉玲事件、张国荣去世等等，她都会站出来。梅艳芳还在我们节目中毫无避讳地说她有癌症。我觉得香港艺人对于人生的看法比大陆明星要更加有自觉性，有社会责任感，这是非常令人感动的。

欧阳国忠：我听到不少朋友反映，《艺术人生》别哭了。我想这个哭是表层的现象，哭的背后更多透视着情感自由的表达，嘉宾和观众能够融入到节目营造的场里面去，说明这个场营造得比较好。

王峥：我们经常说中国一些基本的人生哲理，包括随心所欲，“有所为、有所不为”。我们希望做节目的心态能够放松，也希望观众看我们节目的心态放松。哭或不哭，完全是自己的选择。你可以不哭，但是爸爸妈妈可能会哭。我们在做节目、在策划过程当中并没有撺掇嘉宾哭，只是顺其自然，这样做电视会做得很舒服，嘉宾很舒服，观众也看得很舒服，如果绷着弦的话，也不是观众愿意看到的。

欧阳国忠：节目能够使大牌明星也好，大艺术家也好，融入到一种场面里面去，这种结果是由哪些工序达到真情流露的目的？你们有什么绝招？

王峥：我不称之为绝招，别的同行也做得很好。如果说有捷径的话有两个：第一必须了解演艺界，第二必须真诚。

我们要求我们所有的编导在这些方面要有很扎实的功底。很多明星见到我们的编导会感受到，我们不是娱记，而是理解他们艺术的人，我觉得这是第一点，我们有很好文化素养的工作团队。

另外就是真诚，因为我们这个节目是做人生的，在做这种节目必须有你的人文情怀，必须真诚。

欧阳国忠：是不是要求编导把每个嘉宾的内心世界挖到极致，把故事讲到极致？

王峥：内心世界挖到极致不是特别准确，内心世界是什么，我们永远无法完全了解。嘉宾他自己能挖到多深，这是嘉宾自己的问题。我们只是希望激发嘉宾的创造力，在我们的节目里面，就像现在我们谈话一样，互相激发创造力，激发自己对人生观、价值观的表达潜能，让他和我们栏目一起把故事讲出来。现在观众看节目，大都觉得太理性的不好

中国社会从来没变迁这么快，20年，每个人回家连自己家都找不着，回到家乡的时候，家乡什么都在变。哭的问题不是我们节目让人哭，而是现在整个社会变迁很快的情况下，现代社会可能有一些断裂的现象。但是现在关注这方面的文学作品、艺术作品、电影作品几乎没有，太少了。

看，我们就是想怎么把故事讲好。

团队精神：用艺术点亮生命

欧阳国忠：刚才提到团队，《艺术人生》栏目的团队精神是什么？有什么样的激励机制？

王峥：团队精神我们没有总结过，基本还是我们的宣传口号："用艺术点亮生命"。这可以说是我们的团队精神，每个人在《艺术人生》里面都能找到自己的人生价值，希望我们在我们的工作当中也能找到人生价值。激励机制可能和别的栏目一样，没有什么特别的，有一个季度评奖、年度评奖。

欧阳国忠：你们这个团队总共有多少人，年龄构成如何？

王峥：15个人。朱军岁数最大，下面就是我，平均年龄二十五六，是非常有活力的一个团队。我们自己团队里面有编导、制片、责任编辑还有统筹，大概分为制作组和管理组两个组。

欧阳国忠：你们是不是首先在理念上有了一个很好的开头，包括你们提出的宗旨，"用艺术点亮生命，用情感温暖人心"，也包括你们所提出的制作手段方面，"提出极端化的制作"。"极端"是什么概念？

王峥：我们年轻，我们会看大量国外港台的电视节目，也看内地其他的电视节目。可能有人认为一个栏目应该固守你的制作方式，但我们的节目一定要开放式的兼容并包，我们会渴望看各种电视节目，把各种电视节目最好的制作手段拿到我们的节目当中来。《艺术人生》不是单纯的谈话类节目，而是现场的节目，会吸收到很多别的节目的手段。我们的极端制作虽然要求定位要准确，内容要鲜明，但是制作方式一定要好看，要符合电视节目的发展规律。

欧阳国忠：您能不能通过一个故事，通过一期节目的运作，讲讲团队合作。比如《红楼梦再聚首》这期大的策划，牵扯的人很多，选择了上百人。最后到场的有多少个？

王峥：到场的人有将近六七十位。《红楼梦》是我们一直想做的选题，已经策划一年多了，让我们决定来做《红楼梦》，是当时编导去王扶林导演家拜访，走的时候，王扶林给我们助理编导鞠了一躬说，谢谢你们，当时满眼含着泪光，我们编导觉得后面肯定有太多不为我们所知的故事。我们一直想找到合适的时间来做，2004年我们的编导筹备了很长时间，从两个月之前开始筹备这期节目，先找到所有人的电话来通知他们，当时甚至动用了派出所。有一天我坐在车里面突然听到北京FM97.4广播电台帮我们找人，请知道宝钗下落的听众联系我们。

这个戏里面的演员分手已经十八九年了，我们找了三四天找不到宝钗，有一天我们在录像时，突然有人给我打电话，我一看是国外的电话号码，里面传出特别温柔的女声："请问是《艺术人生》栏目组吗？"当时我想肯定是宝钗的扮演者。我说："你是不是演宝钗的？"她说："是，我是张莉。"本来要回来，因为时间问题她没能回来，后来在那边拍了录像。板儿的扮演者特意从英国回来，和刘姥姥见面，他们千里迢迢，有从安徽来的，有从国外回来的，到我们的演播室里来进行将近二十年的重聚首。

欧阳国忠：宋丹丹的那一期节目，导演为了了解宋丹丹的细节，先后访问过五个不同的人，然后把整个细节搜集在一块儿，所以宋丹丹那期节目非常好看。你们做的节目非常好看，能把道具很好地运用到节目上面去。能不能以陈凯歌节目为例，说说你们用了多少道具？

王峥：我们当时连会议室都没有，做这期节目的时候，是在梅地亚喝茶的地方讨论，谈了好多天，离录像还有四五天的时候，我们觉得陈凯歌能带来的东西太多了，到底怎么来谈才能在那么短时间里面真正能触摸到陈凯歌的内心思想，我们几个突然灵机一动，想到那包黄土。陈凯歌之所以被我们尊敬，还是因为他对汉语的把握能力，他是少见的对汉文化把握特别好的一个导演，这是他区别于其他所有导演的不同之处，也奠定他在导演里面领军人物的地位，因为他对民族文化的熟悉。我们前两年和另外一个导演去过一次陕北，当时我们一到陕西，就看到电影里面的黄土地、长河落

《艺术人生》不是单纯的谈话类节目，而是现场的节目，会吸收到很多别的节目的手段。我们的极端制作虽然要求定位要准确，内容要鲜明，但是制作方式一定要好看，要符合电视节目的发展规律。

日，的确深深震撼了我们。

后来我们不约而同地想到黄土，正好有观众和我们联系，把黄土给我们寄来，而且是真正的黄土。我们拿一个胶片盒装上黄土，后来凑了六个，每个胶片盒里面凑到陈凯歌人生之中最能反映出他的东西：他去云南下乡带的中华牙膏，包括法国电影手册评价他的文章，包括中西方的玩具，还包括最珍贵的他父亲的一段录像。

欧阳国忠：那期节目非常棒，那一捧黄土真的是用心良苦。每期节目从策划到完成需要多长时间？

王峥：有三个月也有三天的。李玟那期节目我们刚开始录，因为春节晚会她什么时候到没有定，那期节目很快，是很少见的，没有事先见嘉宾就开录。《无间道》是十天，时间稍微长一点。

追寻表层现象的背后

欧阳国忠：我直接面对的王峥是很文静的女孩，同时很有文化追求，这种文化追求是不是在骨子里面和你生长在西安的背景有关？

王峥：可能有关系，我也说不好。我们西安有几个歌手，包括搜狐的张朝阳也是西安人，包括张艺谋、顾长卫都是西安人。西安人可能活得累，老想追求点儿什么。上次我们去陕西，说皇天后土，人不是单纯的人，和历史有点关系，因为我们在西安经常能感受到历史就在你身边。我特别喜欢郑钧、张楚的歌，他们歌里面弥漫着那种气息，生命不能承受之轻，一定产生点儿意义出来。

欧阳国忠：从你的骨子里面还是有很多文化探寻的冲动，一定要去追寻表层现象的背后有些什么样的文化含义。这个是不是也影响了你当时的行业选择？

王峥：目光决定世界，做《艺术人生》，日后可能会越来越影响我的生活。因为你越来越清晰，对什么感兴趣对什么不感兴趣，我老说电视越来越浅薄浮躁，所以还是希望中国电视有自己的独创性，这符合中国的发展规律。

欧阳国忠：电视是一个残酷的行业，你还准备一直这样发展吗？还是有更高的目标？

王峥：真的很残酷。因为现在正处于特别大的过渡时期，电视面向观众要讲服务，面对国家还要有责任感，所以觉得中国电视属性特别多，的确在各种各样的压力下，电视节目要做好特别不容易。能给更多的观众提供更加吸引他们眼球的节目，这是我的目标。还是要把节目和观众接上轨，而不是说把文化弄得高高在上。坐而论道是没用的，肯定需要把你了解的知识界的东西，和大众能结合起来，我就觉得我可能作为一个桥梁，作为一个纽带，能把文字的和电视这种东西能结合起来，这个可能是我们现在能够做的一些力所能及的事情。

欧阳国忠：说到残酷性，电视是一个行业，大众传播性决定了我们处在这个位置。我们自己的一些想法或者某些局部的个别想法，不可能自由发展，还是要考虑整个社会环境的发展状态。你怎么样使一个节目做得能够符合当今的价值取向？

王峥：《艺术人生》强调把握度，强调对人生的探讨，而不是对作品的评价；不是对人的评价，而是探讨人怎样过得更有意义，国家也需要这个，我们一直提倡精神建设，提倡主流价值观。

欧阳国忠：你们把一个个人的发展轨迹中闪光的部分亮出来。作为《艺术人生》制片人肯定对人生有更深刻的体会，在过去时间里面有什么遗憾？

王峥：今天在我来之前，一个编导在机房里面晕倒了，她一直熬夜做元旦特别节目，是一个特别漂亮的女孩子，晕倒在机房里面，她身体不太好。来的路上我一直特别遗憾，这两年跟着我的这些编导还有制片们太辛苦了，对他们回报太少，这是特别特别大的遗憾，要求太严格了。

欧阳国忠：我刚才看了你们栏目的全家福，很多是女孩子，你们一个月的节目一般一天就录完吗？

王峥：一个月的节目我们一次录两期，一个月录两天。

一开始一个编导来做，后来两个编导来做，现在六个编导在做，经常会做一些特别节目。

欧阳国忠：节目录制过程中你最受感动的是哪一次？

王峥：这个问题别人老问我，我总想不起来，我只能记住最近的，就是元旦特别节目，请的特别嘉宾是张悦。张悦和我面对面的时候，我经常有所触动，而且深深被她的话所打动。她当时给我讲了《我们仨》之中的一段话，杨绛、钱钟书和钱瑗曾在一起讲到老年居所，但随着钱瑗、钱钟书的相继去世，杨绛才明白现在他们赖以栖生的居所是一个驿站，而前途是归宿。当时我们把这个做成一个短片宣传片，把杨绛这段话做成宣传片。很多人看宣传片的时候，听到杨绛这段话的时候抑制不住痛哭。我相信做特别节目的时候，有机会和你很尊敬的一些人包括张悦，包括我们不知道的配音演员，包括没有见过面的杨绛，这样交流起来，会被深深打动。

当时我们有一个策划撰稿写了一段话特别感动我，后来张悦在节目里面用了他这段话：当夏娃去世之后，亚当站在夏娃的墓前说：哪里有夏娃，哪里就是我的归宿，哪里就是我的家。种种含义累计起来，在岁末做特别节目，有梅艳芳的事，有张国荣的事，有柯受良的事，特别受感触。

欧阳国忠：你最难忘的一次经历是什么？

王峥：去年做元旦特别节目的时候很辛苦，有一天正好有编导过生日，我们当时把灯全关了，坐在地上喝着红酒，听着《今夜无人入睡》，那个晚上一下子非常投入，大家一起欣赏音乐，十几个工作伙伴都在听这首歌，那个夜晚真的是特别难忘。很平淡的一天，但是能找到生命中最快乐的地方，和工作伙伴一起共同分享一首歌一段音乐，我觉得这是特别特别愉快的，大于爱情，大于你的儿女私情，真是精神上的享受，很难忘。

欧阳国忠：电视人平时比较忙比较累，时间上比较紧张，心灵上承担的东西很多。经常在节目播出之后，大伙儿在一块儿抱头痛哭，或者一起欢呼。这种心灵上的释放，你们这个团队有吗？

王峥：我们不是做新闻节目，做文艺节目没有那么强烈的感受，可能记者有更大的压力，我们还好一点儿。张悦说，北欧在过节的时候，所有人到朋友家做客，揣一块木材到朋友家做客，点燃木材互相取暖。这个意义可以用在我们团队，用在这个节目，用在生活中遇到的各种各样的朋友，包括爱情，包括所有的亲情。

欧阳国忠：你在工作中是否有过心力交瘁的时候？

王峥：肯定有。他们对工作狂的定义是永远只记得晚上回家的路，永远不认识白天回家的路，白天没回过家，觉得特别累。我们去过新加坡，去过台湾，海外这些人做节目从来不累，而在中国用独特的生态环境做电视节目，非常非常累。我们台里有三百多个制片人，第一线的人很辛苦，虽然你觉得发展下去将来会很轻松，电视逐渐走向市场化，电视就是电视，不复杂，但是现在搞得很复杂。现在中国的环境太特殊了，变得很累，特别累。那天听许巍的歌《故乡》，夕阳西下，情境特别打动人，一下子就释放了。

欧阳国忠：你想一辈子做这个栏目吗？

王峥：我现在只是服务电视台，我不能说我一辈子都做一个栏目。作为一个制片人来说，我有这样的自信，不管做什么节目，都会让这个节目带有强烈的我的个人风格，都能努力通过这个节目来表达对人的关注。我们经常开玩笑，为什么现在连好的情歌都没有了，连一首情歌都记不住，好的情歌特别少，连拍爱情都没有拍得动人心魄的。包括做电影的写小说的可能都一样，需要对人本身更关注一点。因为做媒体，我们也希望自己在选择嘉宾的时候，努力做到对人更加关注。

《艺术人生》强调把握度，强调对人生的探讨，而不是对作品的评价；不是对人的评价，而是探讨人怎样过得更有意义，国家也需要这个，我们一直提倡精神建设，提倡主流价值观。

关注人生的节目寿命会很长

欧阳国忠：你们 2003 年首次尝试年终岁末做一个大策划，是“温暖 2003”，2004 年继续做，这和 2003 年有什么不同？

王峥：我们觉得最大的不同就是张悦的加盟。本来我做这个节目的时候，觉得 2004 年做得很辛苦。刚开始做策划的时候无所适从，不知道怎么温暖，后来张悦加盟，我马上找到了做节目的乐趣。最大的不同，去年是无意识，今年是有意识地做，今年我们请了许鞍华，我特别喜欢她，这次机会特别好，她到北京宣传《玉观音》，请她到北京的演播室来。这期节目因为没有收视率的压力，所以能请到我们喜欢的一些人来，非常好。

欧阳国忠：《艺术人生》目前创作最大的难题是什么？对于嘉宾资源的枯竭有什么计划？

王峥：嘉宾枯竭是前两年会考虑的问题，各种嘉宾对人生侧面的感受是不同的，不同嘉宾谈不同的侧面感受。刘欢第二次来我们节目做客，比第一次成功，他刚巧出了碟——《生于60年代》。像刘欢、陈凯歌这样的艺术家，我相信我们是需要他们经常来我们节目做客谈人生的不同感想，只要有新的人生感悟，不同的故事，就可以随着时间的发展，他们对人生的理解会越来越不一样。《艺术人生》现在不仅是关注过去凝固的人生，也谈论现在不停变化的人生，我们会加入新闻热点，更加关注现在发生的故事，而不是历史的尘埃。

今年的嘉宾不只有内地的，也有海外的，也有港台的。随着文化艺术，随着演艺越来越发达，更加国际化，没什么枯竭的问题，我们应该朝向世界包括海外和两岸三地，从历史中找答案。这次做刘石昆的节目觉得非常好。如果收视率没有压力的话，像刘石昆、郑晓瑛、黄永玉，这样的人太多太多，不会有嘉宾枯竭、没有什么做的。

欧阳国忠：题材的问题从外延到内涵有极大的空间，原来认识这个问题是静态的认识，而人生认识是动态的过程，所以不会枯竭。

王峥：《艺术人生》不是娱乐类节目，是以内容为王，形态不变。

欧阳国忠：现在改版问题讨论比较多，节目往往停留在看到一定的时候非得要改版，你怎么看待改版？是坚守还是怎么突破？

王峥：坚守内容，突破形式，这是肯定的。

欧阳国忠：目前媒介环境里面，对很多娱乐的东西往往八卦化，讲到一个明星往往去挖他的隐私或者做得比较低俗，《艺术人生》很好把握了这一点，从另外角度挖掘了明星故事。你对娱乐和品位的关系怎么看？

王峥：我有一个特别强烈的感受，将来我们所说的八卦、狗仔队不会减少，未来平面媒体、电视媒体会越来越多，而且基本上是奔着世界领先地位去的，将来还会超过英国，超过中国香港。上次我和做媒体的人还说，这个可能是代表着人们现在对信息了解的知晓权会越来越多。可能我自己的兴趣不在那边，我的兴趣在于能通过自己所服务的电视台，自己所做的电视栏目表达自己最想表达的事情。也可能过两年就变了，但到现在为止还是有激情的，因为没有机会通过电影，没有机会通过文学，只能通过电视栏目。如果将来观众觉得节目有不可承受之重，如果大家都觉得所有人不需要探讨人生，不需要探讨人生哲理，那么我们可以不做了，关键看观众需要不需要。

欧阳国忠：将来的《艺术人生》大体走向有什么样的设想？

王峥：所请的嘉宾将有更多的海外和两岸三地的明星，不只单纯谈婚恋，谈亲情，我们会更加要求所有的嘉宾，来谈人生中不同的处境，包括他的个人，他和周围人的关系，也包括历史上的一些东西，这个东西是大东西不是小东西，我自己对这个很感兴趣。像刘石昆，他就没谈爱情，但是一样很有意思。

《艺术人生》现在不仅是关注过去凝固的人生，也谈论现在不停变化的人生，我们会加入新闻热点，更加关注现在发生的故事，而不是历史的尘埃。

欧阳国忠：你觉得《艺术人生》这个节目还能生存多久？

王峥：人们老觉得中国的节目特别短命，可能《实话实说》崔永元在的时候就六年，《东方时空》现在十年，而国内像《东方时空》这么长寿的栏目都很少。不要和国内栏目比，应该和国外栏目比，国外有的栏目可以生存几十年，而我们节目只是刚刚开始的三年。电视节目应该有好的机制，有很好的生存环境，我觉得做人生的节目寿命会很长。

朱军是无人能够代替的

欧阳国忠：一个电视节目特别是访谈类电视节目，主持人起着中心的作用。人们对《艺术人生》主持人朱军的评价褒贬不一，可以说是成也萧何败也萧何。你怎么看？

王峥：人们对任何主持人都有褒有贬，朱军也不例外。

朱军是西北人，我相信西北人就是实诚，可能现在观众说的最多的是他的无技巧性。但是我觉得，我们不能想象《艺术人生》没有朱军主持会怎么样，如果我们找到一个主持人不像朱军这样的话，我觉得大家也看不到喜欢的栏目。

欧阳国忠：目前他承担了中央电视台很多大型晚会的主持，和《艺术人生》这种主持有没有相冲突的地方？

王峥：一个主持人经验更多是好事，我们栏目需要明星制主持人，我完全赞成美国、港台等电视台包括凤凰卫视的做法，主持人是幕前的，是我们的招牌，他主持春节晚会主持什么也好，这也是对我们栏目的认可。

收视率不是绝对的

欧阳国忠：我们现在把收视率看得非常重，你怎么看这个问题？

王峥：广告商谈收视率，台里谈收视率，先把收视率维持住保证住。做媒体就非常残酷，只有有平台才能做，没有平台的话就一无所有，不像作家，不像别的艺术家。但收视率只是我们一个参考的标准，看你的节目放给谁来看，如果目标观众都来看的话，那么你的绝对数值很低也无所谓。我们台里的纪录片《鉴证》、《人物》、《大家》，都是我喜欢的电视节目，但它只给固定的受众看，收视率并不高。我认为收视率不是绝对的，应该看你的节目是否满足你那部分观众的需求。而且随着将来电视盈利模式的多样化，我觉得这个矛盾会克服的。我们节目也提收视率，生存才能发展，不能生存的话如何发展？

欧阳国忠：你怎么看待和你的节目类似的《超级访问》？

王峥：我和李静是很好的朋友，我很喜欢他们的节目，他们做的节目收视观众比较城市化，比较年轻。他们的模式是走市场，这是我个人很羡慕的一种模式，他们做节目没有那么大的压力，没有那么多复杂的需要兼顾的问题。

欧阳国忠：你是不是可以再尝试创办一个新的节目？

王峥：随缘，随心所欲，一个好节目的诞生可能就和人和人之间的关系一样，需要一些能量的积累，现在我们还在继续发展，《艺术人生》也没到尽头，也没到我认为的巅峰时刻。

第 10 章

《梦想剧场》：圆老百姓的表演梦

——对话制片人兼主持人毕福剑

人生由经历和梦想组成，经历是过去时，梦想是将来时。人，左右不了自己的过去，却是愿意编织美好的未来。

——毕福剑

• 制片人简介

毕福剑　现任《星光大道》主持人。曾下乡插队，进入辽宁新金县太平公社文艺宣传队。1978 年至 1985 年，在（北海舰队）国家海洋局第一调查船大队服兵役，曾任放映组长、俱乐部主任、副航海长、青年干事、团委书记。1985 年至 1989 年在北京广播学院电视导演专业就读，毕业后入中央电视台文艺部任导演。1997 年创办《梦想剧场》栏目，任制片人兼节目主持人。1994 年参加大型电视连续剧《三国演义》拍摄，任主摄像之一。1995 年随"中国首次远征北极点科学考察队"去北极。

•《梦想剧场》简介

创办时间：1997年10月3日

栏目性质：大型综艺节目

时　　长：30分钟

播出频次：周播，在CCTV-3、CCTV-1、CCTV-2首播和重播

栏目特色：

《梦想剧场》本着让喜欢戏剧表演的人梦想成真的宗旨，为戏剧表演爱好者提供一个展现自己的舞台。栏目以小品、短剧、微型室内剧等为载体，每期节目由嘉宾和普通老百姓结合表演，对生活原生态进行舞台还原和搬演，把社会生活体验真实地展现。

节目突出观众的参与性，观众唱主角，自编、自导、自演，栏目创作组适当辅导，在娱乐中了解和掌握一定的戏剧知识或表演技巧。栏目形式新颖，气氛活跃，加上主持人充分调动现场观众的参与意识，使得台上演员实现了表演梦，台下及电视机前的观众也过了演戏的瘾，台上、台下同乐，可说是真正属于老百姓自己的栏目。

《梦想剧场》圆老百姓的表演梦

欧阳国忠：这次我们要淘宝的对象是一位给我们带来过许多笑声的好朋友，他集栏目制片人、主持人、导演于一身，不少人参加过他的节目之后果真都梦想成真了。他就是中央电视台深受观众喜爱的名牌栏目《梦想剧场》制片人兼主持人毕福剑。许多人见到你之后都会亲切地称你为“老毕”，你听到这个招呼，心里是不是感到特别温暖？

毕福剑：有温暖，也有凄凉。温暖的一面就是说之所以称你“老”，一般是和你关系比较密切，觉得跟你距离比较近，比如老李、老王。作为节目主持人，我觉得也应该和观众距离近一些。所以称呼我老毕，这是我感到比较高兴的一面。

还有凄凉的一面，就是因为确实年龄大了些。人家不可能去喊撒贝宁为“老撒”，喊亚宁为“老亚”。当然，年龄增长是客观规律，到哪个年龄就说哪个年龄的话，这倒没关系，到四十有余喊我“老毕”我还是以高兴为主。

欧阳国忠：“老毕”这两个字一方面表示对你很亲切，可能还有一层意思在里面，就是一种尊重和权威。许多朋友提到《梦想剧场》，就说它是一档真正属于咱们老百姓的节目。你听了这样的评论，心里有什么样的感觉？

毕福剑：我认为，《梦想剧场》确实在一定程度上实现了我们整个创作的初衷。最初创办《梦想剧场》是在1996年底1997年初，那时候国内根本没有普通老百姓直接到台上来参与表演的节目，而我们办这样一档栏目就是想让老百姓在台上做主角，圆老百姓的表演梦。节目刚播出时，尽管收视率比较低，但是来参加节目的人都特别高兴，看的人也不拿高标准来要求。多年来圆了一大批老百姓的表演梦，说是老百姓自己的栏目，这个定位是准确的。

欧阳国忠：创办一档老百姓上台表演的节目，当时的出发点是什么？

毕福剑：当时，我在中央电视台文艺部戏剧组任副组长，负责戏剧组的工作。戏剧分为戏曲和话剧，戏曲已有专门的戏曲音乐部，所以我们这个组就是以话剧为主要宣传内容的一个小单位。当时我负责创新一档栏目，考虑到要为国家把戏剧发扬光大，围绕老百姓做文章，围绕戏剧做文章，我就做了这样一档语言类的栏目《梦想剧场》。

欧阳国忠：你们每年推出的“七天乐”都成中国电视界的一个知名品牌了，观众反响特别好。“七天乐”的创意是怎么来的？

毕福剑：2002年国庆节我们第一次推出“国庆七天乐”。2002年年初，当时电视台好多综艺栏目都把不同节目中的歌、舞、相声编辑组合在一起形成一期节目，而完整的现场栏目在当时应该说只有我们这个组全程在创作。总编室看到我们《梦想剧场》每期节目都是新内容，并且都是自创的，所以他们就找到文艺中心，文艺中心通过文艺部找到我们戏剧组，交给我们《梦想剧场》创作组一个任务，让我们在国庆期间创作一个节目，每天半小时，一共七天。就这样我们开始创办第一期的“国庆七天乐”。当年“七天乐”推出后在社会上影响并不太大，也没做成系列，每期节目互相不搭杠儿。

中央电视台总编室看到这个节目不错，就让我们继续再做。于是又做了2003年的“过年七天乐”。如果大家有印象的话，会记得孙晓梅和她同学，周涛和她妈妈，还有方宏进、李修平、刘建宏都拉着他们的家人参与了那期节目。据收视率调查反馈，那时候这个节目开始逐渐被观众注意了。所以，从那期节目之后基本上把“七天乐”确定为系列了，“过年七天乐”、“五一七天乐”、“国庆七天乐”一直往下做。

我记得西方的一位哲人说过：劳动最快乐。在“五一七天乐”定位的时候，我们把这句话引用过来，提出“五一七天乐，劳动最快乐”，围绕劳动做文章，让梁少华卖鸭子，尹相杰卖报纸。做电视节目就是要传达给大家一个符号，他们才能记住。现在有好多观众还能记住这句话，这也是创作者想达到的一个小目的。

2003年国庆节，我们就定了“国庆七天乐，电影也快乐”，围绕电影来做文章。由老百姓喜欢的演员演《地道战》、《刘三姐》等经典电影。

2004年的是"过年七天乐，运动更快乐"。为什么这么定位呢？因为2004年是猴年，猴在十二属相当中是最活泼的动物，它好动，我们就联想到了运动。2003年中国遭遇非典，据说得非典的人大部分不太喜欢运动，2004年又是国际奥运年，我们又盼着2008年北京奥运会的到来，为承上启下，我们就定了这个主题。

这些系列都体现一个"乐"字，因为过年过节不可能给人一种悲的东西，不能给太正统的东西。

电视是一个需要兵团作战的艺术

欧阳国忠：你们从做"七天乐"当中尝到了什么样的甜头？

毕福剑：从2002年国庆一直到现在，"七天乐"的收视率一次比一次高，说明看的人比较多。我们看到收视率的统计数字心里很欣慰，有时候听到别人说到你的栏目，哪怕是批评你的栏目，他都比较欣慰，起码有人在盯着你的栏目看，观众对节目有一定的认识。我们有一个导演叫李国英，在国庆"七天乐"里扮演《地道战》里面的汤司令，有好多人一见到他不说他的名字，见他就叫汤司令，在大街小巷他都成明星了。他小孩还跟他妻子说："你要整好了，要不然我爹出名了说不定把你踹了。"李导演本人听到这个话很高兴，他是一个创作者，看到大家关注他的栏目，心里自然感到欣慰了。

欧阳国忠："七天乐"系列当中你们遇到的最大难题是什么？如何解决的？

毕福剑：做节目难题是特别多的，最大的难题是我们想做好，但是经费有限。如果说伤脑筋，不是创作方面，而是

如果说伤脑筋，不是创作方面伤脑筋，而是怎么样把握"乐"在可行和不可行之间，也就是在于度的把握。

怎么样把握“乐”在可行和不可行之间，也就是在于度的把握。我们国家有自己的国情，我们必须在国家政策允许下做节目，所以有时候伤脑筋，这个玩笑该不该开，那个玩笑应该怎么处理。尤其是我作为一个主持人在台上的时候，我要随时绷着一根弦——这句话应不应该说？

欧阳国忠：《梦想剧场》最大的特点是观众的参与性强，观众自编自导自演，大家看起来很过瘾。你们是如何找到那些上场表演的观众的？

毕福剑：办法太多了。那些想参与节目的普通观众，可以通过寄录像带、寄 VCD、来信等方式毛遂自荐。还有一个办法，如果你间接认识我们导演，一看合适，就近水楼台先得月，上去跑个龙套或者演一个小节目或者搞一个客串，这个倒不是走后门，我作为制片人是绝对不允许走后门的。实际上，各种办法多了去了。

欧阳国忠：有人问，作为一名普通观众怎么才能参加你们的节目？

毕福剑：电视观众要想参加节目得有一定的本事，因为电视这个窗口是小的，谁在这儿表演人数有限，你得有真本事。

欧阳国忠：那你们邀请嘉宾的原则是什么？

毕福剑：原则是他必须得敢于表演，敢于表现自己，并且有一定的表演天赋。有些嘉宾丝毫没有表演天分，没有表演能力，但他在社会上有一定知名度，比如罗京从来不喜欢笑，生活当中也不苟言笑，我们更喜欢这种嘉宾到我们这儿来表演。《梦想剧场》也好，“七天乐”也好，导演们有时候愿意做一个别人没搞过的节目，别人都让赵本山表演，我就不让赵本山上。我拉一个从来没有登过台的罗京，或者即便登过舞台也只是中规中矩的，像沈冰没有演过电影，就让她表演一把。总之，因人而异。

欧阳国忠：你怎样看待你自己与你所带的团队对节目的作用？

毕福剑：做电视节目，千万别相信哪个人说就是他一个人的创意。电视是兵团作战的艺术，电视节目的创意一般情况是由集体在一起策划，不像一个小专题片一个人就可以做到，这种电视栏目需要群策群力，所以不是我毕福剑一个人的创意。但是有一点可以说，没有我毕福剑也不容易做。

每个导演都应该是一个“博”士

欧阳国忠：有人说，很难把在极地科考时的你，与《梦想剧场》中的你联系起来。

毕福剑：两个时空不一样。1995年，我参与北极科考报道时36岁，回来的时候有人看见我，一眼就认出：“这个是不是去北极的毕福剑?”这是我第一次在大街上被人认出来，地球这么大，居然有不认识的人认出我，他说，“我在电视上看你好像50多岁了，你怎么下来一看才30多岁?”当时，我呆的北极是零下30多摄氏度，人已经在北极被冰雪、寒冷塑造成那副满脸沧桑的模样，现在呢，因为环境而不一样了。我那时候不是节目主持人，只是一个普通导演。你可能不知道，至今我在台里的编制还是导演，导演和节目主持人的生活方式、语言风格、外在表现都不是一回事。大家看我差一点被冻死在北极，可能一下子被这种现象迷惑住了，觉得这个人是科学家，是纯粹的记者，以至现在看我一到台上做主持，尽管我不是伶牙俐齿，你也会感觉是贫嘴滑舌的人，不是当年的毕福剑。其实无论是当年的毕福剑还是现在的毕福剑，都是一个人，只不过分工不一样。

欧阳国忠：那次北极科考遇到过哪些艰险?

毕福剑：当年是中国第一次登陆北极。北极像南极一样有暴风雪，有严寒和雪崩，还有5000米的雪沟，万一掉到冰缝里面，人马上就会被冻死，这是它和南极不一样的地方。我遇到过两次所谓的剪切带，就是大面积冰裂，有一次差点儿死掉了。眼睛得了雪盲，颈椎被累得现在都留有后遗症。

欧阳国忠：听说你以前还是足球运动员?

毕福剑：如果有人批评我球技不好，那是在变相表扬我。你说我做电视做得不好，做主持不好，我都不生气，谁要说我足球水平不高，我打心眼里生气，这就是一个业余足球运动员的心理。

我原本搞的是中距离长跑，当年1500米的速度是4分16秒2，专业的人听了我这个数字，就知道我的水平了。最后想混到辽宁青年队，没混进去，从此义愤填膺地离开了田径。

足球是我从32岁才开始玩的，我特别喜好足球，但水平有限，不过赶上我上一场尤其是大场的时候，估计中国足球队前教练阿里·汉看了之后，都会叹为观止，当然也只不过说你的业余水平令人叹为观止。

欧阳国忠：你生在大连，后来到农村插队，又到农民公社从事文艺工作，再后来去海军部队当放映组长、俱乐部主任，生活还是很丰富的。

毕福剑：生活不太丰富，但是经历还行。

欧阳国忠：这些经历对于你现在从事导演、主持人和制片人工作有什么影响？

毕福剑：我认为每个导演都应该是一个“博”士，但是放到我身上则是一个无知的博士。说“博”士，什么事都应该清楚；无知则是什么事儿也不专业，但拍电视拍电影的导演起码能知道这个东西真实与否。每一项专业都不太深入，但是要博采。我长这么大，做的工作不少，这些经历对我的导演工作有直接的影响，包括对我现在的主持。我主持过军人的节目，后来我做过三期海军的《梦想剧场》，原因是我当过海军，对海军生活了解，而且相应的海军的人也熟悉我，会主动找我。我做过这期节目之后得罪了陆军、空军，人家说毕福剑是不是一根筋儿，就知道海军。其实不是一根筋儿，只是因为我对海军的情况比较熟悉。这个例子足以说明一个人的经历对今后的工作有怎样直接的关系，不单单主持人是这样，别的职业也一样。

欧阳国忠：你当海军的时候怎么想到考北京广播学院？

毕福剑：我是上个世纪70年代末期高中毕业的，“文化大革命”期间耽误了学习，那几年根本就没学到东西，高中毕业后我插队到宣传队做演出，又到部队，但因为没上大学心里一直比较失落。1978年恢复高考之后，我就想实现这个梦想，后来在部队考了一个专科的干部教导队式的学校，上完之后觉得不过瘾，准备复习考大连第一海军学校。80年代初中国裁军100万，把我们那个部队裁成地方海员式的单位。这下子我就可以考地方大学了，但那时候我已经26岁了，按规定考大学不能超过25岁，我觉得自己又没戏了。

突然有一天我在青岛栈桥的街上发现贴着一张告示，内容是“北京广播学院导演专业招生”。要换成现在的话，估计十个人有九个会被吓晕。那时候传媒没有现在这么发达，很少看到报纸，有什么事往往是大告示往墙上一贴。我觉得有意思，大学还有学导演的，当时根本不知道导演是具体干什么的。我随便说了一句话：“我要考这个估计能考上，看看考什么内容。”说完我就走了，我的战友陈松宁说：“我们再看一遍，你毕福剑考一次试试。”我说：“不可能，报名费四元钱，我哪儿有那么多钱！”我们一个月津贴费是14元，我提干后的工资也就几十块钱。四元钱，万一没考上不就赔进去了，我说：“要报名你给我拿钱。”他真给我拿了四块钱。他这句话我现在还记忆犹新：“即使我们没考上，一辈子也没白活，毕竟进了一次大学考场。”我本着这么一个很简单的想法，就去试着考导演专业，一试过了，二试过了，最后全部试过之后我再去看榜，上面居然有我的号。我突然觉得自己还有这个天赋，同时还产生了另外一个想法，觉得大学也够好考的。当时我不知道有多少人去考试，反正看青岛少年宫院里面俊男靓女遍地都是，我穿了军人工作服在里面蹿来蹿去，结果华东片专业过了五个人，最后录取了我一个人。当初要是知道只能录取一个人，我打死都不会去考了。

我认为每个导演都应该是一个“博”士，但是放到我身上则是一个无知的博士。说“博”士，什么事都应该清楚；无知则是什么事儿也不专业，但拍电视拍电影的导演起码能知道这个东西真实与否。每一项专业都不太深入，但是要博采。

欧阳国忠：有人说你是大器晚成。

毕福剑：大器不敢说，晚成倒是真的。30岁到电视台工作，38岁做节目主持人，当然还是兼职。如果“七天乐”这个节目继续往下做，做好的话可以算是晚成，要做不好，做完下一届就蔫了，大器晚成就成了“大气”晚成了。

节目主持人就是一般的人

欧阳国忠：“七天乐”表演里面有两个导演，可以评为最佳配角。

毕福剑：这两个导演都是我们的主力导演，最佳配角这个评价有点意思，应该是名副其实的。原因是配角就他俩，他俩就是最佳的。胖子很有表演天赋，他的风格属于不露痕迹，你乐你的我演我的。矮个的李国英属于小丑式的，味精式的，一个节目正在进行当中，突然间蹦出个长相这么漂亮的人，你会觉得很吃惊，有些人更喜欢的是李国英导演而不是毕福剑。

欧阳国忠：有人问，你怎么克服台上的恐惧使得主持自然亲切？

毕福剑：是人上台都会紧张，如果听哪个人说他第一次到台上不紧张，你就骂他一句，他不是人。我第一次上台的时候腿肚子直哆嗦。第一次在《综艺大观》，牛群采访我，人家让我说两句话，我看着牛群的脸，觉得牛群一直在抖，我下来之后说：“牛群你抖什么？”他说：“我一天到晚主持节目，早不抖了。”当时我已经紧张到分不清楚是我在抖还是他在抖。

至于说怎么做到自然？我由衷地感受到要把握一点，就是无论节目主持人还是观众都是人，要有一颗平常心。有人找你签字合影，我们要一一满足。其实节目主持人就是一般的人，做节目主持人很容易，只要你敢说，只要你不要脸，你都能主持节目。你把自己降为一个普通人，上台就会很自然。你和观众是一样的，论高度都是一样的；万一把握不住，觉得自己就是泱泱大国的节目主持人，我能进了这儿，一般人进不了，那样人就会居高临下了。你这么一居高临下，观众可能就不买你的账，这样的主持人也就等于是自己挖了个坑自己往里跳。

欧阳国忠：有人问，你在节目中说的是普通话吗？怎么总感觉到很重的乡音？

毕福剑：这位朋友骂人不吐脏字，说我普通话讲得不标准。我普通话确实不标准，普通话语言测试的最高级别是一级甲等，我考的是一级乙等，差了零点几分。在普通话上我将来要努力，必须要考过标准的普通话。在这儿我只是说一下我的一家之言，我认为十几亿人口的大国，播一些正规的节目用标准普通话是对的，至于说其他节目主持人，像综艺类、体育类万一带点儿口音，我认为也无妨。如果我们没有陕北话，就没有陕北秧歌剧；没有东北话，不可能出来二人转；没有江浙一带像小河流水式的话，不会走出越剧来；没有河南河北人的豪爽，也不会听到梆子。如果说非要标准的话，毕福剑会拼尽老命考过去。

欧阳国忠：你是怎么走上主持人岗位的？

毕福剑：纯属偶然。在北极科考时我作了些现场报道，节目一播出人家发现毕福剑这个老头好像还能说几句话——那是36岁的老头，然后一个朋友就试着拉我去主持他的节目，那时候我真是做梦都没有想到我能登台主持节目。因为在80年代末90年代初，男节目主持人都是长着标准的国字脸，浓眉大眼，鼻直口阔，我这种人首先眼睛太小就不过关。贺晓威这个导演居然敢用我去主持，我敢上台胆儿已经够大，他敢用我上台胆儿比我的还大。开始我不去，他让我考虑两天，他说就几个人，录像试一试。给我稿子后，超过两句我就背不下来了，我的小名叫"缺心眼"，脑子不好用。后来他发现我做带人做游戏的节目比较自如，就说我可以发展为节目主持人，但是目前好像条件不太具备，这是婉转的批评、婉转的鼓励。

其实节目主持人就是一般的人，做节目主持人很容易，只要你敢说，只要你不要脸，你都能主持节目。你把自己降为一个普通人，上台就会很自然。

1997年初，我们创办《梦想剧场》，选了一些节目主持人，但都觉得不合乎我的要求。当时我代了一下节目主持人，我反对站着说话报节目，因为我没有主持过节目，所以我到台上比较自如，把这个节目带起来了。后来剪了一剪交到台里，告诉台领导这就是新栏目《梦想剧场》的走向，如果通过的话，我们将重新选择主持人。现在的台长赵化勇是当年的副台长，管文艺的，看完节目就给我们领导说："告诉毕福剑，《梦想剧场》就这么做，主持人不要选了，就用他了。但是有一点，回去让他好好练练普通话。"就这样，毕福剑被踹到了台前，本来想做一年，过一把主持人的瘾，结果做了一年、两年，下不来了，可能"七天乐"这种烂节目也只有毕福剑主持，我活着一天就主持一天。

欧阳国忠：你怎么看待主持人的风格问题？

毕福剑：好像从来没有人说毕福剑长得漂亮，都说是长得一般，但是还招人喜欢。我做过一期节目，现场观众的年龄偏大一点儿，上来一拨大都在40岁以上的，女观众找我签名，签完之后我们导演说“毕福剑就是中老年妇女崇拜的偶像”。我觉得40岁以上也好，她们可能有她们的思辨能力，招不招人喜欢是另外一回事，起码她们关注这个栏目。我本身就是这么一个长相，人家已经定位我长相一般，我主持节目的风格和老百姓靠得近一些。招人喜欢就多逗人家，这就定了一个风格。至于说是什么风格，自己很难给自己下定义，可能通常人们把风格要定出来，得过个十年八年甚至百年千年，李白的风格是死了之后被人定的，鲁迅的风格也是他辞去人间才定下来的，毕福剑活着的时候风格定不下来，死了估计也定不下来，因为那时候人们已经把我忘了。

有人说我主持风格是下里巴人，我觉得他是有头脑的，他这样说可能是他更喜欢一些轻松的节目，大众传媒、电视栏目要是弄得太深奥，我觉得观众也累。从前有很多这种节目，我都不是太喜欢看。大众传媒面向的是广大基层人民，除去专门做的专题节目、科技节目甚至文学节目，一般的节目都应该贴近老百姓的生活，咱们不说专门为了“三贴近”而贴近，我现在做节目的初衷，就是谈老百姓比较关心、比较轻松的事。

欧阳国忠：作为主持人，你如何看待外界对你的评价？

毕福剑：作为一个公众人物，你必须要接触这些东西，你听到的可能只是表扬的话，其实背后不喜欢你主持的观众大有人在，倪萍最近两年也遭人骂，这都很正常。有人说李咏是疯子，崔永元是傻子，说毕福剑缺心眼，我们怎么看待？你是一个公众人物，要有冷静的头脑，有些人提的意见你觉得是意见你得接受，应该想想怎么去改正。万一你觉得确实你自己不灵的话，你就应该自动退位，但是你觉得你并不是不灵而是人的看法不一样，这时候你要照自己的路走。

台上我要随时忘掉我是制片人

欧阳国忠：你怎么分配制片人和主持人的工作时间？

毕福剑：中国的节目主持人只管节目明面上的东西，而西方好多节目就是主持人说了算。我在栏目里既做制片人又做导演，又做节目主持人，这三个位置是很关键的，一个人在一个栏目中担任三个角色有它不利的一面，就是确实存在时间分配问题。制片人要负责整个行政、艺术和技术方面的东西，所以要全方位操心；导演又是幕后的艺术家，这三个在一起，肯定要耽误时间，分散你的精力。同时，这种三位一体也有相当的益处。我可以直接进入节目创作，可以运作或者左右这个节目。比如我在台上如果主持节目，台上有突发事件，我作为一个制片人、导演兼主持人有权力马上改变，让这个节目更加生动。如果只是节目主持人就得征求导演的意见。

欧阳国忠：你有没有像崔永元那样为思考节目而失眠？

毕福剑：我比崔永元更失眠，但是我第二天上午又补回来了，我的生物钟和崔永元不一样。他睡觉少，我睡觉不少，只不过生物钟比普通人推迟好几个小时，我一般是凌晨三四点睡觉，第二天上午10点、11点起床，起来看了看才知道早餐这么好吃，早晨的太阳这么圆，心情就好了起来。

欧阳国忠：身为制片人你怎么当好这个家？

毕福剑：这个题目比较大。制片人和制片主任还有制片都不是一回事。制片人负责艺术和经济两大方面，但基本是不具体介入。下面有导演负责艺术，制片主任管钱，负责具体经济运作，我是全权拜托他们来做。不过制片主任花钱需要我制片人签字。有些情况必须批这个事情怎么做，那个节目怎么定位，钱怎么花，那时候我要介入，但也就是宏观的笼统介入，不会直接介入。

至于说是什么风格，自己很难给自己下定义，可能通常人们把风格要定出来，得过个十年八年甚至百年千年，李白的风格是死了之后被人定的，鲁迅的风格也是他辞去人间才定下来的，毕福剑活着的时候风格定不下来，死了估计也定不下来，因为那时候人们已经把我忘了。

欧阳国忠：很多观众认为你在节目中很会兜包袱，这是如何做到的？

毕福剑：“包袱”这个词起源于相声，所谓包袱就是拿个东西用包袱包起来，你不知道里面有什么东西，当一打开你才恍然大悟，里面有豆包有馒头或者其他的东西。后来曲艺界的人把它引到相声当中去，把包袱打开，笑料在里面，话一解开，让大家呵呵一乐。兜包袱任何人都会兜，只不过程度不一样罢了。

有的人一层一层揭开，并且里面的这个东西会让你感觉特别会心地一笑，有的人“啪”地一下子打开，有的人甚至把包袱一扔，东西掉地上了。包袱不一样决定你是幽默还是滑稽，最小的小孩也都会给你做鬼脸。我觉得相对读点书、有点经历的人才能做到幽默。我本人滑稽和幽默二者皆有之。生活当中我话语不是太多，偶尔太闷的时候也滑稽一把，也幽默一把。不是有意识的，可能说话当中无心带出来这种小乐，这不是生来俱有的，而是多年自然形成的东西。

老百姓到台前表演这条线不会变

欧阳国忠：你们节目在做出影响之后，对以后的发展有什么新的设想？

毕福剑：节目走向将来有一个不变，就是老百姓到台前表演这条线永远不会变。在这儿表演的都是业余的，他们都不是话剧演员，他们都是普通老百姓，我在圆他们的表演梦，给老百姓带来欢乐。就算有熟脸表演，也要拿普通百姓做穿插。但是我要考虑收视率的问题，还有《梦想剧场》以语言类节目为主，我们的组是戏剧组，要弘扬中国的话剧，这两者也永远不变。

欧阳国忠：如果观众厌倦了，你怎么做？

毕福剑：这是一个比较尖锐的问题，有一句话叫“急流勇退”，人很难在高峰期间退下来，做到急流勇退。我们给国家电视台做节目，收视率正高的时候，你说不干了，你自己说了不算。“五一七天乐”你说以后不做了，人家觉得你有意要拿架子。如果毕福剑话不灵，思维不灵，节目也不灵了，我想他脑子不至于糊涂到这个份儿上，连自己的思路都捋不清，还赖在台上主持节目。这个栏目还要生存，到那天不用你自己辞退，电视台就让你下课了。

第 *11* 章

《开心辞典》：无数开心事尽在笑谈中

——对话制片人郑蔚

电视市场的竞争就是品牌竞争。

——郑　蔚

•制片人简介

郑蔚　中央电视台《开心辞典》制片人，1994 年 9 月负责中央电视台经济部信息策划组的创立，任组长至今；1999 年担任大型直播节目《1999 科技下乡》总导演；2000 年《商界名家》春节特别节目《高朋满座》总撰稿。多次参加经济部频道改版策划工作，主持了《开心辞典》栏目的整体操作。

●《开心辞典》简介

创办时间：2000 年 7 月

栏目性质：大型益智娱乐节目

时　　长：60 分钟

播出频次：周播

栏目特色：

《开心辞典》是一个集趣味、益智、知识、紧张、惊险、幽默于一身的有奖问答节目，现场气氛紧张激烈、引人入胜、扣人心弦。

它与其他娱乐性栏目最大的不同点是，引进国外先进电视形态，由高科技网络、声讯手段支撑，将网络与电视这两大媒体紧密结合，实现了真正意义的节目与观众的互动，有力地激发了人们提高自身知识水平、扩大知识面的学习欲望。全国的电视观众可以通过网络或电话的比赛方式最终到中央台的演播室进行角逐，实现全家人的梦想。

知识的传播、如履薄冰的惊险、强烈的参与吸引力和高额奖金的诱惑构成这一节目的四大卖点。《开心辞典》以客观的受众心理分析为基础，全情全力为中国观众量身定做，打造最为新鲜的益智娱乐节目。

开心的理由

欧阳国忠：今天与我们对话的是一个给我们带来无数开心事的著名栏目制片人，中央电视台《开心辞典》的当家人，一位出过一本小说和一本散文的才女，她就是郑蔚。

郑蔚：我们《开心辞典》已经开播四年了。刚才欧阳国忠说这个栏目给大家带来了很多快乐，其实每次看到栏目收视率数据的时候，我们感觉到是大家给我们带来了快乐。今天跟大家交流，很想恳请老朋友们帮帮忙，因为《开心辞典》马上就要进入四周岁了。可能对于一个人来说，四岁是一个很小的年龄，可是对一个栏目来说，有步入中年的感觉了。我觉得我们的节目是为大家做的，我们也特别想听听大家的意见。

欧阳国忠：《开心辞典》是2000年7月开播的？

郑蔚：对，2000年7月7日。我老说《开心辞典》是在中国的情人节这一天开播的，希望我们的栏目，我们的创作人员和观众们永远保持着像情人一样的关系。

我老说《开心辞典》是在中国的情人节这一天开播的，希望我们的栏目，我们的创作人员和观众们永远保持着像情人一样的关系。

欧阳国忠：当初你们为什么会想到做《开心辞典》这样一档栏目？

郑蔚：其实说起来，智力问答在中国已经不知道有多少年的历史了。当时我们的想法是，原来我们一直做经济节目，做得比较权威，更强调信息的权威性和中央电视台这种高度。后来我们发现，其实传播方式和传播策略反而是我们应该注重的问题。如何把我们一些经济领域内千变万化的常识——这些都是老百姓迫切需要知道的——有效地渗入到观众当中去，这个有效性是我们需要关注的问题。在这个基础上，我们根据专家的建议，做了很多研究，包括对国外电视形态的研究，对观众需求市场做了非常详细的分析。经过研究后我们发现，中国观众对电视娱乐性的需求是非常强烈的。这种节目其实也非常吻合目前中国发展阶段的需要，也就是在极度竞争的社会状态下，大部分观众的一种心理需要或者是接受心态的需要。在这种需要的基础上，我们觉得，选择一种合理的、轻松的、带有竞赛性的方式，既能展现我们每位参与者的风采，又可以作为一种普及知识的方式。另外还有一点非常重要，中国发展到今天，每个人都已经有足够的勇气站在台上展示自己的风采，同时会非常珍视每一次给予自己的机会。在这种前提下，这样的竞赛性节目，这样的益智性节目，这样的参与性节目，已经有了足够的土壤和基础。

欧阳国忠：一档节目的存在肯定有它的原因，一种节目样式也可能有它独特的方式。对于这种益智类节目，你觉得它的核心竞争力在哪里？除了参与性，还有哪些因素可以使这个栏目存在的周期更长一点？

郑蔚：我不知道这种理解对不对，我看自己的栏目三年多了，在节目的录制当中，有时候觉得，它就像一个小社会，每一个选手在节目当中经历的过程几乎浓缩了人生经历的过程，面对竞赛的态度，面对合作的态度，面对压力的反应，面对机会的反应，每一步都跟他的人生联系在一起的。回想节目刚推出来的时候，我们提出“智力英雄”这个概念，实际上就是有勇气去闯关的人，在生活当中，在工作当中，可能也会有勇气。所以我们觉得，把我们这种浓缩社会的感觉更多地体现在我们的节目里，这也是一种竞争力。因为现实生活是一个竞争极其激烈的生活，如何在这种激烈的竞争当中把握机会、找到成功，同时享受快乐，其实每一个人都在寻找他的方式，而益智类节目或者竞赛类节目可以给大家提供一种竞争的模拟空间环境。

欧阳国忠：益智类节目最大的特点是创新性比较强，用多种手段，甚至运用网络的形式来加强参与性。但是现在一些别的栏目也在加强参与性，这一块本来是你们的优势，他们拿过去做了。益智类节目有没有想过，你们也可以把别的栏目的东西借鉴过来呢？

郑蔚：对，现在我们也在考虑，比如说借鉴真人秀。我们每个人都需要了解别人，同时也需要了解自己，我觉得真人秀节目最大的卖点或者说魅力就是帮助你了解别人，同时也帮助你了解自己。像这样的方式，我们会在今年栏目的改造当中吸取进来。和《非常6+1》相比，益智类节目有一个最基本的优势，就是参与的简单性和广泛性。只要我们拥有一定的知识，就有可能成为这个节目的主角，这种广泛性是我们需要坚持的一个元素。

欧阳国忠：我感觉《开心辞典》现在看着有些复杂，觉得它比起以前来说承载了更多东西，你们更看重的是什么？是偏重娱乐还是偏重知识？

郑蔚：我觉得是通过娱乐的方式来传播知识，大家获得知识的方式可以有很多种，其实《开心辞典》只是一种，我们更多的是希望大家从我们的栏目获得知识的时候保持一种愉快的状态，而不是被挤压，被威逼的状态。

欧阳国忠：目前许多的节目都强调娱乐化，包括新闻也开始娱乐化，你怎么看待这种娱乐化的倾向？

郑蔚：这跟社会的发展有关联，日本、韩国、中国香港都曾经走过这样的阶段，夸大电视娱乐化的功能，因为电视传播资讯是基本的功能，娱乐是另外一个功能，传播知识也是一种功能。电视娱乐化功能极度夸大的状态，其实说明了在社会高速发展的漩涡当中，为了跟上这种高速发展的节奏和步伐，每个人实际上背负的东西太多了，因此他们对电视媒体的期待可能更多的会偏向娱乐一些。这种倾向会跟着大的发展环境走，当我们的经济发展到一定的阶段，呈现一个良性运转的状态时，当我们有更多的休闲时间、和家人团聚的时候，观众对电视功能的需求可能会做一些调整。

欧阳国忠：现在已经有很多的综艺节目，你们如何才能脱颖而出呢？

郑蔚：我觉得在百花齐放的年代，竞争对手会越来越多。还是刚才大家跟我们提到的一个意见，坚持住我们根本的东西，比如说参与性、平民性，所以我们是比较回避做明星的，每一个在我们这里上场的选手，真的都是明星，在我们眼里，他们比明星更有魅力，因为他们是真实的，没有任何虚假的成分。一个普通观众进入演播室，所有的表现，无论是突出的还是平淡的，都是真实的，这就是选手带给观众的魅力。这种参与性，这种根本的魅力要坚持。同时要坚持多样化的改造，多样化的变化，这才是我们生存下来的一个基础条件。

开心的方式：常变常新

欧阳国忠：《开心辞典》最初借鉴的是哪个栏目？这个栏目现在的生存状态是什么样的？

郑蔚：在美国有非常多的益智类节目，但美国的益智类节目跟中国的不大一样，虽然它们也叫一个栏目，但不是一年365天周期性播出的，更像月赛、季赛，是跟活动结合在一起的，播一段时间停一段时间，组织好了，再播一段时间。美国的益智类节目我们研究过，生命力都在六年、十年甚至更长时间。我们觉得中国的情况可能跟美国不太一样，我们毕竟把它作为一个常规的栏目定期地播出，所以我们想通过调整节目元素和结构的方式来延续我们的青春，就像女士们多换几种化妆品，皮肤可能会更好一些。

欧阳国忠：美国的一档节目《百万富翁》在香港停播了，国内有不少益智类节目这些年也在下马。《开心辞典》虽然是主打性栏目，但也有自己的生命周期，你担心吗？

郑蔚：担心，一直在担心。就跟人有自然生命周期一样，栏目也是一样，我一直在了解这类栏目的生命周期是多少，虽然没有专家给我一个精确的数据，但是就跟人一样，都有一种心态，想延年益寿嘛，对于栏目来说也是这样。

我也看到了国内包括香港在内同类栏目的夭折，我们不应该固守一种竞赛方式，我觉得益智类栏目跟其他栏目更多的差别在于参与性和互动性，这个节目不是完全由我们创作人员制作的，更多的是参与人共同制作的，只要参与方式不变，至于大家一起玩什么样的游戏，可能并不是一个根本的问题，我们可以根据观众的口味和观众的爱好不断地作出调整和变化。香港的《百万富翁》从开播到停播，模式基本没有变化，这可能是影响栏目生命力的一个原因。我们想，无论是节目环节还是竞赛方式，不断地做出修订和调整，根据大家的喜好和习惯，作出一些变化，就可能会把益智类节目做得更好。

第11章 《开心辞典》：无数开心事，尽在笑谈中

——对话制片人郑蔚

欧阳国忠：《开心辞典》开播四个月就跃升为收视率第一，起点是非常高的，这无形中也给你们带来了很大的压力。这个栏目还要向上发展，空间有多大？在收视取得好成绩的同时，你有过这种忧虑吗？

郑蔚：一直有。从节目开播到现在，我最紧张的时候就是每周的星期一，因为星期一台里的收视率分析报告就要出来，我有一篇散文就提到这一点，每个礼拜一就有一种像受刑一样煎熬的心态，只有当你看到那个数据的时候，是喜是悲才能泄露出来，而等待结果是非常令人焦虑的，这种压力无时无刻不存在着。

欧阳国忠：有这种压力，是因为你们高起点，如果栏目在开始的时候有一个成长期，是向上走的，这样会好一些。当一件事情一下子就达到一个高峰的时候，再往上做，空间可能就会小一点。

郑蔚：对！每次年度收视总结出来的时候，我总说不知道是好事还是坏事：说好事，是应该高兴，因为一个阶段的努力，得到了承认；说是坏事，就是要费尽心思去想下一阶段该怎么办。

欧阳国忠：在这种高起点的情况下，一个栏目经过四年的成长，不免有一种步入中年的感觉，你们自己是不是也有很多的困惑？

郑蔚：很困惑。《开心辞典》收视率之所以上升得这么快，可能是因为我们栏目在开始阶段就和电视观众联系得比较密切。我们一开始就做市场调研，比如在如何学习和引进，如何落地等问题上，更多地根据市场需求来做，这可能是缩短我们发展过程的一个很重要的因素。

走到今天，我们有许多的困惑，比如说我们栏目现在在CCTV-1也播出了，但CCTV-1和CCTV-2播出的基本是同一个版本。我们也想了解一下，观众有没有愿望看到两套不同版本的《开心辞典》。我们会把它们都叫《开心辞典》，可

能会坚持一个宗旨性的东西：通过你的答题，通过你的努力，实现你的家庭梦想。但这个世界千变万化，每个人的努力方式都是千变万化的，我们提供不同的答题方式或者答题规则，最后让你实现你的家庭梦想，这样就会产生两版不同的《开心辞典》，不知道观众是不是有这样的收视需求。

另外，最初我们设计节目考虑更多的是城市观众，我们的节目风格和定位也可能更吻合城市观众的审美爱好。但是，毕竟我们中国是一个农业大国，我们在整个节目的品位和格调上，有没有必要更宽容一些，更宽泛一些，或者说希望我们的节目竞赛性更强一些还是娱乐性更强一些，这都将为我们下一步的发展提供方向性的建议。我们也希望每次改版都能够像三年多来坚持做的一样，每一步变化都紧紧跟随着大家的需要。

欧阳国忠：国外的改版是根据受众的需求、量化的指标、收视的变化来做改版，你们正在做哪些努力呢？

郑蔚：我们正在做非常细致的调查和收视分析。我们对全国观众进行了收视分析，以此了解观众主要在城市还是在农村；另外不同季节收视也有变化，我们也要了解在不同的季节，主要收视观众的收视习惯的变化。另外，我们也会做相关的收视环境的分析，比如说不同的季节收视环境是什么样的，我们和其他类别的栏目比，竞争力在哪里。从中也可以反映出我们基础受众的一些心理需求。

欧阳国忠：我感觉到《开心辞典》这三年来在不断地变化，在不断地创新，比如说在成都，把节目录制现场从室内搬到室外，2004 年又开始了主题化的操作，这也是你们的创新。除此之外，还有什么实际的创新吗？

郑蔚：我们 2004 年还在做尝试，比如说在成都和苏州，我们把演播室搬到了室外，把游戏搬到了外景，把文字变成了实物。2004 年还想尝试跟活动结合在一起，我们会去云南和贵州录制两期外景的节目，可能会更多地想把选手挑选的过程组织成一次活动，并且搬到电视屏幕上。另外在常态节目当中，我们尝试题型的变化，比如 2003 年的 24 数字推理就是新的变化，2004 年也会有新的类型出来，比如会增加对选手性格的挖掘，设计一些外拍的游戏，或者现场设计一些方式，更多地展示选手的性格。

欧阳国忠：没有创新就没有进步，没有进步就意味着终将被淘汰，我们非常希望我们喜欢的这个栏目一直保持下去。你觉得《开心辞典》还有多大的发展空间，还能维持多久？

郑蔚：我觉得，任何一个栏目，模式不是一成不变的，就跟软件程序一样，只要我们能够贴近市场的脉搏，贴近观众的喜好，就一定还能走下去。

欧阳国忠：《开心辞典》开播之后第四个月就收视率第一，但是据我了解，现在CCTV-2是《非常6+1》的收视率位居第一，面对这些后来者，你们是不是有压力？

郑蔚：肯定有压力呀。我非常注意对新的事物的捕捉。中国现在就是这样一种状态，能抓住最新的东西就永远能跟上时代的脉搏。对于一个步入中年的栏目来说，也需要不断地注入新鲜元素，这就是最近我们栏目在频繁地通过各种各样的途径和我们的观众做亲密接触的原因，真心地希望从观众那里了解到他们的需求，然后对我们的节目做新的改造。

欧阳国忠：你觉得益智类节目创新的瓶颈是什么？

郑蔚：还是规则改造。在国外，有非常专业的设计游戏的一些机构和公司，他们的主要任务就是做新产品的研发。我们可能是研发和制作同步进行，因此觉得压力会大一些，而且可能在专业程度上会稍弱一些，这是我们未来改造最麻烦的一件事情。

欧阳国忠：现在好像不断的改版是救命的稻草，你怎么看待改版和相对稳定之间的关系？

郑蔚：就看对改版怎么定义，某种意义上来讲，改版是必需的，因为人每天都是在变化的，每一个阶段的变化就更大了，所以每一个阶段的节目就要根据观众的审美习惯、心理习惯的变化，做一些调整。比如说美国的收视分析非常具体，一年当中，在财务年度预算的时候，可能是观众工作压力最大的时候，这时候节目的娱乐性要稍微强一些。在假期比较集中的时候，人比较休闲，可能有更多的人认真来看电视，这时候可能竞赛性节目会强一些；实际上，这个研究只是说明了一个道理，人在一年中的收视状态都会有变化的，更何况是几年当中。根据收视情况的变化不断地改变，这是需要的。所谓的稳定，就是一个栏目根本命脉的东西不能变。我还是喜欢用人来比喻一个栏目，一个人的基本气质是不会变的，但是并不意味着你不可以用流行的发式、流行的化妆方式、流行的服饰，可以让自己跟时代贴得更近一点，但是根本的东西不能变。

欧阳国忠：改版和相对稳定是不是可以这么讲，就是老朋友说新话题的关系，朋友还是老的，但是每次见面都会有新鲜感。

郑蔚：没错，你这个比喻非常好。

欧阳国忠：现在国内的电视存在这样的情况，办三年就支撑不下去了。而国外的一些节目，一办就是十多年，很稳定，到底这是我们的市场不成熟还是节目本身不成熟造成的？

郑蔚：我觉得这可能跟我们的创作观念有很大的关系，这完全是我个人的观点。国外的电视节目非常早就进行了市场化操作，他们根本的动力和来源，都来自市场，所以他们更关注市场。这是我们的栏目运行到现在一直要扭转的一个观念。我们的每一个策划，都要问一问，是你自己认为好，还是观众认为好，只要是观众认为好的，就有生命力。中国的电视现在已经开始认真地对待观众，认真地对待市场了。

欧阳国忠：实际上一种新节目样式出现的时候，可能吸引方方面面的人，可能又分流一部分观众。所以这个节目样式百花齐放的时代，可能也是一种观众群高度分化的时代，最后可能就维持到各自相对平衡的水平线上。所以我觉得，比较好的状态是相得益彰、共同发展的局面。

郑蔚：对，这就是百花齐放年代的一种特点。

欧阳国忠：刚才你说的坚持住自己的原则，这个方向发展也是对的。

郑蔚：就跟一个人的发展方向一样，你不能丢掉自己的长项，也许有的行业会成为一个新兴行业、朝阳行业，但如果这不是你的专长，贸然进入这个行业，你也不会有很大的发展空间。

欧阳国忠：你是否认同益智类节目的黄金时期已经过去这种说法？

郑蔚：这个我不太认同，现阶段电视节目真正进入了百花齐放的阶段，可能都还没有形成一个非常成熟的发展状态。我觉得，这个百花齐放的状态，对于观众来说是非常好的事情，可以看到更多品种的节目，同时也是在这样的时代里，什么样的节目都不会过时，就看你怎么做。

欧阳国忠：以后节目的形式会不会有什么变化？

郑蔚：我们很想对形式做一些变化，也在尝试做一些变化。在2003年的节目当中，我们把选拔的游戏放到外景拍，我们也曾把整个竞赛规则做一个彻底的变化，比如元旦期间播出的节目。我们也特别想听听观众们的意见，对我们现在的规则是不是有厌倦感了，看了三年多了，用现在最流行的一句话说，是不是有"审美疲劳"了。

开心的背后

欧阳国忠：《开心辞典》的节目流程和前期调研应该是非常棒的。《开心辞典》栏目有多少个工种？

郑蔚：《开心辞典》里主要有几大工种，一个是题目，一个是选手，一个是导演，一个是现场录制。我们还有三个比较重要的工种。一个是宣传推广。这是我们一个非常坚定的观念，无论是不是中央台，在竞争如此广泛和深入的年代，永远不会有"酒香不怕巷子深"这样的日子了。以前说陈年品牌尚且可以放在很深的巷子里，现在几乎所有的品牌都应该立在临街的房子里，我们必须为自己做宣传和推广，这样才能争来更多的客户。这个意识已经不能不树立了。所以我们栏目里很重要的岗位就是推广，他负责销售，销售到我们的观众当中去。还有一个非常重要的岗位就是技术。《开心辞典》跟以前的益智类节目相比就是加入了高科技，我相信与我们同时以及后来出现的节目都非常重视这一点，实际上科技改变了人的生活方式，同时也改变了人的游戏方式。《开心辞典》需要我们不断地引进高科技的手段，不断地用科技为我们的游戏增加乐趣。

我们的每一个策划，都要问一问，是你自己认为好，还是观众认为好，只要是观众认为好的，就有生命力。

还有一个就是市场调查，既然是大家共同参与制作的节目，我们要更多地了解每一期节目观众的反映，这一直是指导我们节目不断改进的一个至高无上的动力。

欧阳国忠：《开心辞典》的奖品相对于一些益智类节目来说并不是很多，是不是觉得即使没有钱的支持，还有别的东西足够吸引观众？

郑蔚：我觉得，当这笔钱不能彻底改变你的生活的时候，你肯定更在意这笔钱的意义。奖品也一样，这个奖品不可能改变你的生活的时候，你一定希望获得有意义的奖品，而不仅仅是物质本身，所以我们更希望我们送出去的每一份奖品或者选们每得到的每一份奖品，在他的记忆深处更有意义。

欧阳国忠：但是一些地方台可能就把一个益智类游戏变成一个了金钱游戏，你怎么看？

郑蔚：我觉得，物质上的奖励和奖品的激励肯定是必需的，这是对你成功的一种承认。但是在中国的文化氛围当中，单纯地强调物质刺激，好像也是行不通的，这也是观众给我们的观点。我们栏目一直在坚持跟观众面谈，很多观众跟我们反馈了这样的概念。我们的文化当中，对意义、对人生追求的价值期待，会和单纯的为谋利而做事情是有点冲突的。当然要有一些物质奖励，但是这个奖励真的不是唯一的，这也同我们为什么后来推出“家庭梦想”一样。实际上，我们给你的这些奖励并不能改变你的人生，媒体没有办法做到让你的人生发生翻天覆地的变化，但我们可能给你一个机会，会让你的生活有一些改变。我们能够做到的是让你的生活有一些内容、一些记忆、一些色彩，或者有一些触动。

欧阳国忠：《开心辞典》一年能给央视带来多少广告，你们栏目是怎么分的？

郑蔚：我们一年的广告是4000万到5000万，我们栏目有台里批的节目制作经费，所以广告收益只是我们的一个任务，同节目的制作成本没有多大的关系。

欧阳国忠：你们的奖金来自何方？

郑蔚：选手的奖金来自节目赞助，我们的奖金当然是电视台给我们发的。

欧阳国忠：《开心辞典》那么多有趣的问题都是从哪里搞到的？

郑蔚：都是来自大家，来自所有关心我们节目和喜欢这种游戏方式的观众朋友。其实我们同很多出题的人员都是逐渐发展成为朋友的，只有大家一起来出题，这个题目才会更好玩一些。真的是中国一句老话，三个臭皮匠，顶个诸葛亮，我们的观众个个都是诸葛亮。

欧阳国忠：有些人怀疑《开心辞典》对公众没有什么教育意义，真的要让人人都成为万事通吗？

郑蔚：没有。《开心辞典》给大家带来一定的知识，只是它的一个方面，这个栏目更重要的是让大家体验这种竞赛的过程。就像我刚才说的，其实这个过程是你人生或者工作的一种缩影。如果你能够在这样一个小小的竞赛过程当中保持一种旺盛的竞争力和战斗力，同时又有良好的竞技状态和心理状态，对你的生活和工作都是有帮助的。至于知识，只是给大家一个补充，不能说像老师上课一样，今天要背会二十道题，明天背会三十道题，大家如果有兴趣，可以作为补充知识结构的一种渠道。

欧阳国忠：益智类节目的题目有这样一个问题，提问比较弱智化，我看到有一个节目问观众“蚊子有多少颗牙齿”，这样的问题有没有意义？

郑蔚：我们栏目，坦率说也是这样的。最近我们录制节目的时候，负责题目的人员明显感觉到压力比以前更大了，就像百选一和十选一，标准不变、要求不变的情况下，肯定前者工作更难做。后来我们也讨论了一下，我们觉得要更换方式，要换类型。一个目标，不同的道路，我们更看重的是过程，是走着去，还是骑自行车去，会有不同的体验。所以我们最近着重在题目的类型上做了些探讨和研究。

欧阳国忠：台湾电视有一个类似《百万富翁》的节目，主持人有风度又不刻板，相比而言，有的观众觉得王小丫的台风有点压人。

郑蔚：对于小丫的主持风格，我不是为自己辩解，确实每个人的爱好是不一样的，小丫非常大的特点是亲和力，我们在节目改进当中，也根据小丫做了不少改变。如果让小丫变成一个严厉的或者很会刁难人的主持人形象，可能也是不太现实的。如果大家觉得她还是有点生硬或者是不太舒服的话，可能是我们的节目和主持人之间的磨合还需要进一步深入。如果大家觉得有不舒服的地方，最好给我们提特别具体的建议，让我们有一个修订的方向。

欧阳国忠：其实往往一个优秀的主持人，可能有人喜欢他，有人不喜欢他。你们对王小丫的定位是什么？

郑蔚：一个亲和的考官。确实这几年也形成了这样的风格，她有知识，同时又比较亲和，比较善良，应该说是中国女性的优点她都有吧。

开心的制片人

欧阳国忠：你是浙江宁波人，江南水乡是个出才俊的地方。你除了制作节目之外，还有其他的一些爱好吗？我知道，写作是你的一大爱好。

郑蔚：对，写作是我一个极大的爱好，工作是具体的，现实的，而写作可以虚构一个世界，虚构一个环境。因为现实世界有它固定的游戏规则，并不是跟每个人自己理想的游戏规则相吻合。在你的写作空间里，多少可以由自己创造一些游戏规则，创造一个理想的世界。这方面更多的是我的精神需求。

欧阳国忠：这是不是你释放工作压力的一种方式？

郑蔚：对，我相信每个人都会对现实世界有不满意的地方，当你把它引到一个理想的状态当中去，可能会让现实生活更美好一些。

欧阳国忠：你们这个节目的流程非常多，要形成各个环节的无缝链接需要很专业的管理水平，这也难怪你在读英国的一个管理学博士，你们通过什么样的方式把各种类型的人才凝聚在这个栏目？

郑蔚：说到这一点，我觉得很惭愧。对于一个媒体尤其是电视媒体的管理方式来说，我们都还处在研究和摸索的阶段。大家能够凑在一起，很辛苦很卖力地在做这件事情，更多的是出于对这个职业的喜好和热爱。至于管理方式，我觉得倒没有太多先进的经验，只是管理需要严谨，需要扎实，需要落实。

欧阳国忠：做电视的人都很辛苦，你们的工作人员有休息日吗？

郑蔚：我听了这个问题觉得特温暖，终于有人对我们问寒问暖了。栏目组所有的人都很辛苦，从我作为一个管理者的角度，有时候布置任务的时候是咬着牙的，刚刚从一个加班周期下来，还没休息一两天，第二个任务就上来了，你不做的话后面的事情又压在那里，所以做电视真的是很辛苦的，但是我对自己，包括对同事们都说，既然选择了这个行业，就要适应它的规律，所以要无怨无悔。

欧阳国忠：现在一个栏目的制片人是人、财、物的管理者，又要考虑栏目的发展，同时要对这个栏目的发展方向负责，所以我觉得制片人可能更辛苦一点。你是学什么专业的？

郑蔚：我本科学的是新闻，研究生学的是电视编辑。

欧阳国忠：《开心辞典》风风雨雨三年多来，你最大的感受是什么？

郑蔚：最大的感受来自我们的选手。因为通过这个节目，我认识了很多选手，而且这些选手确实给了我很多启发。我觉得人生和工作是相通的，比如说勇气，最大的人生财富是勇气，这几年通过认识这些选手，我觉得，不管怎么样，首先要去尝试，来到我们这里的选手，不同的年龄，不同的教育背景，不同的生活背景，他们能够走到这个舞台中来，走到这个霓红灯下，就是一种勇气。有位选手说：“能不能上台领奖并不重要，最重要的是我有勇气走到了这儿。”这句话对我的影响比较大。做栏目的过程当中也是，想到什么好的方式，要有勇气去试。

欧阳国忠：作为一个观众，我也祝《开心辞典》的全体人员，包括郑蔚在内，在工作的时候越来越开心，因为只有你们开心了，观众看你们节目的时候才会更加开心。

链接一

《开心辞典》品牌发展历程

2000年：独创益智节目形态

《开心辞典》的创办成功或者说品牌的初始建立，应该说得益于它符合当时市场需要的独特的节目形态。《开心辞典》作为演播室大型娱乐游戏节目首先有着鲜明而独特的游戏规则，节目从开始到结束，参与选手、主持人及游戏内容等节目要素围绕一套精心设计、相对固定的游戏规则形成互动，制造一种让观众感同身受的现场游戏氛围，通过调动其参与欲望，引发其收视行为。

节目形态是电视节目的程序软件，先进的形态设计本身就是电视生产经验的精华所在。

《开心辞典》开播以来，以特有的节目形态以及专业、准确的受众定位、功能定位和市场定位很快就树立起自己的品牌地位，并以两年近一个亿的广告收入成为央视成长最快的节目之一。

2001年：强化题目设计，以知识性、智慧性丰富品牌内涵

题目和选手是《开心辞典》节目的两大支柱，《开心辞典》凭借雄厚的内外出题力量，调动所有的文字视听手段，精心拟制、审定每期节目用题，务求将题目的知识教化功能、娱乐休闲功能熔于一炉，取得了极佳的传播效果。据栏目组委托专业机构所做的专项调查显示，有近1/4的观众在收看《开心辞典》节目时，对题目的关注程度竟然超过了对其他节目因素诸如主持人、选手乃至奖品等的关注。

2002年：树立主持人品牌，强化栏目品牌的符号感

主持人是品牌栏目的重要组成部分，从某种角度上说主持人就是一个栏目品牌的人格化身，也是品牌内涵的诠释者。《开心辞典》开播以来，我们利用各种手段强化了主持人与节目整体风格相适应的个人形象，王小丫以她智慧、亲和的个性魅力吸引了一大批固定的观众群，李佳明的风趣幽默也深入人心。这一阶段《开心辞典》节目逐渐在原来的那种紧张刺激的风格中开始强调智慧和幽默，亲情、亲和、幽默成为节目风格的新的组成部分。

2003年：挖掘选手个性，进一步深化栏目品牌内涵

在《开心辞典》进入第四个年头以后，加强了对选手的场上表现设计。为了深入挖掘选手的各种性格特点，表现不同选手的个性色彩，通过选手上场前的梦想揭示，答题中的梦想激励和答题结束后的梦想告白不断强化家庭梦想概念，使家庭梦想成为紧张刺激的答题进程之外的另一条节目主线，与答题过程互为表里，刚柔相济，用独特的情感交流因素，丰富益智节目的表现手段，使观众与选手的命运感融合在一起，使观众对节目的忠实度加强。

2004年，《开心辞典》开播四周年的庆祝活动中，许多曾经参加过《开心辞典》节目的选手聚集一堂，不低于专业艺术水准的才艺表演集中说明了《开心辞典》选手的现场表现力。

2004年：开放和互动丰富品牌外延

网上答题，使无法亲临演播室现场参与节目的大多数观众跨越时空限制，感受答题游戏的魅力。按照游戏规则，所有年龄在18岁以上的合法中国公民均可通过网络、声讯电话或移动热线等选拔方式进入《开心辞典》在全国进行的选手复试，通过复试者最终可晋级中央电视台演播室参加现场角逐，实现自己的家庭梦想。

网络与节目的互动是《开心辞典》演播室外的另一个现场，演播室内二十条热线电话的开通则是观众与节目即时互动的第一现场。

成功运用品牌营销策略

栏目品牌的建设是一项长期营销的过程。对品牌的建设和维护是《开心辞典》四年来的一个重要工作，也是品牌营销策略在《开心辞典》节目中的成功应用。在《开心辞典》的组织结构中，有一个特别设置就是宣传推广编辑，这个岗位设置一般认为宣传推广工作在人们的印象中所担任的只是节目预告、栏目动态和新闻事件的发布。实际上，《开心辞典》的宣传推广编辑是整个节目的营销助手和顾问，同时还相应承担公关和研发职能。品牌的存在和发展，要么具有独创性，要么在同类节目中资源具有领先性。在信息高度发达的现代社会，要想长期占有一种创意的可能性基本上不存在，这就要求在同类节目中突出自己的优势。而对一个业已进入良性市场运作轨道的品牌节目来说，宣传推广编辑还担当着巩固市场，做大品牌，拓展品牌的重任。一般企业常常要设计一些活动来吸引媒体的注意，并借助媒体扩大知名度和影响力。电视媒体在这方面则具有独特优势，作为大众传播渠道，电视媒体可以完成从活动策划到传播并形成影响的过程。

从以上可以看出《开心辞典》的品牌发展历程，节目的每一次改进和改造都是在当时的电视市场条件下进行的，而这种改进和改造都是为了赋予栏目品牌新的内涵，保持栏目品牌影响力，制造新的收视热点和收视动力。

（郑蔚）

链接二

建立《开心辞典》科学高效的生产流程

电视产品作为一种特殊商品，长期以来更多强调其特殊性，即文化属性，而弱视了其商品的一般性。既是商品，就要说到质量和质量的延续性。过去电视机构在电视节目制作中的传统做法是无法提及节目质量的一致性，其实在电视短缺传播的时代，传播频道少，节目质量的波动起伏似乎无关紧要。

而现在，电视媒体进入了激烈竞争的时代，节目质量直接关系到节目的生存和发展，建立相应的科学生产和管理模式，从而才可能达到电视节目标准化生产的要求。尤其对于品牌节目而言，节目质量的恒定是延续品牌效应的重要方面。

电视媒体引进企业化的运作机制，其中重要一点就是要设计科学高效的标准化的产品生产流程。所谓电视节目的生产流程是指节目在生产过程、生产方式和生产机制等方面具有一系列基本的操作规范，在这种规范的调整之下，节目的生产、设置、播出及改版、创新等均能科学、合理而有效地进行，从而减低运营成本，整合有效资源，提高资源利用效率，扩大节目传播效果。

与一般节目相比，游戏节目涉及的工种多而繁杂，《开心辞典》更是多达十几种，除了常规的拍摄、切换、现场导演、灯光、化妆、主持人和后期编辑之外，还需要策划、网络技术支持、选手选拔、题目拟制、现场音乐、奖品服务、节目推广等工种。在节目制作中，任何一个细节出现漏洞，势必影响整个节目的顺利录制和播出，即使事后弥补也非常费力，还可能造成资源的浪费和成本的提高。

1. 环环相扣的流程操作

《开心辞典》作为演播室录制的游戏节目，流水线式的程序管理显得尤为重要。在我们所建立的《开心辞典》的生产流水线上，按照目前的程序设计，共有118个“工序”，每道“工序”都是节目运作中的一个必要环节，可以说环节的设计达到了精密程度，从准备阶段的选手选拔、题库出题、导演形成节目方案、制片落实录制景地，到录制阶段的选手培训、题目电脑录入、网络技术支持、演播室现场切换控制、后勤保证，再到后期制作阶段的选手奖品发放、题目校对审核、剪辑合成包装送审直至节目宣传、节目播出，没有一道“工序”是可有可无的，每一个工序都是整个节目运作中的一个环节，不说大小，不论主次，都是重要的因子，哪个环节出了问题都会直接影响整个节目的质量，而且环节与环节间的链接也要求是天衣无缝，链接不好依然会影响节目质量。这也是《开心辞典》与一般专题节目的不同，必须更强调过程，在强调过程的同时也需要有一套相应的控制程序。

2. 点线结合、纵横交错的管理方式

标准化的流水线生产方式是《开心辞典》这个品牌节目相对稳定的文化品位、技术和艺术标准的重要保证。我们强调“流水线”的流畅，同时也强调“点”的重要，因为“点”连成“线”，只有每个“点”的质量保证才可能有“线”的流畅和最终产品的合格。

在《开心辞典》，标准化流水线的生产模式打破了多少年来在电视媒体中形成的以导演为中心的旧有的制作体制。节目运作程序中，导演和其他环节的工作人员一样是整个节目制作流程中的一个程序而已，它的工作重要性和专业化的程度和其他岗位互为倚重。《开心辞典》不仅要求专业化的导演，同时也需要专业化的制片、题库和选手组的专业运作。

实践证明，现代化的电视节目生产流程的建立，不仅保证了节目的正常运营，而且有效地整合了电视媒介的现有资源，强化了节目的播出效果。

（郑蔚）

第 12 章

《非常 6+1》：让普通人梦想成真

——对话制片人哈文

梦想在你心中，机会在你手中。

——哈　文

• 制片人简介

哈文　毕业于北京广播学院。1995 年进入中央电视台经济部工作，次年即以《一个人和一条法规》获得“中国新闻奖”；1997 年参与创建并担任《生活》栏目主编；从 1996 年到 2003 年五次担任“3·15”特别节目导演；2003 年 3 月担任“3·15”特别节目总导演；2003 年 10 月起担任《非常 6+1》栏目制片人。

•《非常 6+1》简介

创办时间：2003 年 10 月
栏目性质：大型真人秀综艺节目
时　　长：90 分钟
播出频次：周播
栏目特色：

《非常 6+1》全力成就普通人的明星梦想，运用独特的创新手法铺就普通人的星光大道。

新视点：以平民化的视点，挖掘生活中普通百姓的艺术潜质，每一个有舞台梦想的人都可能成为《非常 6+1》搜寻、培养、包装、推出的目标。

新创意：主持人李咏将在选手本人不知晓的情况下“突然”出现在他面前，邀请他参加节目。选手将在 6 天的时间里接受严格的针对性的专业培训和包装，等待辉煌的第 7 天的到来。

新包装：节目设置了由国内一流的音乐、形体、表演、服装、化妆等专家组成的顾问团，对选手进行严格的培训和包装。

新舞台：每一位经过 6 天包装打造的选手都将穿越灿烂的星光大道，登上梦想舞台，以全新的形象展示自己风格独具的才艺。

非常开始

欧阳国忠：中央电视台经济频道有一档让普通人梦想成真的栏目，在开播一年之后，它的确让许多老百姓登上了表演舞台。这档栏目的名称很特别，就叫《非常6+1》。而栏目制片人哈文的名字和栏目的名称听起来都很特别。

哈文：我是回族，“哈”这个姓比较少。

欧阳国忠：这个名字能给人留下一个很深的印象。《非常6+1》的栏目名称又有什么来历？

哈文：当初选择这个名字的时候，实际是跟我们节目很有关系。因为《非常6+1》中数字的意思就是，所有登上《非常6+1》的观众要经过我们预演中心的六天培训，再加上一天的展示。而“非常”就是“与众不同”的意思。这样组合起来，6+1天等于七天，这是非常与众不同的七天，可以让你梦想成真的七天，当时取的名字就是基于这个意思。

欧阳国忠：栏目的名称容易给人留下很深的印象，而且栏目的标识也很有特色。

哈文：这个名字是当时经济部主任（现任文艺中心副主任）王进帮我们起的，他觉得数字本身非常容易作为一个概念让人记住，而且我们栏目本身就是六天培训加一天展示，正好是七天，“七”这个概念正好是周日晚间播出。很多含义放在里面，可以变形做图标，都比较好操作。《幸运52》的名字也是他起的，他对数字很有感觉。

欧阳国忠：他讲过取这个名字有什么样的灵感吗？

哈文：没有，当时取了很多名字，所有主创人员都在不停地写各种各样的名字，最后也有一个数字的，比如叫什么

《欢乐×××》，当时都考虑了，最后定下来是叫《非常 6+1》。

欧阳国忠：你们栏目创立在非典时期，当时对你来说什么印象是非常深刻的？

哈文：所有策划会都是电话策划会，不能聚会。做栏目策划一般是在茶室或者房间里面大伙儿讨论，我们就聚集在世纪坛，大家在草坪上坐着谈，每个人都戴着口罩。那一阶段大家都停止工作，我们还在工作，做策划的人员非常有闲工夫跟我们去聊，经常也会跟我们打电话聊，帮我们出一些好的建议。当时戴着口罩做策划的过程，我觉得是很难忘的。

欧阳国忠：经济频道的《绝对挑战》也是在非典时期推出的。

哈文：我们在播出时间上是同步的，都是同一时期策划的。那段时间很多节目受非典的影响都在重播。我们经济频道当时要改版、调整、整合一些节目，有一些节目被替换掉，一些新节目要上。赶上那个时间，大家也知道很危险，但没办法。

欧阳国忠：当初创办《非常 6+1》的时候有什么样的梦想，什么样的希望？

哈文：我们栏目组一致认为创办这个栏目是行善积德的事。我们最大的心愿就是能够真正让这些普通的观众或者普通的老百姓在《非常 6+1》这个舞台上，把他们一生当中不可能完成的艺术梦想实现了。对我们做电视的人来讲，这就像完成一件作业一样。不过做的时候觉得这是一个好事，好事就应该全力投入。

欧阳国忠：在你们的设想当中，开始是想创办什么样的栏目，为什么想到创办这么一档节目？

哈文：最早我们要设计一档周日播出的节目，周日晚间 7：30—9：30 播出。以前 CCTV-3 的《正大综艺》放在 CCTV-2 播出，因为它是文艺中心的节目，要从 CCTV-2 中撤出去。这个时间档，老百姓喜欢什么样的节目，我们做了大量调查。非典期间，我们还做了很多功课，包括邀请相关的专家讨论。通过收视调查，我们发现周日晚间收视状况的特点是家庭范围集体收看。家庭收看必须符合家庭收看的特点，应该是愉快的、带有娱乐性的、轻松的、适合大家参与的。同时，我们创作的理念也是不希望大家在周日晚间看这样一档节目的时候非常累，非常辛苦，我希望观众在看这档节目时不要用大脑，只要用小脑就可以了，很愉快地享受节目过程，这样我们的目的就达到了。还有一个原因。CCTV-2一直在做平民的东西，《开心辞典》、《欢乐英雄》、《幸运52》都是做普通老百姓喜欢看的东西，普通老百姓是节目主角。我们也希望把普通老百姓这样一个形象留在舞台上。基于种种考虑，最后出台了这样一个节目，就是大家看到一个普通人实现他的舞台梦想，从这个角度来做。

欧阳国忠：在你们的设计当中，这个节目最大的卖点是什么？

哈文：因为明星的节目大家看了很多，有很多种擂台赛、歌手大奖赛等，我们现在称之为“造星”。但是谁也没有看到幕后的东西，这些人怎么能在光鲜的舞台上表演，背后肯定要下一定的工夫，我们把这个过程展示出来。不仅仅只看一个结果，要把人们怎么从丑小鸭变成白天鹅的过程全展示出来，这个节目的挑战性就是整个蜕变的过程，蜕变前后的反差。

我们最大的心愿就是能够真正让这些普通的观众或者普通的老百姓在《非常6+1》这个舞台上，把他一生当中不可能完成的艺术梦想实现了。对我们做电视的人来讲，这就像完成一件作业一样。

欧阳国忠：在《非常6+1》之前，中国电视荧屏上曾刮起快乐旋风，用明星娱乐大众。《非常6+1》的出现意味着什么？

哈文：应该说在很多年前，我们看到的娱乐节目也好，其他节目也好，大家都只能看舞台上这样那样的明星；慢慢地有一些参与性的、老百姓能够参与配合的节目出现；而现在中国人个性很张扬，愿意把自己才华横溢的一面表现出来，所以现在是老百姓来演大家来看这种概念。把舞台真正还给普通观众，我觉得这个变化从根本意义上来讲——就如同中国传媒大学苗棣教授所讲的——我们做的是平民的狂欢，我们尽量打造一个平民的狂欢节。

欧阳国忠：《快乐大本营》用明星娱乐大众，而《非常6+1》是用大众娱乐大众。从参与的角度来讲，是不是回归到了电视节目的本质特点？

哈文：对。现在电视有一个娱乐的趋势。物质生活的极大丰富，使得精神层面有很多想要完成的东西，为什么我们的选手源源不断，就是这个原因。很多人有几十年没有实现的梦想，突然之间有了这么一个实现他梦想的舞台，他一定会在这个舞台上尽情释放。我们选手里面有各种各样的人，有清洁工，有保姆，还有公司老板，但是他们现在干的职业并不代表着是他曾经的梦想，包括在座的各位，心底或者都有一个梦想没有实现。我们《非常6+1》只是开了一个窗口，把艺术的梦想展示给大家，其他的梦想用电话互动的环节，用这种人文方式跟大家共享。我们实际上一直把这个实现梦想的过程作为我们节目的理念。

欧阳国忠：湖南卫视的《超级女声》、《超级男声》在去年中国电视荧屏上也非常地火爆，我们也看了国外的《美国偶像》，与他们相比，《非常6+1》有什么创新点？

哈文：“真人展示才艺”的理念是相同的，但我们更看重为什么而做。中央电视台做节目考虑到的是文化的底蕴和节目的厚重感。《超级女声》我没怎么看，不太好评价，但是很时尚，相信很多年轻人会很喜欢。《非常6+1》不一样，它针对的是普通人，怀有梦想的人，而且这些人的梦想对他们来讲，在这一生当中是很重要的东西。人物的情感是《非常6+1》强调的东西。比如张三18岁很漂亮，但是她没有更多的生活经历和经验，只是年轻。《非常6+1》便不会选进来。她背后一定要有很多故事，我们才会把她选进来，而不仅仅是她靓丽漂亮而已。我们更注重人本身的故事。

欧阳国忠：我一个在新西兰的朋友给我讲过一个故事：新西兰有一个捡垃圾的普通人，有一天口出狂言，说他想和帕瓦罗蒂同台演出。这个话传到帕瓦罗蒂耳朵里面，他同意了，最后这个捡垃圾的人真的实现了他的梦想。他演出完之后说，我还是回去捡垃圾吧。这说明每个人的心灵深处都有一个潜在的梦想。

哈文：每个人都有一种潜质。哪怕你是任何一个非常普通的人，只要你有一个梦想，而且同时你有实现这个梦想的潜质，我觉得是金子都会发光的。中央电视台是一个很大的平台，有最好的灯光、最好的舞美、最好的业内老师全心全意帮助这个选手——一个普通人——给他一个明星般的礼遇，这个过程本身也是很有意义的。

非常过程

欧阳国忠：2005 年《非常 6+1》的形式和内容有什么具体变化？

哈文：会有变化，1 月份录制新版样式的节目，形式上可能有一些变化，不像现在只有三个选手。在 2005 年，从 3 月份，大家就会看到四个选手，不但选手的数量增加了，而且灯光、舞美有一个变化，这个结构有点类似《梦想中国》，节奏更紧凑，比赛感和竞赛感更强。

欧阳国忠：《非常 6+1》播出一年多时间就要升级，这种想法来自哪里？

哈文：常变常新。最开始的时候，电视节目有一句话叫做“一招鲜，吃遍天”，长久这样的话，观众厌倦的程度也会增加。什么东西重复好多遍，也会没有意思。我们希望永远被观众喜欢，这是我们的梦想。我们要找到刺激大家的点子，把节目做得更好更合理，所谓的变化实际也是能够有一些创新的东西。

欧阳国忠：怎么看待栏目创新和节目形态稳定两者之间的关系？

哈文：节目形态的稳定，只是指一定阶段的稳定。在稳定的前提下，你要不停地有新东西来刺激大家，如果只是一味强调栏目稳定，不符合中国观众的欣赏水平和欣赏习惯。我们看到国外很多节目能够生存几十年，但是到中国很难很难。我觉得这跟本土文化、本土审美、本土习惯有关系，中国人喜欢变化，喜欢新奇的东西。我们在中国做电视，必须按照中国人的习惯来做。我们还没有见到哪个节目长盛不衰几十年，可能跟人文环境相关。如果基本上保持稳定，大家对这个栏目有一定认可的情况下，能够有一些新的东西，我觉得是最好的。这个创新不只是说节目内容的创新，还包括

我们看到国外很多节目能够生存几十年，但是到中国很难很难。我觉得这跟本土文化、本土审美、本土习惯有关系，中国人喜欢变化，喜欢新奇的东西。我们在中国做电视，必须按照中国人的习惯来做。

各个工种的高科技的创新，《梦想中国》我们用了彩幕，那是非常新的技术手段，这技术实际无形中渗透到这个产业和行业当中来。我们也在不停学习，不断有一些新的东西奉献给大家。

欧阳国忠：中国社会在转型期，高速成长给我们带来新的变化，人们兴趣的变化点特别快，而且人也比较躁动。这可能是中国在高速发展的同时所带来的副产品。《非常6+1》讲的是真人秀的节目形态，有作秀的成分，但如果作秀的成分过分的话，可能给观众带来假的感觉，你们怎样克服？

哈文：我们节目当中大家能够看到那六天培训，我们真的不可能跟拍六天，那样成本太高。我们只能在六天过程当中，点状拍摄，这就要求我们的编导水平很高，什么样的人物你会抓住某个点放大，从这个角度上来讲，可能我们导演下的工夫主要在这儿。更多的时间是我们的导演跟选手之间沟通交流，他要了解这是一个什么样的人，这个人物背后有什么样的故事，这样的人培训当中问题是什么。前期工作做得特别多，才能保证六天当中非常准确地抓住一个点放大，做得好看。我们尽量把前期工作做得细致一点，我们的摄像跟选手都是同吃同住的，导演也在那儿，整个过程基本能够真实记录下来，然后我们把我们需要的东西提炼出来。

欧阳国忠：同吃同住才能保证拍出来真实的东西，一个人物的真实流露是任何设计都设计不了的。

哈文：设计不出来的，很多东西是不能设计出来的。有些选手在预演中心哭，跟指导老师之间发生矛盾，这时候他不是演员，他就是一个普通人，真实哭的瞬间，你抓到了就很感人，这一个细节就能把一个节目激活了。有一个叫李君的选手，是辽宁的，快50岁了。她是个非常鲜活的选手，她跟李咏访谈的时候，李咏每次有一个很套路化的问题，比如“上台前你准备好了吗?”而她冒出了一句，“我都准备了40年”。这是我们根本设计不出来的话，但这是选手真实的流露。我们尽量把它原汁原味呈现出来。

欧阳国忠：我看《非常6+1》的时候，有一些冲突的设计，包括一些环境的设计，这个设计给观众带来什么样的感受?

哈文：做电视总是要把最好的东西展示给观众，有时候太单纯的原生态不太适合。我们不是《生活空间》，不是纪录片，不能花一两个月的时间跟选手摸爬滚打、不干预生活的记录。我们在六天之内必须干预你，不干预没办法把你送上舞台。我们有节制地干预你的生活，只能是这样，这种分寸我们还是有一定的把握。在有限度的情况下，有的时候我们从外界给选手增加一些压力，包括促成一些事情。没有办法，我们只有六天，我们必须在短期内把你送上舞台，六天把一个人送上舞台，不是六十天，就必须加给你很多东西。

欧阳国忠：从《非常 6+1》的经验来看，如何使参与者尽可能消除紧张？

哈文：最好不要让他们意识到镜头的存在，我们的摄像机器 24 小时在那儿，一开始他们会觉得很紧张，天天如此他们就会放松掉，恢复很正常的生活状况。我们的摄像、导演跟选手都是非常好的朋友，节目一结束导演也哭，选手也哭，都不愿意离开，变成非常亲近人的时候就不设防了，所有的喜怒哀乐都会在你面前。这个也是《非常 6+1》的好处，有预演，使导演和选手产生这样的亲近关系。

欧阳国忠：你们强调普通老百姓，但是老百姓看一个东西需要一个“位差”，看的东西肯定要高于他的平时生活，这当中怎么处理？

哈文：怎么解决这个收视心理呢？人对和自己差不多的人没有太大兴趣，要么比他高，要么比他低。但受众也存在一个心理一致性，我是李四，张三和我是一样的人，那么我想看看张三怎么变成一个和我不一样的人。大家老喜欢追星，说明跟他有落差，我们希望把这个落差通过电视展示出来。

欧阳国忠：每个人都向往更加美好的生活，心在别处。你们在挖掘选手的潜质时是不是把这个位差把握得比较好？

哈文：我们毕竟只有六天的培训，不能把生铁立刻变成钢的，但是我们的确下了工夫。我们的选手也需要有一定的基础，有观众说我什么都不会，你们能不能像变戏法一样把我变成什么样，那也不行，巧妇难为无米之炊。你得有一定的潜质，我们才能把你包装成很耀眼的明星。毕竟这里是中央电视台，节目毕竟要播出，要给别的观众看，选手的水准还是要有的。

欧阳国忠：你们的节目工序和其他节目也不一样。《非常6+1》和一般的节目相比，从工序上和工种方面有什么样的不同？

哈文：最大的不同，是我们的节目集很多节目形态于一体。访谈节目以对话为主，在演播室和嘉宾进行访谈；专题类节目就好像是小片子拍专题；歌舞类综艺节目就是大的综艺节目。而所有这些节目形态在我们的节目里面都有。我们是CCTV-2比较重操作的栏目，我们的小片大家也都看到了，我们有真人的故事，我们有人物访谈，我们有舞台表演，我们有互动娱乐的东西，我们节目虽然小，但是把很多节目形态都融了进去，跟别的节目不太一样，不是单纯的或者纯粹的节目，而是一个综合体。我们这儿也有最复杂的工种，一般的栏目有灯光、化妆就可以了，我们这儿有表演指导、舞蹈指导、灯光、化妆、服装等工种。《非常6+1》实行导演中心制，一个导演负责一期节目。整个节目流程从最初选手的选拔开始，一直到最后大家在荧屏上看到的节目，各个工种互相配合，非常辛苦。

欧阳国忠：一个导演一个月有几期节目？

哈文：一个半月一期。我们跟别的节目不一样，我们有培训，培训的时间等于一个大循环，不仅仅只是演播室录像而已，我们前六天开始培训，六天培训之后还要彩排、进演播室等等准备工作，节目的周期比较长。

欧阳国忠：一轮一轮封闭式训练，选手是变化的，而工作人员是固定的？

哈文：我们的工作人员中有三个比较固定的，有两个是外请的。针对不同的选手，唱民歌的我们会请民歌的老师，唱流行歌曲的我们会请唱流行歌曲的老师，固定的有三个老师。他们也有竞争的感觉，他们最后老想评出非常明星是歌舞类明星多，还是语言类明星多，他们自己也是有压力的。我们三位老师三种性格，他们三个非常有趣，非常认真。

欧阳国忠：做一个节目非常不容易。有一个问题非常重要，就是如何保持节目的基本水准。电视节目制作是生产线，你将来有信心保证节目的质量水准吗？

哈文：关键是人，就是制作的团队，这个团队的人如果在每个岗位上都会给你做到80分、70分，水平就很高了。中央电视台有一套台里的规章制度，《非常 6+1》也会因为特殊形态有一个《非常 6+1》的流程，一个导演从头到尾有 40 多项工作要做，从最初选手面试开始，一直到最后的播出，中间有 40 多道工序。我们做成标准化的东西，大家按照标准做，这个水准是 60 分，每个导演有非常强的个性，增加一些色彩的话就会达到 70 分、80 分、90 分，基本一个水准能够保持，而且会越来越好。人做得越多，经验会越丰富，他的手段也会越丰富。

欧阳国忠：栏目的第一年靠激情创作，但是到了第二年，可能更多是靠激励措施来出精品力作。《东方时空》靠的是栏目编委会实现栏目把关的提升，《对话》对整个流程进行控制，《经济与法》在工作量上进行管理。如果要使《非常 6+1》越来越精彩，你在管理上还会从哪些方面下手？

哈文：你刚才说的那些手段实际上我们都有，同时我们还会增加一些手段。比如我们每个季度的评估，对节目本身的反思和回顾，无形当中会给导演一个压力，你是金奖、银奖还是没有奖，把收视率和导演的工作量挂钩，使得每个人身上的担子很重，压力很大。这个压力不能说只是哈文一个人的，不可能的，这是一个团队，所有的东西都要分解，大家一块儿努力，这个东西才能做得更好。刚才你说的那种工作量的问题，除了量还有质，就要评估，还有观摩学习。一个团队要想进步，不总结不学习是不可能的，每个月我们会观摩学习，看更多的国外相关行业内比较好的节目。观摩本身就是学习的过程，好的东西会吸收，大家在学习的过程当中制作。同时，严格的流程、严格的筛选制度这些手段我们都有。

欧阳国忠：栏目工作人员有多少？

哈文：定岗定编的有 25 个人。

欧阳国忠：想加入到《非常 6+1》表演，要经过哪些程序？

哈文：我们有一个选手组，在梅地亚写字楼的 552 房间，观众们随时可以去报名，也可以从网上或者通过电话报名。只要你填好报名表，如果有音像资料最好带一些音像资料，这样比较省事，减少沟通和磨合的时间。你唱得怎么样，形象怎么样，有音像资料比较好确定。把报名表填一下，就可以参加几轮面试。我们专门有一个选手标准，首先得是健康的、积极向上的，《非常6+1》不仅仅要实现梦想，还要给人精神上的东西。这要求选手还要有一定的基础，能够有时间参加我们6天的培训，这个是必需的。我们都是封闭培训，很辛苦。有这么几点就差不多可以参与了。

梦想中国

欧阳国忠：通过看《非常6+1》特别节目《梦想中国》，我能够充分感受到，这里面每个人物都有很强的故事性，同时有很强的情感牵动。这个特别的节目对《非常6+1》来说也是影响的扩大，在受众当中引起很大的反响。通过操作这个栏目，你们能不能梳理出几条供业界借鉴的经验？

哈文：一个常态栏目走了一年，我们希望让它有一个上升的空间，想提升一下品牌，才想到打造《梦想中国》这样一个特别节目。更重要的是，我们希望能够把平民狂欢进行到底。《梦想中国》里有一个甘肃农民，还有一个福建农民李小兵，都是土生土长的农民，都是从地里面来的人，但是他们在舞台上依然很潇洒，大家看了很震撼。这种东西是我们想做的。同时，做《梦想中国》也是对队伍的磨炼。一个团队要想进步，必须有一个非常强的团队凝聚力，只有在打硬仗的时候，这个团队才会显得那么有凝聚力，这个硬仗打完之后，团队才会有成就感。从更多的角度来看，《梦想中国》也是做一次尝试，看一看全民打票、全程直播，究竟能引起多大反响。我们自己总结《梦想中国》的时候有几个第一：第一次全国性的全民投票节目，以前没有过，多数大奖赛都是专家评委，这是老百姓当评委，完全是观众的意志做主；第二，第一次能够把全国性的选秀做起来；第三，舞美上使用彩幕；第四，连续七天的直播。当时在没有增加一个外援的情况下，全靠我们的人来做，而且不影响平常节目。

欧阳国忠：当时怎么想到这么一个大的创意？

哈文：我们的策划还有主持人李咏，他们在去年夏天的时候就在想，栏目经营了一年了，我们能不能拿出点什么给观众一个交代。我们就想能不能做一个特别节目，当时是这种考虑。栏目每次选三位选手，更多有才艺的人没有选进来，我们想能不能做成全民式的选拔。同时，我们节目最大特点是互动，就想能不能全国来做，让全国的人来投票，让大家选出自己心目当中的中国偶像、平民偶像。最后是决定录播还是直播，规避了很多技术手段之后，剩下的就是下决心的问题。电视没有做不到的，只有想不到的。

欧阳国忠：怎么把裁判权完全交给观众？

哈文：我们不能低估观众，歌手为什么会红？受观众欢迎，观众欢迎就是一个判断。我们想在七天当中，让观众把最喜欢的选手选出来，一直以来《非常 6+1》现场明星也是观众投票选举的，我们从来不设评委。一直以来就是观众作主，特别节目就让全国观众来作主。

一个团队要想进步，必须有一个非常强的团队凝聚力和精神，只有在打硬仗时候，这个团队才会显得那么有凝聚力，这个硬仗打完之后，团队才会有成就感。

欧阳国忠：特别节目与常规节目相比，是不是意味着一种新的节目形态出来，平常节目维持水准，特别节目提高整体品位？

哈文：而且特别节目是打造品牌影响力一个很好的手段，也是锻炼队伍很好的手段。

欧阳国忠：据说央视为你们《梦想中国》特别开了一个总结会。你们认为《梦想中国》最成功的是什么？

哈文：开创了娱乐节目新的样式。他们觉得当时能够在全国选拔，让全国电视观众作主，这个非常值得借鉴的。“你是评委你作主”这个口号也是提得非常响亮，而且我们也打出明星中国造，达到了平民狂欢节的目标。

欧阳国忠：你们的成功还来自现场互动。

哈文：现场互动，每天都留下一个悬念，看谁会留下来。

欧阳国忠：电视的强势在于原生态的展示，电视是大众娱乐，是平民化的，需要互动，这是电视的优势。你们充分把电视的特点抓过来。

哈文：我们没有这么总结过。我们通过调查了解到这些特点之后，知道大家喜欢什么东西，电视能够带给你什么东西，做电视如果本着为观众服务的角度，就不会差距太大。把它做成一个产品或者做成一个商品，这个商品生产之后，销售得好不好要看市场的反馈，市场需要什么东西就生产什么东西，而不是我做什么你看什么。

非常主持人

欧阳国忠：这个节目很大的特点在于主持人的真实表达，比如开场很随意。

哈文：我们主持人的脱口秀那部分，主要是设计话题。大家聊什么话题，主持人根据这个话题自己来做，自己来说。李咏不是一个背稿的主持人，给他稿子他背不下来，一定要按他说话的方式，按他的话语表达形态。我们有一个文案设计，帮他做一些基础的工作，把他自己想说的话说出来。李咏有时候现场的发挥往往比我们的设计要好得多，很灵动，很鲜活。有一个选手叫陈瑶，他唱《加州旅馆》，他说他从来都认为他的那双大头皮鞋就是他的敞篷汽车，李咏低头说"我认为我的这双皮鞋就是奔驰、宝马"，这种东西非常出彩，不像我们设计的那样。但是我们也必须得有一些设计，否则把所有的重量压在主持人身上，给主持人的压力很大。我们尽量去摸清这个选手的特点，针对这个选手，进行什么样性格方面的磨合，剩下的交给现场主持人。

欧阳国忠：对于主持人现场开玩笑的度，你们是怎么把握的？

哈文：由于我们是在央视播出，节目在精神上一定是积极向上的，不能有不健康的东西，品质上要高格调，不能调戏人的那种，我们希望是高级玩笑，大家会心一笑就可以了。

欧阳国忠：李咏人不错，他现在身价倍增，日常生活当中你有压力还是李咏有压力？

哈文：李咏比我有压力。人达到一定高度之后再往前走，90 分到 100 分的过程很困难。但他个性就是那种属于给自己增加很多压力的人。《非常 6+1》不是一个人能够做得出来的，是一个绝对的团队合作节目，是我们《非常 6+1》这个栏目组、这个团队把这个节目做到现在这个程度，而且一直将会努力下去。我们就跟流水线一样，缺一个螺丝都不会完美。

欧阳国忠：李咏是一个非常浪漫的人，生活中你们是不是也很浪漫？你们怎样把生活中的不愉快变成微笑？还有你们的时间、精力怎么分配给事业和家庭？

哈文：浪漫看怎么理解了，我们是比较容易满足的人，自己感觉很幸福，我觉得这个就够了。现在说浪漫也有点儿浪漫（笑）。李咏是一个比较率性、感性的人，我老说他是A型血，比较执著，做事情会钻牛角尖；我是O型血，比较开朗，比较理性，跟他刚好互补。我们的生活当中没有什么不愉快的，夫妻相处可能有一些摩擦，但有一些东西是要相互欣赏的，你别想改变他，你也改变不了。一个人没有办法改变另外一个人，只能是适应，适应好了，相对摩擦少了一点。

我一天将近 10 个小时在办公室，回家的时间基本和我女儿在一块儿玩，尽量保证休息时间。我信奉不会休息的人也不会工作，我想把所有的事情安排得合理一点，是休息时间我就会尽量捍卫我的休息时间，跟我家人、跟我的女儿在一起，她正在成长阶段，非常好玩，需要我。我有一个同学是花旗银行的，他给我打电话问我在干吗，我说在加班。他说你怎么那么笨，八小时的事情还干不完。我想想也有道理，希望把做事的效率提高。

欧阳国忠：电视人的忙碌程度是外人很难想象的，据说你们夫妻在家说话靠传纸条？

哈文：原来有过，因为作息时间不一样，这是工作性质的问题。我们早上要坐班，我晚上陪女儿，很早睡觉。李咏跟我相反，他是晚上不睡早上不起，有的时候别看在一个家里面，沟通起来还蛮困难。

非常制片人

欧阳国忠：一个栏目的制片人是一个栏目的核心人物，

栏目的走向和定位都要制片人统揽全局。你们的节目做得这么好，从管理角度来看，制片人功不可没。你能不能总结出几条你的经验？

哈文：第一条是相信别人。你给别人一个机会，别人可能给你一个奇迹，这是我在《非常6+1》工作的体会。要想做好一个节目，不可能把每个细节都盯牢。我们有一级一级金字塔式的结构，从人员管理结构来讲，一个人顶多直接管理七个人，二十多个人不可能每个人你都管。我把组长、主编所有的工作安排好，制片人对主编和组长负责，主编再跟他底下沟通，比如导演组的主编针对导演工作，会一对八、一对七去做工作，选手组的组长对选手也是一对七、一对八地工作，每个人知道自己的位置，这是很重要的一点。

第二条，在节目上要求比较严，而在管理上要有人文关怀。女制片人有这个优势，女人心比较细，一方面你要大家共同把这个节目做好，另一方面又能给大家关心。团队里面需要人文关怀，人情味很重要，现在单纯为了挣钱谋生干电视的人好像不是很多。电视毕竟不是暴利产业，但是它的确有事业感和成就感。我信奉有缘做朋友，无缘做同事，人生当中，一天24小时，做电视至少有10小时是在工作当中，愉快工作是很重要的。

第三条就是团队精神。大家能够把这个栏目当成一个家，而不是当成谋生的一个岗位。我们经常进行一些团队活动，让大家增加凝聚力。当时为什么《梦想中国》要咬牙做七天直播，就是为了锻炼队伍，我们有这样的能力，有这种配合合作非常好的状态和团队精神。《梦想中国》从收视等各方面来看，影响还是不错的，大家有一种荣誉感，这种荣誉感也是团队精神的一种，大家说到“我是《非常6+1》的人”会有自豪感。

一年多来，这三点我觉得比较重要。

欧阳国忠：台上一分钟，台下十年功。大家看到的每一期《非常6+1》都是创作团队辛辛苦苦努力的结果。在聊天结束的时候，哈文有什么话想对全国的观众说？

哈文：《非常6+1》感谢大家一年来对我们的支持，我们在新的一年里也希望能够做得更好，我们现在正为新的节目升级做努力，我们希望能够在新的一年里得到大家更多的支持和帮助。

第 13 章

《绝对挑战》：绝对挑战　绝对精彩

——对话制片人詹未

业界专家们说，《绝对挑战》是挑战“人事”的节目；人事经理们说，《绝对挑战》是对常规招聘方式的挑战；选手们说，《绝对挑战》是对自己工作和人生的挑战；节目组说，《绝对挑战》是对自己电视职业素质的挑战……

挑战是一种方式，是一种过程，更是一种态度。

——詹　未

• 制片人简介

詹未　湖北武汉人，北京广播学院电视节目制作专业毕业。1995 年进入中央电视台，担任过《新闻 30 分》一线记者，《生活》栏目主编，创办过《幸运 52》和首届全国电视烹饪大赛。曾作为主创导演参与过 6 届“3·15 晚会”，参与过“财富论坛”、“科技下乡”等大大小小的直播活动以及《欢乐英雄》、“经济年度人物颁奖典礼”等多个特别节目，获得中国广播电视新闻奖，电视社教节目奖，经济节目特别奖一等奖以及关注森林新闻奖一等奖等多个奖项。

•《绝对挑战》简介

创办时间：2003年10月25日

栏目性质：电视招聘栏目

时　　长：60分钟

播出频次：周播

栏目特色：

《绝对挑战》是一档全新、独创的大型真实电视招聘栏目，通过多名应聘者对著名招聘单位的真实职位展开能力和素质的竞争、应聘上岗的真实过程，电视化地展现全新的人才观念、职业标准和职业精神，为观众提供生动的、电视化的职场个案，使观众在轻松收看节目的过程中有所启发。

节目由外景测试部分和演播室考评两大部分组成，设立三个环节——“实力作证”、“压力面试”和“人在职场”，借鉴人力资源、心理学、社会调查等学科的手段和方法，使用电视记录手段，按照招聘职位要求对应聘者进行商业情景实战，尝试建立一套符合现代商业社会需求、电视化的职业能力测评系统，挖掘应聘者的职业动力和素质，展示他们的个性特点和处事方法，测评他们的职业素质和能力，最终测量出应聘者和招聘职位之间的匹配度。

挑战定论

欧阳国忠：随着社会竞争的日益加剧，我们每个人或多或少感受到求职的压力。CCTV–2中一档求职节目，顺应时代的呼唤应运而生，并且在开播后短时间内就一跃成为该频道的一匹黑马。这个栏目有个非常刚性、霸气、笑傲江湖的名字，就叫《绝对挑战》。今天在现场的就是这个栏目的领军人物詹未。当初你们为什么起这个名字？

詹未：从表面的感觉，这个名字先声夺人。我们这个挑战不同于娱乐节目，娱乐节目现场大家很放松，虽然过程也很紧张，但是和现实生活没有关系，包括挑战极限也好。有的节目也叫挑战节目，但是跟真实生活当中的关联度可能也没有我们这个节目这么近。同时我们节目也有很多方面的要求，对你的心理、抗压能力和素质的考验，我们想把它做得更加极致化。

欧阳国忠：这个节目从2003年4月份策划，10月份播出，经历了相当长的时间。

詹未：我们第一期样片录制的时间是7月份。

欧阳国忠：这个题目是台里面原来给你们的吗？

詹未：这当中也有一些创作过程，但方向是台里给的，根据频道定位，根据目前的就业形势，是一个电视品种的丰富。

欧阳国忠：栏目的名称也给你们提出一个挑战。据说你们的样片第一次就通过了？

詹未：通过了，几乎没有什么修改。

欧阳国忠：《绝对挑战》当初从创意出来到正式播出经历了多长时间？

詹未：2003年非典最厉害的时候，我们拿到这个命题，开玩笑说受命于危难之间，当时北京气氛很紧张，很难找人聊这个事情。我们在网上请了人力资源方面的专家、业内人士，在网上通过聊天室和邮件联系。当时大家对这个节目并不看好，后来《北京青年报》人才周刊的主编还说，没有想到你们能把这个节目做出来，他们以前尝试跟电视台合作做类似节目，发现这类节目不是做得很小就是做不长久。实际上在2003年非典时期，我们刚开始创办的时候，很多人只是观望，还有人表示疑惑，有人坚决表示不行。我们后来请的专家，有的说这个节目不可能做，招聘各方面是非常静态的东西，非常严谨，时间很长的，怎么可以上电视呢？经过磨合，这个专家变成我们节目经常出镜的专家。

欧阳国忠：湖南有一档节目《新青年》，也曾想打造成响亮的人才求职栏目，但过了一段时间后销声匿迹，现在名字改成了《谁是英雄》，成为一档娱乐性的节目。你对这种现象怎么看？

詹未：湖南《新青年》栏目的情况我不是很了解，从电视台的运作平台来看，我们在中央电视台经济频道，他们在湖南电视台，栏目运作本身不太好去分析。

欧阳国忠：可是原来做求职节目的少了一个同盟军，你感觉这种节目好做吗？

詹未：实际上省级上星台的节目我们原来观察到的，除了湖南卫视的《新青年》，还有河北台、江西台也曾经有过，东北有个地方台也有类似节目。另外我从别的媒体知道，上海台也办过时间非常短的类似节目，包括中国教育台、北京台都曾经尝试过。说他们是我们的同盟军也行，大家是竞争对手也可以。总的来讲，把招聘或者说人力资源（更学术一点的说法、现在比较时髦的说法）作为电视的表现内容，是一个不太容易的事情。

欧阳国忠：其他电视台的人力资源节目不声不响、不温不火，这给你什么压力了吗？

詹未：大概也是因为大家站的平台不一样，目前央视只有我们这么一档节目，另外还有《劳动就业》栏目，他们是针对下岗职工创业，我们做的是择业，定位人群有所差异。我们不能说别人不温不火，我们只是不太清楚他们在当地的影响是什么样的，毕竟大家的平台不一样。

欧阳国忠：平台起决定作用吗？

詹未：至少有几个方面，比如的传播效果、权威影响，以及我们做节目时资源的利用效果可能要优于一些频道覆盖和传播效果不是特别广的栏目。

欧阳国忠：现在湖南卫视其他类型的节目在全国有影响的也不少，唯独这种节目在全国做出影响的不多。

詹未：假如把招聘、求职、就业作为节目的目的，那么它的收视人群相对娱乐节目来讲比较窄。现在大家在竞争比较激烈、强调收视率、强调广告创收和市场氛围情况下，它的受众会少，它的声音相对会小一些。

欧阳国忠：现在这个节目冲出来了，取胜的最大因素是什么？

詹未：我到现在还没认为我们已经取胜，只是出乎意料，这个节目从样片拿出来到台里审查的时候，我们听到最多的话是"出乎意料"。我们开过业界专门的观片会，请到业内的同行，大家看过之后说没想到、出乎意料。我认为它是一个专业性领域和电视表现手法结合的一个突破而已，不能说我们已经达到了栏目名称所想要达到的"绝对挑战"。以后往哪个方向走，要怎么样做，现在都是要探讨的问题。

欧阳国忠：你们把一个静态的东西做成动态的了，把严肃的东西做成轻松的。

詹未：过去我们对电视的功能更多的是强调传递信息和教育功能，现在有更多人提出来，除了接受信息以外，更多情况下大家要在轻松的环境里面看到自己感兴趣的东西。如果能从看电视过程当中感到愉悦，还能有所联想和启发，那就是一个非常好的节目，我们的目标也是奔着这个来的。我们一开始就没有打算做成告诉大家要这么做那么做的节目，而是让大家轻松参与，让大家在观看过程中有所收获。

欧阳国忠：以前我们把电视的责任感看得很重，有一种救世主的感觉。

过去我们对电视的功能强调更多的是传递信息和教育功能，现在有更多人提出来，除了接受信息以外，更多情况下大家要在轻松的环境里面看到自己感兴趣的东西。如果能从看电视过程当中感到愉悦，而且还能有所联想和启发，那就是一个非常好的节目，我们的目标也是奔着这个来的。

詹未：有的节目从定位来讲，可能有这样的语态。有网友给我们写非常长的文章，说我们怎么可以把这么严肃的事情做得这么不专业，可能从他的角度来讲不太专业，他也提到了电视对很多人来说，是有教育功能的，我觉得这是比较传统的看法，换个角度讲，现在越来越多的人开始接受这样一种观点：电视也是一种轻松娱乐的视听手段。

欧阳国忠：足球教练说快乐足球，我们教育专家提出快乐学习，做电视节目也应该是快乐做电视。

詹未：是这个思路。

挑战：出乎意料

欧阳国忠：我看你们节目也是出乎意料，我刚开始还是持比较怀疑的态度来看这个节目，看完之后，确实不错。你觉得《绝对挑战》最吸引观众的因素是什么？

詹未：不太好说最吸引观众的是什么，这里面吸引观众的点很多，不同的人看，会有不同的观点。比如大学生把我们这个节目当教材看，因为马上面临找工作求职，需要非常多的面试技巧；MBA 的学生更看中的是一些案例的实施过程；有一些到现场去的专家或者做观众的企业代表，包括招聘方，他们看哪些东西在真实招聘中可以用。我们在收视分析里面发现，有些人工作很稳定，他看这个节目，是看怎么对待员工，怎么进行人力资源管理；有一个观众给我们写信，要求他正上中学的孩子看这个节目，在课本里面不会有人教你这些东西。业界的人说这是一档专业性、娱乐性完美结合的电视节目，是很多交叉点的聚合体。所以很难讲是哪种因素占了主导。娱乐不是全娱乐，专业也绝对不是全专业，针对对象也不是就对大学生或者白领就对管理者。我们在节目里请了很多企业老板和总裁来，他们在这里面展现出了他们的企业文化、管理方式、个人风采。

欧阳国忠：这个节目是一个链条，个人感兴趣点不一样。它的主要收视人群是什么？

詹未：我们节目的收视人群还是集中在城市。学历程度比较高的，包括公务员、各行各业的技术工人、工程师和管理者，就是现在所谓的社会骨干和主流人群，也是最具有消费能力的群体吧。

欧阳国忠：你们创作过程当中有什么特殊的故事发生？

詹未：这个节目对创作人员来说，带来的挑战和诱惑力是很大的。我们以前尝试过很多别的电视节目形态，不管是专栏性的、新闻性的、晚会式的大赛、娱乐节目，非常多。而这节目是杂糅了各种形态的集合体，和现实生活结合得很紧。在栏目组，我从来没有听到有人说过什么事我们干不成，只是我们遇到什么问题就解决什么问题。我们也在寻找方向，也在说前段时间什么做得不好我们调整往下走。

欧阳国忠：节目当中还有哪些出乎你们的意料？

詹未：我们被大学生请到校园里去看校园里面的“绝对挑战”，他们也拍摄“实力作证”部分，也请专家当评委，也进行隐蔽拍摄，这是对外经贸大学做的，农业大学也在做这个事情，做完了给我们光盘。他们做得非常好，现场气氛

《绝对挑战》的两位主持人。

很活跃，一点不亚于我们真实的录制氛围。我们现场观众人数不是很多，一开始我们要组织观众，后来观众席坐满了还要加椅子。有的以公司为单位，商业部人事司的司长甚至亲自带队，整齐地佩戴徽章，集体当观众，现场非常热烈。三个司长带队，这个是我们没想到的。还有不少人在议论我们的节目，我曾经在东方广场卖冰激凌的地方听到旁边一男一女讲那期创维招聘的节目，说得非常清楚，我跟我的朋友两个人都听傻了。还有我们的编导一打电话联系外拍地方，问他们知道不知道《绝对挑战》？人家说：知道。四川小饭馆的老板都说看过我们的节目，花卉市场卖花的摊主也看。这个现象很有意思。

欧阳国忠：参与竞争的人、来报名参加的人也非常多。

詹未：对我们这个节目，最早很多人也疑惑：什么人会在你们的节目里面出现，他出来求职，原来的单位怎么办？会不会对他以后的职业生涯造成影响？这样可能会造成选手的资源匮乏。我现在不能说所有的人都敢于进到这个节目里来，但是敢于参加到节目里面的人是越来越多了。有的选手进来之后有一个核心目的，就是要挑战自己的素质和能力：我能不能拿到职位，能不能拿到更好的薪金，不是太重要，能拿到是最好的，不能拿到对自己也是一个锻炼。他们的心态很放松，很有勇气。

欧阳国忠：一般人怎么才能加入到你们节目？

詹未：在网上登录报名，或者邮寄资料和报名表，或者点击 ZHAOPIN.COM 或 CCTV.COM。如果合适的话，我们有一个专门的筛选组会和你联系。如果符合职位要求，筛选组会去面试。前期很多工作跟企业招聘是一样的，先是面试，跟企业方见面，跟节目组见面，之后外拍，最后进行演播室录制。

欧阳国忠：外地的人面试怎么办？

詹未：来北京。我们有的企业在外地有办事处，或者在外地招，我们的编导会去外地跟企业一起面试选手。

欧阳国忠：这个节目里面主角是参与竞聘的人，还有企业方，企业对你们是不是也越来越看好？

詹未：今年上半年简单统计了一下，网上报名的有二百多家企业，打电话过来的和通过熟人介绍过来的，还没计算在里面。

欧阳国忠：这个节目最大的赢家应该是企业，对企业品牌形象有很好的塑造。你们对企业收费吗？

詹未：不收费。

欧阳国忠：这么多企业参加，你们选择企业的标准是什么？

詹未：我们首先会考虑企业品牌的号召力、知名度，这个企业是不是该领域里面的排头兵，是不是有很好的信誉，大家是否觉得这个企业是很值得去的地方，这是一个非常重要的标准。现在参加的企业有很多是《财富》世界五百强的企业，还有国内五百强的企业。另外，招聘职位本身是不是代表未来发展方向的热门职业，或者虽然现在不热，但是前景很好，很新颖，观众也很想看到应聘这个职位需要具备什么样的素质。具备这双方面条件的企业我们很欢迎。有些企业很好，但是招聘的职位很不适合电视展现，或者不适合观众收看，这样的企业我们也不吸收进来。

挑战过程：悬念重重

欧阳国忠：看你们的节目我还有一个体会，你们这个节目吸引人最大的地方还是悬念。一万块钱的培训基金谁会获得，最后职业归谁，这两个点有时候会叠加，有时候会错位，设置很巧妙。这里面，观众投票是一部分，也有专家投票评判，还有企业的选择，有时候两个专家评判还不一致。这三者的设置，包括节目当中的三个环节，当时设计的时候，就是这么设计出来的，还是推翻了很多设想，最后落到这一点上？

詹未：中间设计的过程相对比较短。在节目开播之前，节目没有投到市场上去，不知道观众的反应。我们做设计的时候，是源于过去的经验以及节目本身需要的专业内容。至于几方评判标准不同，真实招聘当中也是这样的，不像数学题“1+1=2”就是对，“1+1≠2”就算错。对人的素质测评、对人能力的测评没有办法做到绝对的一致。这个人可能在群众当中印象很好，而从专业角度看，专家认为和职位不太匹配，企业方又看中某个特质，所以反倒会给大家提供一些想象空间。怎么判断一个人？我们节目呈现的理念是“找最合适的，而不是找最优秀的”。参加我们节目的选手也好，获得职位的和最终没有获得职位的，都不能说他是优秀或不优秀的，而是招聘方认为适不适合这个职位。同样获得培训基金也是一个相对概念，观众觉得他人缘好，喜欢他，这也是一个相对值。现在被淘汰的选手、什么都没得到的选手也未必是什么都不好的，只是他表现得相对不是很好，或者他在这个招聘职位上不合适。我们事后采访这些选手，他们会说：“我能来到这儿就是我的一种成功，我发现有一些东西是书本上没有学到的。”总体来讲，对人的判断标准，还有人对自己的判断标准都有不同的方向，不同的说法，没有办法制定出唯一标准。

欧阳国忠：以复星集团的招聘为例，招聘刚开始的时候是要去搜集名片，第一个人搜集名片最多，是湖南妹子，第二个小伙子交了白卷，而第一关却把湖南妹子淘汰，这是我们当时没想到的。

詹未：现场很多人问过我们，你们是不是事先定好的？其实不是。我们每录制到关键点的时候，编导就很紧张，到底谁会被淘汰，甚至包括谁会获得培训基金，我们真的不知道，谁会获得职位也真的不知道。我们的紧张程度不亚于选手，我们要调整机位要拍摄，不知道怎么回事，无法和企业约定要谁、不要谁。前期面试过这个选手，不排除当时比较看好谁，但是在现场或者通过节目看到的素质，有的时候会跟对他原来的判断差距很大，有时候是重合的。企业印证了这个人确实是我想要的，有时候确实没想到这个人有缺陷，其他人更符合我们公司的要求，所以在最终选择的时候，你能看出，其实企业老板和人力资源总监在决定要谁不要谁的时候，非常犹豫。我们曾经停机看他们现场争论，说半天要谁不要谁，所有人坐那儿等，也不打扰他们，最后终于达成一个协议要谁。这种现象经常出现。

欧阳国忠：如果挑选的三个人都很优秀，当场做出评判的确很难。怎么办？

詹未：不可能由我们来控制决定。

欧阳国忠：你们的原则是不去控制，真实拍摄。

詹未：毕竟是企业决定要人不要人，我们节目只是搭建一个平台而已。

欧阳国忠：真实拍摄，不介入，是不是也是你们节目好看的一个原因？

詹未：我们的介入是某种程度的介入，我们一起来设计比赛的流程，一起加入电视化的表现手段，帮助你记录下流程的规定动作，还有自选动作，我们通过放给你看，搭建这个平台让你参与。我们也是介入了，但是由参与者自己做决定。

欧阳国忠：压力面试、实力作证、人在职场三个环节当中规定动作和自选动作是由谁来提出的？

詹未：共同提出的，企业有自己的要求，我们的编导有一些想法，出题过程很复杂，经常会推翻重来，不断有变化。

欧阳国忠：从2003年10月份开播到现在，有多少个选手通过你们的节目走上理想当中的岗位？

詹未：我们一周一期，一年52期，再除掉现在没有播出的，按40期来算，每期至少有一个选手，中间也有过几次企业把三个选手全都要了，还有的出现过企业在现场只要了一个人，事后根据不同的岗位需求把剩下的选手也收去了。一年加起来大概有50—60个人。长春电影制片厂招聘那期有一个选手现场没有获得职位，节目播出后有一个广告公司的老总看上了他，也把他派到长影工作，因为长影是他们公司的一个客户，结果在节目中获得职位的选手和没有获得职位的选手在一个单位工作，非常有意思。西安高新开发区招一个副局长，现场要了一个人，事后另一名选手也被他们招走了。

欧阳国忠：很多人通过这个节目实现了梦想，很多人看这个节目激发了他们的梦想。

詹未：实际是给你一次机会，你可以改变，可以让你的职业生涯发生转折。本身有的行业、有的人的个性就决定了他是跳动的，流动性很强，他就会有变化。比如说像我们有的选手在节目播出半年、一年内，很可能也换了工作岗位，不可能要求人只能在那个单位呆着，这是不实际的。

欧阳国忠：这个节目激活了一代人的求职理念，和你们节目的初衷定位有一定的关系。

詹未：如果说对大家有所启发的话，我们只是告诉大家用新的方式看待你的职业，看待你对自己和别人的评价，这种东西以前教科书上没有教过。目前我们达到了设计这个栏目最初的想法，但是电视人是比较贪心的，希望更多的人看这个节目，影响力更大，前面是没有止境的。

挑战自己：不断创新

欧阳国忠：对于节目的创新点，你怎么要求你们的编导？

詹未：观众在变化，市场在变化，收视口味也在变化，每个栏目都在改

全家福

变、创新。对于我们这个节目来讲，每一期招聘的行业、职位不一样，企业的要求不一样，测试题不一样，三个选手的特点也不一样，怎么可能要求一样。对我们的节目要求也就变成了我们经常讲的“唯一不变的是变化”，我们节目本身的性质以及现在市场对我们的要求决定了，创新是必然的。

欧阳国忠：节目的创新是很艰难的过程，你们刚开始的想法在节目当中没有用上的有没有？

詹未：有过一些想法，我们曾经想过，现在多名选手竞争一个岗位，我们有没有可能做到多家企业挑人，大家互相之间有人才竞争。实际操作当中可能有一个难度，现在就业状况不是对等的，是僧多粥少的情况，特别有诱惑力、有前途的热门行业求职的人很多，但是也不排除以后做这样一些尝试。把招聘方和求职者从数量上、从选择的几率上对等起来，这是我们没有实现的想法。

欧阳国忠：现在一个企业挑三个人当中的一位，今后高级人才是很多企业去挖一个人。

詹未：看市场的发展，应该是有这种可能性的。市场上很多猎头公司在做这样事情的时候，其实是在挖人。谁是供方，谁是需方，谁更迫切，谁有话语权，这是不一样的。

欧阳国忠：挑战意味着一种跳台，挑战就有胜负，就会出现几家欢乐几家愁的情况，节目呈现挑战残酷性，又营造一种轻松的氛围，意图何在？

詹未：这个不好讲，可能是一种心态。如果在你非常紧张的状态下，从头到尾很紧张，你去考试，表现会失水准，会怯场，因为人一紧张，大脑一片空白。我们这个节目某种程度上是一种考试，我们还是尽量让选手放松，让他在很自然、放松的情况下去面对很大的压力，让他很真实表现出自己，这也是我们为什么要制造出轻松氛围的原因。这种轻松让观众看的时候也比较放松，谁也不希望累了一天看电视很疲倦，强迫你看很累的东西，其实是双方面的。

欧阳国忠：节目主持人打破了以往经济类节目严肃有余、活泼不足的表达方式，适当加入带娱乐性的调侃，这种处理出于什么样的考虑？

詹未：一方面让选手放松，另一方面让观众很高兴。

欧阳国忠：经济类节目以往都是正儿八经。

詹未：经济类节目谈国计民生就很严肃。我们是从观众角度出发，观众要看轻松节目，所以我要做得轻松。观众在看节目的时候不会贴标签说我要看经济节目或者我要看一档娱乐节目，什么好看什么轻松，他看什么。

欧阳国忠：在轻松的氛围中接受信息，这是观众最欢迎的一种状态。

詹未：这是我们追求的目标。

欧阳国忠：你们节目的表现手法很多样，有场外拍摄还有场内模拟，你们节目的片花和片头都是比较有特色的。当时片花设计的理念是什么？

詹未：做电视节目是一种视听手段的综合运用，怎么能够表现出新颖的方式让观众爱看，这是电视人最主要的目标。不管从包装设计还是整个节目来讲，都是吸引观众收看的手段，只不过方式不一样。

欧阳国忠：这个节目和别的节目不一样，有很多合作者，有企业、专家、企业、网络通道。这个当中有难度，你们是怎么借大家的智慧共同打造一个节目？

詹未：我们的节目是很多领域的交叉点，同样，我们在操作的时候接触到不同的行业、不同的企业，企业里面不同的部门、部门里面不同的人，包括不同的企业文化、不同的企业管理制度、不同的个人办事方法，你会发现千差万别。仅仅从招聘方一方来说，我们的编导和他们接触的时候已经学到书本上学不到的东西，有些企业很知名但是效率并不高；有些企业内部沟通协调很差，同样一件事情各个部门传递出来的信号不一样；有的企业规模不是很大，但是效率非常高。不同企业的制度、风格、文化都有很大的关系，结合起来做出一档节目，编导和企业的员工以及管理人员成为很好的朋友。我们节目中经常出现的职业顾问是国内近几年新兴职业，可以叫他人力资源专家，也可以叫做HR经理、咨询培训师，这群人年龄不大，基本在三十、四十之间，受过很好的教育，有过在外企工作的经验，有过心理学的背景，外语非常好，学历很高，都很能说，脑子很聪明，经常活跃在各个企业给大家讲企业管理，给企业做培训师。应该说是见多识广，包括国外回来的，包括在港台地区工作过的都有。他们给我们带来很多新的观念，看问题的不同方法，有心理学的方法，有国外比较流行的现代企业管理的观点，对人的不同测量方式、心理测评、我们会听到很多新词，比如行为心理学、创造力等等，会有很多生动的比喻。跟他们接触的时候，我们的编导开玩笑说，我们也在听课，觉得受益匪浅。专家不断参与我们的节目，一场节目下来，他们给我们提出很多建议和意见，体现在节目里面的是一部分。

欧阳国忠：在选手方面，你们的编导是怎么和千差万别的人沟通的？

詹未：我们的选手来自全国各行各业，目前最大的选手年龄60岁，也有40多岁的，还有大学刚毕业的本科生。这些人能够走到节目里来，他们的背景、学历、个性、职业都不一样，但是有一个共同点，确实都是很勇敢，有挑战精神，个性千差万别，每个人方式都不一样。编导跟他们接触的时间也较长，一开始跟他们沟通，慢慢知道这个人的性格。有人想打退堂鼓，编导就鼓励他们进行感情的交流。我们的编导做完节目之后，会和选手成为朋友。有的选手给编导发短信说，我的工作怎么怎么样了，有的选手参加完我们的节目之后告诉我们，当时企业方面没有要他，自己的老板通过这个节目看到他的优点把他提升了，特别高兴。还有的选手给节目编导发短信，说《绝对挑战》让他成为明星，在银行里面存钱，有人一回头说，你不是昨天上电视的那个人吗？节目播出的时候选手和企业代表的手机经常被打爆了。编导也很高兴分享这些东西。

做电视节目是一种视听手段的综合运用，怎么能够表现出新颖的方式让观众爱看，这是电视人最主要的目标。

欧阳国忠：你们还有网络合作方，网络对你们的节目有多大的帮助？

詹未：我们的网络合作方是智联招聘网，通过网络找人本身是很新颖的方式。在网上搜寻、投递简历，跟社会招聘是一样的。经过不断去面试选手，我们的编导也开始学着跟猎头一样做一些招聘工作，我们开玩笑说以后自己找工作都知道怎么回事。这几方都会让我们的编导在过程当中得到非常多的锻炼。

欧阳国忠：你们节目合作的环节多、对象多，无形当中增加了协调的压力，反过来对锻炼队伍来说是非常好的事。你们编导做每一期节目，汲取的营养是课本学不到的。栏目进一步做下去，编导有可能成为人力资源方面的专家。

詹未：我们毕竟是一档节目，严格意义来讲，搞电视的人要说是专家，也只是电视领域的专家，对其他行业来讲是一个杂家。编导的精力主要还是放在节目创作上，外来的一些因素对他说是一种有益的营养补充，虽然会受一些影响。我们经常开玩笑，我们也会面试一个人，评价人家说沟通能力不错，但我们毕竟是一档节目而已，不能背上太沉重的包袱。

欧阳国忠：人力资源在我们国家是刚起步的行业，做出影响的话，栏目播出的产品可能是很权威的信号。这样对做这些的人要求很高，一定是这方面的准专家。

詹未：我还是坚持我的观点，电视人永远还是电视人，除非他彻底转行。

制片人：挑战发起者

欧阳国忠：你们栏目有多少人？分工是怎样的？

詹未：我们栏目现在20多个人，有制片人、主持人、主编、策划、编导、摄像后期、统筹、责任编辑、导演助理等等，分工很明确，是一个人干了很多人的事的团队。我们这个节目操作比较复杂，周期很长，牵扯的环节多，我们经常开玩笑说我们一个节目编导是一个项目经理，要打交道的人很多，跟企业方上上下下打交道，跟选手打交道，要录制节目，到编辑出品，节目播出，周期很长，事情也很多。

欧阳国忠：电视是要求创新的行业。

詹未：电视行业分工还是很细的，我们是前台的，但是有些后台的部门可能也是需要稳定的。总体来说，电视的属性决定了它需要创新，变数比较大。

欧阳国忠：你做过《生活》栏目的主编，创办过《幸运52》，六次担纲

3.15 晚会导演，做过全国电视烹饪大赛总导演，从这些经历当中吸取了很多节目的不同元素，《绝对挑战》吸收了各个栏目不同的优点。

詹未：尝试过。各种节目实际运用的手段很多，表现的主题内容不太一样，给大家第一印象不太一样。3.15 晚会不同段落里面应用的手段是非常丰富的，对我们是非常好的锻炼，因为它是直播节目，和常态的日播、周播节目对人的要求不一样。从根本来讲，电视创作表现的基本手段就那么几种，但不断组合的时候，它的变化是非常多的。

欧阳国忠：电视行业竞争越来越激烈。新的频道增加，大家把节目模式作为很重要的竞争热点，内容为王的时代今后肯定会到来。国外节目模式的研究、开发和投入播放是一个链条，同时也是竞争热点，你对今后这块有什么样的看法？

詹未：市场收视的压力变成动力，逼迫每个节目的制作者都在改进，节目未来的发展方向首先还得根据市场的变化，根据观众的需求来进行调整。什么菜再流行，观众最后不想吃了，就得换厨师、换口味、换菜系。怎么换？肯定有很多种方法，可以凭借过去的经验进行变化。电视手段是很丰富的，还可以吸取更多的更先进的一些电视制作理念来做这样一些调整。最终会出现什么样的状态，现在不太好下定论，这个跟中国电视的收视状况、观众的喜好有关系，跟小环境，跟整个频道、所在的平台、定位方向都会有关系。

市场收视的压力变成动力，逼迫每个节目的制作者都在改进，节目未来的发展方向首先还得根据市场的变化，根据观众的需求来进行调整。

欧阳国忠：招聘最难的是选择，做节目也是，所选择的招聘方嘉宾和应聘选手将影响节目的质量，选择主持人和编导也很重要。你们自己对应聘者的选择有什么基本原则？

詹未：看要招聘的是什么岗位，我们栏目对不同的岗位有不同的岗位要求，首先要符合岗位要求，必须有非常好的团队合作精神。每个人都不可能是完人，你有你的优点，你有你的缺点，但是一个团队里面一定要非常好地沟通、协作。再加上我们节目本身更为强烈的一点就是创新意识。

欧阳国忠：干电视这一行是很辛苦的，你选择干电视的信念是什么？

詹未：任何一个职业想把它做好都不容易，我选择做电视的时候，电视没有现在这么火，传媒没有这么发达，当时选择只是个人爱好，喜欢有创造性的、不确定因素比较多的职业。现在听说想投入到电视行业的人非常非常多，北京广播学院招生报名和录取的比例非常悬殊，这是我没有想到的。

欧阳国忠：你从北京广播学院毕业，在经济类节目当中做了一些节目。能不能给我们介绍一下你的经历？

詹未：在电视领域里面尝试不同的节目类型，可能对于个人经验的积累和在业内的成长有很大的帮助。我最早开始做新闻，在《新闻30分》，做过出镜记者，做过批评报道，采访过一些领导；也做过专题节目，尝试过大型晚会、专题晚会、赛事，一直到专栏节目、生活服务类节目，很多种类型，包括娱乐节目《幸运52》，1998年创办的时候也是一片空白，没有先例，大家几个人摸索，三四个人一起做起央视第一档娱乐节目。尝试不同的，永远创新，可能是这个行业决定的。有些职业需要比较安静稳定的东西，这可能也跟人的个性有关系。

欧阳国忠：今天和《绝对挑战》制片人詹未有一个充分的交流，在快要结束交流的时候，你想对观众和这个行业的人说些什么？

詹未：希望大家更多地加入到《绝对挑战》，我们不断给大家提供更新颖更有挑战性的职位和挑战过程，你的参与不仅是对你自己非常有意思的尝试过程，也会给我们的节目提供最大的帮助。我们每次挑战都是互相学习的过程，我希望有越来越多的朋友能够体验一下什么是绝对挑战。

欧阳国忠：挑战在我们身边无处不在，《绝对挑战》在收获喜悦的同时可能也会面临新的挑战，我相信《绝对挑战》在今后的发展当中不断有新的跳跃，一路高歌。

链接

《绝对挑战》的成长空间

1. 策划缘起

《绝对挑战》的立足点主要选择：

(1) 节目的功能性——就业形势严峻

阿根廷的一位同行为栏目提供了一个很好的思路。在失业率高居不下的时候，阿根廷一家电视台在2002年创办了名为“人力资源”的电视节目，由电视台为失业者寻找工作岗位。大量的报名者通过各种考核，最后筛选出两名失业者进入演播室，参加决赛。决赛现场由电视节目主持人担任考官，选手根据招聘企业提出的聘用条件进行问答竞赛，最后的得胜者获得诸如司机、导游、清洁工这样的职位。这档节目由于其具有真实性和实用性而在阿根廷取得了火爆的收视效果。

(2) 节目倡导新的就业观念

(3) 节目的收视潜力——对职业的高关注度

为《绝对挑战》栏目创办而进行的专项市场调查结果表明，观众对职业类电视栏目有着很高的收视期待和直接的功能需求。

2. 栏目定位

(1) 栏目宗旨

第一层次：解决就业需求。以本栏目所搭建的电视服务平台为有用工需求的单位和有就业需求的个人提供服务，满足对职业的需求，实现就业。第二层次：以观众喜闻乐见的形式全面提升求职者的职业竞争力，通过生动的事例回答大多数人在职场和人生中都可能面对的问题，起到潜移默化的“教育人、影响人”的作用。节目的核心是关注个人职业生涯和企业用人制度，帮助求职者发现自己的价值，明确职业定位，为求职者的个人职业发展提供借鉴和指导。

(2) 栏目内容

以知名企业的电视人才招聘为基本形式，多名求职者围绕真实的招聘职位，在主持人的引导和专家顾问团的指导与点评下，通过“压力面试”、“实力作证”和“人在职场”等板块，表现应聘者的个人优势，竞争上岗。节目同时向观众传达人才市场需求、新时代人才标准、人力资源管理及现代企业管理理念、商业文化等多方面的信息。

(3) 目标观众

直接的目标观众是：城镇中具有较高文化水平的职业人士和准职业人士，包括各行各业的技术工人、职员、企业管理者、公务员、大学生。长远的目标观众是：所有对职业生涯有需求和思考的人。

(4) 形态定位

演播室访谈、竞赛、外景“真人秀”等多种电视手段并用，结合社会调查、心理测试、管理游戏、面试问答等多种非电视手段，集资讯、对抗赛于一体的演播室现场节目。

3. 个性特色

电视栏目只有具备鲜明的特色，才能具有竞争实力。栏目着重塑造了以下三个特色：

(1) 专业优势

将“人力资源”专业作为节目主要内容，从电视领域来说，符合电视节目专业划分的大趋势，从社会需求来说，是一种填空和补白。

(2) 体现真实

在节目策划期间进行的观众调查表明，观众对该类节目收视的主要意愿和期待列为第一位的是“真实”。《绝对挑战》的“真实”体现在：职位真实，过程真实，参与者真实，结果真实。

为此，我们首先在权威专业人才招聘网站上发布知名企业确切职位的招聘信息，征集有实际应聘意愿的求职者，然后通过专业的机构、专业人士进行场外选拔，选出3名入围者进入《绝对挑战》节目现场，参加由主持人、招聘方、职业顾问、现场观众评审团多方参与的电视现场招聘会。

栏目对真实性的追求，不但体现在单期节目中，而且贯穿于整个栏目运作中。这表现在：不干扰招聘单位的招聘意志，不改变招聘结果。在节目播出后的一段时间里，及时对在节目中获得职业的人进行回访，将节目带给应聘者生活、工作上的变化真实地记录下来。

(3) 实用指南

调查还表明，观众对职业类电视节目收视的主要意愿和期待排在“真实”之后的就是“有用”。“有用”对于节目来说就是实用资讯的传播。突出观念和经验指导，并辅助以政策与区域性招聘信息，成为加强节目实用性的原则。

4. 成长空间

(1) 新闻性

《绝对挑战》在创作手段上是以新闻性为主，并杂糅了多种形式。从栏目开播至今，《绝对挑战》实际上制造了一个又一个的“媒体新闻事件”。强化它的新闻属性将是节目未来成长的一大空间。

(2) 话题延展性

《绝对挑战》栏目的话题涉及到企业管理和用人制度，传递给观众的是招聘、录用方面的信息，又可延展到薪金、福利、奖惩、考核、流动、调配等内容；从应聘者方面来说，还能延展到能力、品格、素质、健康等方面。

《绝对挑战》栏目摈弃了目前大部分招聘单位的传统做法，借鉴了社会调查中常用的心理测量手段，考核的重点不是选手答案的准确度，而是选手与招聘职务之间的匹配性。“压力面试”板块重点考核选手的基本素质与个性特征，“实力作证”板块重点考核选手在特定环境中的实际操作能力和特有的行为特征，“人在职场”板块测试的重点是应聘者在职业生涯中解决人际关系问题的能力，这些话题都具有很强的延展性。

(3) 娱乐性

一个好的电视节目，仅有贴切的定位，而没有生动的表现手段是不够的。从创办之初，《绝对挑战》栏目就以轻松的娱乐手段分解理性的话题，力图使节目具备老少皆宜的看点。从目前的播出效果看，《绝对挑战》栏目的娱乐性将进一步丰富，重点在加强各种角色之间的矛盾冲突，打破板块式结构的局促感，悬念营造得更加充分，更新颖的电视手段的引入等方面，以提高收视率，降低收视门槛，使节目尽快成熟。

（詹未）

第 14 章

《乡约》：打造涉农人物的"东方之子"

——对话制片人兼主持人肖东坡

给他们一个素描吧！拥有生活的淡定从容、不可复制的非凡经历、绝无仅有的事件主角、绵动感人的乡土情怀……探寻他们的轨迹，总能在不经意间接触到那些名词：大跃进、文革、改革开放、承包、下岗、小康社会、市场经济、入世……其实，承载着新闻的经历和人生是这些名词的生动注解。

——肖东坡

• 制片人简介

肖东坡　工业与民用建筑学士。金话筒奖获得者。1994 年进入山东电视台，作品曾获中国广播电视新闻奖一等奖。2002 年获中国播音与主持作品奖唯一的电视作品一等奖、中国广播电影电视神农奖金奖（两项）、全国对农节目奖一等奖（三项）。所主持的《乡村季风》栏目获得中国新闻名专栏称号。2003 年 9 月通过竞聘至《乡约》栏目，担任制片人、主持人。

•《乡约》简介

创办时间：2003 年 11 月 8 日
栏目性质：大型室外人物访谈栏目
时　　长：45 分钟
播出频次：周播
栏目特色：

中央电视台农业频道《乡约》栏目是一档立足于宣传具有“三农”背景新闻人物的访谈节目，开创了室外演播室大型访谈节目的先河，在品牌推广、市场开拓、大型活动等方面也进行了诸多尝试。

旨在打造涉农人物的“东方之子”

欧阳国忠：中央电视台七套节目中有一档与观众相约在周六黄金时间的节目，名字就叫《乡约》。这个节目的制片人兼主持人肖东坡先生，平时他访谈别人，今天我们就访谈访谈他。首先你的名字特别好，肖东坡和苏东坡有兄弟俩的感觉。

肖东坡：我这个人长得特别胖，不是跟苏东坡有关系，是跟“东坡肉”有关系。我能成为电视节目的主持人可以说是一个例外，当时因为白白净净的主持人太多了，而这个栏目需要一个有特点的主持人，得需要找一个丑的、黑的、土的，最后就选中了我。

欧阳国忠：你的黑是怎么炼成的？

肖东坡：有自然的成分，也有一部分是因为我主持节目的原因，我主持农村节目有七八年时间，上山下乡走村入户，脚上什么样的牲畜粪便都踩过，在户外时间比较长。现在的访谈节目又是一档户外访谈节目，接触阳光比较多，所以显得黑而健康。

欧阳国忠：我看过你们的节目，基本是在室外，旁边一个瓜棚或者有一个海，根据节目需要的环境来进行设计的。

肖东坡：对。访谈环境的与众不同应该说是这个《乡约》栏目的特色，户外访谈是我们栏目的特色，跟专题片的户外不一样，《乡约》给人一种感觉：它的演播室介于天地之间，这样可以营造一个好的谈话场。作为访谈嘉宾，他们在自己最熟悉的环境里接受采访，那种感觉是不一样的。比如我采访一些农民艺术家，一些农村的新闻人物，他们周围有豆科、柴草、牛、农舍，这样一种环境能够给人一种特别放松的感觉。我因为主持农村节目时间比较长的缘故，适合到这样的环境里跟人家进行访谈。

欧阳国忠：你们的节目简介里面说到，这是一档坐在家门口的访谈节目。这档节目的定位是什么？

肖东坡：节目的定位随着节目开播一年多来也在慢慢进行调整，刚开始的时候，我们是“乡土情怀，精彩人生”这样一个基本的定位，瞄准的都是访谈对象个人——就人做人，就人说人。但是这样做下来以后，渐渐又有了别的体会，于是我又在节目宣传语上加上了“历史轨迹，时代足音”这样的定位语，因为我慢慢地发现有“三农”背景的新闻人物有一种共性，这种共性的东西就是每个人身上都有着浓重的时代音符。比如吴仁宝、郭凤莲、王洪彬、袁隆平、岳成，我采访他们，是因为他们身上蕴含着历史轨迹的时代特征。

欧阳国忠：寻找带有集体记忆的这些人。

《乡约》节目现场

肖东坡：我们努力使我们表现的人物不是一个人，而是一群人。

欧阳国忠：打造涉农人物的“东方之子”。

肖东坡：做客《乡约》的这些人都是不平凡的人，但是更重要的一点，更准确的说法应该是有“三农”背景的新闻人物。他们可能不像“东方之子”显著、显赫、那样具有影响力，但是他们每个人身上的生动鲜活、引人注目的新闻故事我觉得更具有独特的风采。我们采访的郭容庆，是一个普通打工仔，睡在三平方米的房子里面，戴着帽子、手套睡觉，早晨3点钟睡觉，天黑回家卖菜，十年在这样一种艰苦环境当中考入中国社会科学研究院法律系研究生；我们采访的冉俊芳，一个“千万富婆”，跟她的子女签署了一纸协议：千万元财产不留给子女一分一毛；采访章桦，她是“首届全国个人DV大赛”的最高奖获得者，这次DV大赛五千多个参选作品当中绝大部分都是与个人DV有关的专业人士，只有她是第一次拿起DV摄像机，而且拍的第一个片子就获得最高奖。如果有时间细聊的话，每个人都是一本书。

欧阳国忠：你怎么找到这些人？你怎么走进他们的心里？

肖东坡：这两个问题都不是一个小问题，找这些人对我来说是一个不算简单的过程。我刚刚调整了栏目的管理方案，谁能给我最好的选题，只要我能采用就是1000元钱的回报，好的选题是节目能够成功的一半，构成一期节目做得精彩最重要的因素当中，选题占有的分量非常重要。1000元钱仍然不能完全表达选题的作用。我们尽量通过各种各样的方式寻找选题，比如在网上，在报纸上，在电视上，通过传媒这种常规手段寻找选题。另外还有一部分选题，当我们具有新闻发现眼光的时候，我们感觉到生活当中选题无处不在。有一个选题来自我在大连采访的时候，遇到了12年没有见面的高中同学，我们俩坐在酒馆里面叙旧，他告诉我一个选题。当我怀着敏感面对周围环境的时候，会找到我的选题。我们的编导也是一样的，这是获取选题的一些方法。如何走进采访者内心，尤其这样一档访谈节目每周一期户外访谈，采访的都是有“三农”背景的新闻人物，可能很不好接近。而且有很多新闻人物的时间非常紧张。比如我去采访袁隆平，我跟他访谈的时候是我第一次见他。有很多类似这样的嘉宾，我没有机会跟他进行深入交流，那我如何走入他的内心？我觉得有这么几点，第一要了解他，第二应该有从现象背后发掘本质的思维观。这些东西说来话长，失之毫厘，谬以千里。有时候我更多的发挥是即兴的，是根据不同的采访环境而发挥的。我刚刚从湖北襄樊回来，我们的访谈现场是万人大集，现场有两万名群众。我采访襄樊豫剧团的团长，那天天气非常冷，但是现场却异常火爆。我和被采访嘉宾一致认为：如果换一个环境的话，他一定会掉泪，然而在那样一种环境下，我不知不觉进入另外一种访谈话语环境，以至我们的讨论非常热烈。我觉得你得走入人的内心，人的内心可能有很多扇门，会不知不觉走入其中一扇门，这种感觉没有一定之规，最重要的一点，作为一个主持人要进入人物内心就应该把握一种新闻思路和一种原则：第一，要不断推开一扇门，再推开一扇门，不断深入；第二，不断告诉自己，你每得到一个信息，这个信息代表什么，说明了什么，这个信息背后所蕴含的意义和时代的历史意义是什么。做新闻的人往往会有这样一种新闻思维观：“大处着眼小处着手”。探讨一些话题可以学会“以小见大”，当进行策划的时候还要懂得“以大见小”——以大的主题发现与主题相关的生动鲜活的细节，掌握这样一些原则，就能够使你慢慢朝人物内心去靠近。

欧阳国忠：走入人的内心需要一个新闻敏感性，保持一颗敏感的心，是不是与你从事多年的记者经历有关？

肖东坡：新闻素养应该是首要的。我开始从事媒体行业，是在山东电视台，曾经做过《广告文体大观》、《消费》、《消闲时光》等栏目，1997年在山东电视台做《乡村季风》等节目，那时候刚开始接触新闻。之后做专题、拍片子，做得很好，文笔很美。因为在这里我有一个非常优秀的老师——张文兵，他是山东“泰山新闻奖”的获得者。我跟他干了一年半的时间，这一年多基本没大发稿子，每天晚上两三点钟睡觉，那时候家里没有电脑，晚上手写稿子，第二天早上交给他，结果是被“枪毙”；然后再写再被“枪毙”。

不断地被“枪毙”，这种被“枪毙”的根源在于新闻素养不足。你的新闻角度、新闻视觉、新闻价值的判断能力，这些对于新闻工作者来说是最重要的，也是最难的。当你掌握这样一种新闻思维观的时候，无论你做什么样的节目，你都能有一个很好的理念去把握判断选题。

欧阳国忠：没有无缘无故的成功，你的成功是摸爬滚打出来的。打开央视国际网站点击《乡约》的网页可以听到一种声音，好像是鹅和蛐蛐叫的声音。这个设计的出发点是什么？

肖东坡：是大雁的声音，“有一千个饰演哈姆雷特的演员，就有一千个哈姆雷特”，每个人对这个声音的判断和体会都是有所不同的。我当时找到这样一种声音做背景的时候，我好像没有寻找理论上的支持，为什么要找它，可能更重要的是一种飘忽不定的感觉。这种感觉是有意境的，对于我来说，蛐蛐代表仲夏之夜田园的感觉，只有在有草的地方才能有蛐蛐叫，钢筋混凝土没有蛐蛐叫。大雁在我眼里老是遥不可及飞来飞去，这两种声音结合在一起是一种难以用语言形容的意境。

欧阳国忠：泰戈尔写过“天空没有翅膀的痕迹，但我已飞过”。你们的主页很有文化气息，是不是跟你本人的文化感觉有关？

肖东坡：曾经有一个美国总统跟副总统讨论长久和平问题的时候，副总统对总统说：肚子饿的感觉并不能马上让你吃饱饭！总统回答：肚子饿的感觉的确不能让我马上吃饱，但是可以使我向餐馆走去。人的文风也好，还是我的页面感觉也好，代表我的追求，希望我所营造的东西无论是文字还是图像的都应该是美的，是有用的，有意思的，同时也是有意义的。

你的新闻角度、新闻视觉、新闻价值的判断能力，这些对于新闻工作者来说是最重要的，也是最难的。当你掌握这样一种新闻思维观的时候，无论你做什么样的节目，你都能有一个很好的理念去把握判断选题。

资源整合在栏目品牌推广中起到关键性作用

欧阳国忠： 除了在CCTV-7能够看到《乡约》之外，还能在飞机场、火车、杂志、报纸上看到《乡约》的内容。有人说你能耕种好一亩三分地就行了，为什么还要拿那么多精力与其他媒体合作？

肖东坡： 时至今日，一个栏目的发展壮大也跟企业有很大的相似之处。我觉得我们生产的商品其实是一种文化商品，跟企业所生产的商品一样，在推销的概念上有异曲同工之妙。你所生产的东西要有人能够埋单，我们希望自己生产的东西是观众所喜爱的。销售文化产品的过程当中，我要借助不同的手段和平台。过去叫“酒好不怕巷子深”，在现在尤其是信息爆炸的时代里，“酒好也怕巷子深”。我要把我的宣传理念，把我栏目最值得彰显的个性通过最有效的手段、最广泛的传播途径尽快推广出去。而且，从栏目品牌推广的过程当中，起到一个关键作用的是资源整合。我们的节目在很多其他不同的媒体上也能够看得到，原因是对方也需要我这样的节目；假如说对方不需要，只是我一厢情愿，那么我相信这种合作肯定不会长久。更重要的是，这样体现了一种资源整合的运作理念，这样我们会把我们的优势和他们的优势嫁接在一起达到“1+1>2”的效果，我们的资源优势才能彰显出来。

欧阳国忠：《乡约》节目除了常规节目之外，一年当中还举办大型活动，这一块儿你怎么看？

肖东坡： 我的一个最大体会是活动搞得越大，相对成本就越低。你的活动越大，影响力也是随之提高，能够体现出经济学上的规模效益来。我去煮一个饺子也要买菜买面也要烧水点火，做一千个饺子也要这样做。常规节目我也要去策划、拍摄、录制、后期编辑。活动越大，相对成本越低。而且借势登高搞大型活动，要比常规节目规模大，影响力更大，传播范围途径更广，参与的人员更多，最重要的是可以彰显你的品牌，在进行品牌耕耘的过程中，你只有站在更高的台阶上、更高的平台上，你的思想、语言、声音才能让更多的人听到和接受。

欧阳国忠： 什么样的人可以参加“盛世乡约”？

肖东坡： 在这儿我很想推荐一下我的“盛世乡约”活动，这是中国农业电影电视中心和农民日报联合主办的，我们承办的，录制时间是在 2005 年元月 25 日人民大会堂的国宴厅，播出时间为大年初四 18：05，这是一台 85 分钟的颁奖晚会，给本年度“十大新闻人物”进行颁奖。搞这样一个活动对我来说也是一种探索和尝试，我们的主业是做常规节目。这个活动不但是整合我们过去的资源，也给我们搭建一个很好的平台，“居高声自远，非是藉秋风”。为什么要借用人民大会堂国宴厅录制晚会？完全可以到其它演播室，费用可以低得多，这里一天的租金就是 30 万，为什么呢？这跟我们“盛世乡约”活动本身都是相辅相成、相得益彰的，给自己这样一个栏目，给自己所努力去推介的宣传概念达到一个最好的向外推介的平台。“盛世乡约”活动，我相信应该能够承载这样的功能，能够达到这样的效果。

欧阳国忠：2005 年在举行大型活动方面有什么打算？

肖东坡：初步瞄准了一些，正在洽谈的有世界厨艺大赛、寿光农博会，这些活动本身具有很大的影响力。把栏目的定位要求、形式定位要求、内容定位要求与这些大活动当中所存在的一些素材结合在一起，既达到了宣传活动的效果，又借助活动的影响力推介了栏目品牌。

谈话类节目要通过承载的新闻内容去吸引观众

欧阳国忠：你的主持风格亲和力强，以至于很多观众认为你是地地道道的农民出身，事实上是这样吗？

肖东坡：我不是农民，小时候跟姥姥在农村插队落户曾经有过一段农村生活经历，但是比较短暂。长大之后做过很多文艺节目、时尚类节目，我做山东电视台《广告文体大观》的时候，在 1994 年到 1995 年期间，几乎把演艺界大部分明星采访了个遍儿，当时采访过赵本山、宋丹丹、黄宏、郭达、尹相杰、谭咏麟、任达华……后来做时尚类节目，虽然在山东台，但是整天到北京来，到燕莎、赛特等商场拍片子，做十大名表这样的时尚节目。后来一下子转去做农村节目，刚开始的时候也有点不适应，但是做过很长一段农村节目有一个体会，我本人不是农民，但是不一定非得是农民才能使你的农村节目更有贴近性，更关键的是把握一个“度”。真正的农民做这个节目，可能还真达不到这样的效果。第一要高于普通层次，你只有高于农民，你才能够起到引领的作用，因为现在的电视承载着喉舌和产业的功能。如果你不比别人知道得更多，判断得更准，你怎么去指导别人。第二还要低于农民，这是指态度上低于农民，真正跟他成为好朋友。在我出版的《乡村笔记》书中，中央电视台主持人敬一丹老师在序言中说，“他是一个进到农民堆里面不大容易识别的那种人”。我努力使这样一种特征变成我的特色，变成我的特点，变成我的优势。我比较喜欢也比较善于跟农民打交道，跟他们进行沟通。在我面前，他们不存在谁高谁低的问题，像马克思说的“没有卑贱的职业，只有卑贱的人”。我首先心里觉得很亲近，他就是我的亲戚，他就是我的好朋友。尤其是采访最普通农民的时候，那种感觉是最放松最自然的，我觉得那种感觉不是一个普通农民所能够达到的，是综合经历的反映。

欧阳国忠：农民最大的特色是什么？

肖东坡：当你给他报以真诚的时候，他会以最快的速度回报你真诚。比如我去采访农民的时候，他一面对摄像机要出汗、要紧张，甚至有的农民还要发抖。我问他：“请问你知道这件事后，你的感觉怎么样？你能谈谈感想吗？”他一句话说不出来，他不太善于总结，不太善于提升、拔高。但是要问他，你吃了吗？他说我吃了。你家住在什么地方？我家住在什么镇什么村。那个地方你早晨怎么过来的？大棚种的什么东西，去年卖了多少钱，今年卖的什么价钱，现在成本是不是提高了？当你问这些问题的时候，他就口若悬河如数家珍，你在这样具体而有目的的采访当中达到你所需要的效果，因为你的新闻要判断他的致富经验，主要是你会通过问这样的具体问题，找到跟农民交流的语言。对于一个记者来说，如果不能找到跟普通农民交流的语言，你就是没有文化。很多人尤其是一些年轻的记者，会有一种感觉：我跟这个农民没法沟通，因为他文化水平太低，交流起来有困难，简直没法采访，不会说我要的内容。一点都不错，而这恰恰反映一个问题，你没有找到跟农民沟通的语言。

欧阳国忠：农民是很质朴的群体，贾平凹写过《我是农民》。农村节目不太好做，要做好非常难。湖南卫视有一档节目《乡村发现》，李兵号称"兵哥哥"，平时没有什么语言，一到农民的土地上就变得鲜活了。做"三农"节目的时候，你碰到过怎样的困惑？

肖东坡：这个问题一下子让我语塞了，我碰到的困难很多，需要解决的问题很多。但是要说上升到困惑这个层次来说可能只有一个，就是征服自己。假如说我这期节目没太用力，但是获得了很高的收视率，我觉得我并不满意。如果这期节目没有好的收视率，但是我能够在这档节目当中充分地把我的才华、智慧、饱满的热情投入其中的时候，我会觉得我很满意。最重要的是要征服自己，当时我看《神雕侠侣》的时候，裘千仞武功也很高，为了争得第一，做了很多坏事。一灯大师说：你能打败这个世界所有的人，你能打败你自己吗？这个人才开悟了。在当前经济社会里，谁都难免受到环境的左右。就像我们栏目网站上"关于我们"部分有一段话："我们还明了，我们可以允许物质财富进入我们的屋内，永远不允许它主宰我们的心灵"。这体现的其实就是一种征服自己的过程，要说困惑，这可能算是一个最大的困惑。希望我所有的潜力、饱满的激情释放出来，这个过程是最有意义的，这其中面临的困惑也最大，因为我还没有修炼到家。

谈话节目首先应该用语言去吸引观众，但语言仅仅是一种形式，它体现的是一种思想，因此更重要的是要用内容吸引观众。对我来说，语言所承载的内容首要的是新闻，因为只有新闻才会吸引人。

欧阳国忠：谈话类节目应该用什么去吸引观众？

肖东坡：谈话节目首先应该用语言去吸引观众，但语言仅仅是一种形式，它体现的是一种思想，因此更重要的是要用内容吸引观众。对我来说，语言所承载的内容首要的是新闻，因为只有新闻才会吸引人。"狗咬人不是新闻，人咬狗是新闻"。首先是通过语言来吸引人，第二层面通过语言承载的新闻来吸引人，第三层面是通过新闻所蕴含的社会意义去吸引人。最重要的一层，我们整档节目最后给人留下的思索和回味能给生活带来启发和指导，这可能是谈话节目所要追求的终极目标。同时谈话节目吸引人还有其他的辅助方式，我们毕竟是电视节目，要充分地运用电视手段尤其是画面来使访谈节目更加吸引人，这对于电视节目制作人员来说是不可或缺的基本要求。还有一点，吸引人的选题是非常重要的一部分。访谈嘉宾的表现能力又是很重要的一部分，他是不是能说，是不是能够绘声绘色使本来就吸引人的新闻故事更加妙趣横生。还有谈话节目吸引人的要点是：能够把被采访对象的特点、风格体现出来。主持人毕竟不是一个花瓶，如果由编导写好的稿子，由谈话节目的主持人念稿子、背稿子，仅仅体现一个话筒功能的时候，这个节目就很难吸引人了。谈话节目能够吸引人很重要的前提在于主持人自己的个性体现出来，这是一个非常重要的因素。比如《东芝动物乐园》，王刚主持和后来换主持人的时候，收视率天壤之别。同样的采访环境，同样的策划思路，同样的制作人员，就是因为有了不同的主持人，受众的吸引程度就大不一样。要从这个角度来说，我会对我自己提出更高的要求，会更加努力地提高自己的新闻素养，更加努力地面对我要采访的嘉宾。

主持人最难的一点就是做回自己

欧阳国忠：你做主持人这么多年，还获得过金话筒奖。你觉得做主持人最难的一点是什么？

肖东坡：最难的一点就是做回自己。你要有自己的本色，当我去面对镜子说话的时候，此时此刻我跟你交流的时候，我就像一个老朋友一样跟你聊天，但是我脑子里面突然有一种概念，我说的每一句话都要有人去看的时候，这个时候我就会不自然。如果我面前有一个话筒或者摄像机镜头的时候，我就会有表演的成分在里面。寺庙里面最有学问的和尚叫住持，好的主持人第一层面是知识层面，没有好的知识层面，你就很难驾驭你所采访的领域。为什么说文化节目的主持人、体育节目的主持人、娱乐节目的主持人、法制节目的主持人、农业节目的主持人，都有专业的行业特质，甚至某些行业的主持人是这个行业的专家。第二个层面是一个智慧迁移的层面。主持人不可能面面俱到，关于农田水利、农业技术方方面面的知识都能掌握，但是作为一个主持人必须能够智慧迁移。仅仅考察一个主持人知识层面的话，主持人选拔大赛就成了博士论文答辩了。好的主持人能够运用掌握的材料进行反问，最终达到我所需要的目的。第三层面应该是表现的层面。这个层面是最难的，不同的主持人有不同的性格特征，作为主持人最难的还是做回自己。当你能够真正做到在舞台上的表现，是生活中你感受最愉快的时候，相信这个主持人已经达到很高的境界了。对我自己来说，我此时此刻仍然做不到这一点。有一种氛围添加在谈话过程当中的时候，我很难做到不去考虑它，很难做到视它为无物，视它为空气。当有一天能够做到上述这一点，无论在什么样的环境中，都能够按照真实的感觉去理解，与人进行交流的时候，我觉得那是主持的最高境界。

欧阳国忠：作为主持人，你最大的目标是不是做到用人格魅力吸引观众？

> 无论在什么样的环境中，都能够按照真实的感觉去理解，与人进行交流的时候，我觉得那是主持的最高境界。

肖东坡：作为一个主持人，要把他的形象呈现给电视机前的观众朋友，这种形象跟电影里演员不一样。我刚才说过作为主持人要做回自己，它是一种由里到外的形象，人格魅力会体现在你的谈话当中。你的形态气质、肢体语言当中无不泄露出你的内心。京剧界有一句话评论这些德高望重的老艺术家，叫德艺双馨。盖叫天在演《武松》的时候，一个翻身之后从台上下来，腿骨穿鞋而出，他仍然坚持把戏演完。在医院进行接骨的时候，一不小心把骨头接错了，这意味着他永远不能登台演出。这时候盖叫天硬是把自己的断腿砸向床帮，要求医生重新再接。那样一种责任感，会在你主持节目的过程当中，在你表演过程当中由内而外凸现出来，这种东西才是最具有杀伤力的。

欧阳国忠：美国一些著名的主持人做到60岁还在做，而且越做越有魅力，你的目标是什么？

肖东坡：我希望达到这种境界，我想起白岩松说的“渴望年老”。可能我的感受跟他有异曲同工之妙，渴望年老不是年纪上的年老，是阅历上的积累，对我来说可能真正主持的春天或许还没有来到。我自己感觉对驾驭选题的能力，对新闻事件的分析判断能力以及自己个性的把握，还远远达不到融会贯通的地步。我曾经看过你写的书《中国电视前沿调查》，那里面有一句话，对于主持人境界的判断有一种标准叫“人情练达、世事洞明”，那样的状态需要积累。国外有五六十岁的名牌主持人，对于我们来说也是一样。我相信会随着我们传媒业的发展，人们越来越接受那种真正能够驾驭话题的主持人，能够引领观众的主持人，内在魅力与外在魅力相融合的主持人，在这种情况下，人们不会在意他是年轻还是年老。

欧阳国忠：你平时有什么别的爱好吗？看《乡约》一周年那期节目觉得你多才多艺。

肖东坡：此时此刻的我已经忘记了自己有什么爱好，偶尔有时间回想起来，我会想起原来自己喜欢唱歌，喜欢游泳，喜欢打篮球，喜欢旅游，喜欢跟家人在一起享受天伦之乐。可能很多人喜欢的东西我都喜欢，我现在努力

《乡约》大合影

使自己修炼到另外一种境界，我要使我自己慢慢变得喜欢忙碌，喜欢辛苦，喜欢没有自己的生活。这样一种感觉不是自欺欺人，会有那样一种状态使你在辛苦追求的过程当中做到乐于其中。此时此刻我真正的爱好，是在过程中完善自我，我从中也感受到源源不断的快乐。

欧阳国忠：你在采访当中被熊猫咬过一次，很多观众对你的这段经历很感兴趣。

肖东坡：大熊猫是国宝，当时我们采访的时候近距离看到的熊猫，无论大小，都给人一种可爱的感觉，憨态可掬，看到它就想抱它摸它想喂它。大熊猫管理很严格，不让人家进，从来没有让生人接近过，我们获得特许进入大熊猫馆里面，跟熊猫还有被采访嘉宾坐在一起进行访谈。当时园子里的熊猫无数次打断我们的访谈，把我们的桌椅打翻，在你腿下钻来钻去，我觉得熊猫非常可爱，没想到它能咬人。我问到，熊猫也吃肉吗？话音未落，熊猫就在腰上咬了一口，当时惊叫起来，后面咬出血来了。生理上没有后遗症，心理上有后遗症，跟各种动物接触的时候倍加小心。尤其户外访谈节目，会有各种各样的动物出现在我们的访谈现场，猴子远远看上去很可爱，近得可以扔食吃，好像没大危险，可是你跟猴子稍微呆上一小段时间，发现猴子比熊猫更加具有攻击力，始终在防备着你，你稍微快一点的动作会给它带来攻击你的理由。

对于制片人来说，最成功的不是不断接电话的状态，而是懂得发挥团队的作用，懂得去调动团队里每一个人的积极性，让每个人都去发挥自己的主观能动性。

欧阳国忠：你除了主持人之外还有一个很重要的担子就是制片人，制片人是一个栏目的灵魂人物，访谈一个小时的时间，你的手机一直没停过。作为一个制片人最大的感触是什么？

肖东坡：最直观的感觉就是忙，这是一个最重要的体会。我要把团队的建设，还有怎么样最大限度发挥工作集体参与度等问题，时时放在心上，这是作为制片人而不是一个主持人所需要考虑的。对于制片人来说，最成功的不是不断接电话的状态，而是懂得发挥团队的作用，懂得去调动团队里每一个人的积极性，让每个人都去发挥自己的主观能动性。我觉得这样的集体才能够做好事情，就像一个球队一样。一个球队重要的还是整体的配合。对于我来说一个最大的体会，我正在着力做的事情是让我这种忙换来我们共同的忙。因为我的很多同事也很希望努力去工作，但是我总感觉我所做的事情他们帮不上忙，错不在他在于我，我没有把整体的任务进行分解，来充分发挥大家的能动性。

欧阳国忠：将来的制片人走向已经明确了，把自己的忙换成大家的忙，现在有什么样的措施往这个方向进发？

肖东坡：明确目标，量化目标，分解目标。我把一个大的目标分解成若干个小目标，由若干个具有特长的人去分头实施其中的分目标。只有这样做，你才能够把团队价值的作用发挥出来。“人心齐，泰山移”，只有团队作用发挥出来，才能使你的工作变得更有效率，更有智慧，所做的判断也更准确。

欧阳国忠：做制片人苦，有没有放弃的念头？

肖东坡：曾经有过要放弃的念头，后来一想，我的爱人孩子还都在山东，抛家舍业到这里来要什么？就是要那种感觉，这就是我所喜欢的那样一种状态。一个又一个的困难等着你去解决，等着你去克服，这样一种忙碌、一种苦，使你人生的价值，使你人生所有的潜力得以最大地发挥和体现，你会乐在其中，而且愿意为之付出。

欧阳国忠：你是学工业与民用建筑专业出身的，怎么进了电视，而且还当起了主持人？

肖东坡：1994 年山东电视台《广告文体大观》栏目招聘主持人，当时我在山东省交通厅工作，看到招聘广告，想去试一试。当时报考标准是 18 岁以上，中专以上学历，全国各地，有 1800 多人报考，我从来没有上过一次电视，一下子推到镜头面前了，问你一些问题，世界“四大指挥”是谁，中国“四大名旦”是谁，山东“四大名产”是什么，现场主持一期节目。当时我没有压力，我自己感觉绝对不可能有我，我旁边的是济南电视台一个资深主持人，山东人民广播电台的主持人也来了，考官要求你上来读一段新闻，结果人家一读跟打开戏匣子的感觉一样。我一看人家是专业的，我没戏了，有的家长领着孩子直接进到领导办公室里面去，看来人家还有关系，我更加没戏了。结果剩下的二十人里面还有我呢，我觉得已经不可思议了，只要刷下一个就是我；最后剩下十个还有我了，我觉得刷下一个人肯定是我；最后结果误打误撞选上了，后来听选我的老师们说，他们非常欣赏我说的最后一句话：假如这次看榜上公布没有你的名字你会怎么样，我说我想起汪国真的一首诗，“我不去想未来是平坦还是泥泞，只要热爱生命，一切都在意料之中。我相信终究会有我的”。他们觉得我长得黑、胖，但是比较有自信，那时候葛优比较火，兴丑星。这就这样走入了主持人行列。

欧阳国忠：你获得过“中国广播电视新闻奖”一等奖，还有主持人方面最高奖“金话筒奖”，中国播音与主持作品奖一等奖等等。你被称为“中国农民之友”，你憨厚的外形和幽默纯朴的语言在主持人队伍中是很有个性的。屏幕下面生活中的你是什么样子？

肖东坡：我是一个平凡的人，有着作为一个普通人最普通的生活和生活方式，该有的烦恼我都有，甚至包括一些不好的毛病，同时我身上还有很多缺点。如果是在屏幕上觉得我像邻居家的大哥，我很希望永远在屏幕当中看我。我脾气不好，是一个很普通的大哥。

莎士比亚有一句名言：一个思虑过多的人会失去做人的乐趣。我最大的体会和感受就是“只顾攀登莫问高”，当你脑子里面没有目的这种概念的时候，实际你就少了一种负担。当你全身心投入到过程的时候，你就真正能够做到乐在其中。我眼前每天都是一个又一个问题，沉浸其中慢慢解决，并且能够从中找到快乐。就是这样一种过程，才能使我走到今天。

莎士比亚有一句名言：一个思虑过多的人会失去做人的乐趣。我最大的体会和感受就是“只顾攀登莫问高”，当你脑子里面没有目的这种概念的时候，实际你就少了一种负担。当你全身心投入到过程的时候，你就真正能够做到乐在其中。

欧阳国忠：刚才我们一个多小时的访谈，让我们认识了一个活生生的具有情趣和智慧的节目主持人肖东坡，他说“只顾攀登莫问高”，我的印象很深。你们节目里面说到成功的诱惑，在于把希望装进每一个人的心中，将谜面摆出来，谜底需要各人去找。我们每个人都在路上，不断实现自己的目标又重新出发，我们也希望《乡约》栏目越走越宽广，喜欢《乡约》的人越来越多。

肖东坡：跟欧阳国忠是老朋友了，今天以这种方式见面，我是被采访者，你是主持人，很新鲜有趣。我们平时真正坐在一块儿沟通人生、沟通业务的机会并不多，我跟你来说确实神交已久，我没有来《乡约》之前就拜读过你的大作《中国电视前沿调查》，后来看《中国媒体大转折》，当时觉得你是我的同龄人，能够做到今天的状况，真的很不简单，希望有机会能够好好采访采访你。

链接一

中国第一农民之友

——访《乡约》制片人、主持人肖东坡

不知从什么时候起，CCTV-7 新上的一个栏目，突然给人们一种异样的感觉。被采访者不是坐在时尚的演播厅，被明晃晃的灯光聚焦，而是置身在最真实的原生态——朴实无华的乡村大地。于是，对话的现场出现在葱郁的山脚、溪流的旁边、农舍的窗前、村头的谷场……

当城市的喧嚣和纷杂的世态让人们变得心无依傍的时候，突然有人把我们带到这里——《乡约》的现场，那轻松的环境，劳动者创造的奇迹，性格可爱甚或有些“一根筋”的乡下人……谁不喜爱农村题材那鲜活的东西？真实！勾眼球！

一个离自己特别近的主持人

尽管人们的阅读和欣赏兴趣各不相同，但不可否认，谁都希望打开屏幕，是一个离自己特别近的主持人在台上。也许正是一个不会翻白眼、扔题卡、不着时尚前沿服装的主持人，才加大了人们对《乡约》的理解。每星期六晚上 9 点多钟，打开 CCTV-7，就能看到这么一个金牌主持，长着一双善良的眼睛，胖嘟嘟的脸上永远都堆满笑意。一句问候，一句夸赞，一句好奇的追问，便能化尴尬为欢乐，让采访对象自然而然地走进自己的角色。他就是肖东坡。

肖东坡的镜头会如实地告诉我们，这些民间的英杰，虽并非“高大全”式的完美无缺，但他们的故事一样朴实动人。2004年春的一天，《苍鹭故事》正在播出。河北宽城县孟子乡大桑园村是一个山水环绕的美丽山村，这里有个农民叫商鹤羽，他自觉地保护苍鹭30多年，使村边的苍鹭从当年的8只，繁衍成2000多只，商鹤羽因此获得了福特汽车环保奖中为保护野生动物而设立的最高奖。一个普通农民获此殊荣，一夜之间商鹤羽成为人人皆知的新闻人物。

谁知，事情并非那么简单，商鹤羽为保护苍鹭造林、修路的钱，好多都是向乡里乡亲借来的，面对不能兑现给个人的5万元奖金，债主们失望的情绪达到了极点，于是，他们和商鹤羽发生了激烈的争吵，全然不顾中央电视台的镜头正对着他们进行现场录制。尽管对主人们来说，这也许是一种过于残酷的真实，但唯其真实，才有生命力。肖东坡在后期制作时，没有把这一段删去，他要告诉人们一个真实的商鹤羽。新闻学要同一个最为变幻莫测的对象——人性——打交道。一方面是无法还清的巨额债务；另一方面是基于团体努力之上的荣誉集中，荣誉对一个普通中国农民来说，意味着什么？这，恐怕连栏目编辑们都还没彻底搞清楚，把千般的惦念留下来，这自然给观众留下了很深的印象，也留下了深深的思考。

500米以外的地方没去过

如果在《乡约》的办公室采访肖东坡，那等于有一半的时间是听他接电话或来请示商议事情推门而入的人所打断。试想，中国有8亿农民，广袤的土地上，每天都会发生着多少有影响力和震撼力的事情，而农民朋友生活、思想、情感的变化，无不与市场经济、小康社会、加入世贸组织……这些话题相牵连。《乡约》是一周一期的节目，作为制片人和主持人，肖东坡要捕捉有着非凡经历的人物，要拟定选题，在与主人公未谋面之前要做大量的案头准备，这需要主持人必须全方位投入，而一个有思想、有创意的主持人，他在节目制作的过程中介入越深，压力自然就越大。

肖东坡说，自2003年主持CCTV-7《乡约》以来，他所在的中国农业电影电视中心周边500米以外的地方，他几乎没去过。时尚的脚步似乎离他很远，然而，他却能把那些藏在边边角角承载着最具新闻性的“三农”人物挖掘出来。

“再生妈妈”韩雅琴为140多名无亲无故的“坏孩子”执著地付出自己的爱心，解决这个社会上可能随时再次爆发的“隐患”。

与蛇共舞的陈远辉，为取得莽山新蛇种的第一手资料，不惜被毒蛇咬伤，失去手指。

散尽百万家财，在公路边义务救助车祸伤员的老人李树文。

中国首个民间环保奖特等奖获得者陈法庆，挑战人生的结巴王陈家戎，中国第一毛孩于震寰……

《乡约》开播才仅仅两年时间，一个个行业各异但是和农业、农村、农民都有千丝万缕关系的被访对象按时和主持人促膝而谈。

肖东坡是个在城市长大的年轻人，自从主持农业节目以来，猪圈、牛圈，什么圈都进过，什么牲口粪都踩过。就这么采访出生命的意义和价值。

肖东坡最难忘的是采访大漠中《用生命植树的女人》。18年前，一个19岁的姑娘殷玉珍嫁到了内蒙古毛乌素沙漠腹地，在方圆几十里杳无人烟的荒漠中只有她和丈夫两个人生活。吃草籽，穿羊皮，住土窑，喝雨水，沙漠里不会留下足迹，然而在同命运抗争的18年里，她却给大漠留下了6万亩林子、成群的牛羊、绿油油的农田。毛乌素沙漠，有她一串串泪水裹挟着的感人肺腑的故事。

肖东坡是坐在沙丘上采访殷玉珍的。地点就在殷玉珍种的树林子里边。当拍摄进行到一半时，天空的乌云开始变得厚重，雨滴由小变大。这是沙漠中的喜雨，肖东坡毅然决定，录制不要中断，用衣服盖上摄像机，一切继续进行。等这期节目录制完，肖东坡已经被冰冷的秋雨浇得差点站不起来了。

勤于思索的肖东坡认为，宣传劳模人物，表现他们的努力、勤奋、无私等是一个方面，但不能把故事主人公的生活描述得一味的苦。在采访过程中，有关于殷玉珍去城里逛街购物的欢快镜头。有人认为，这一段与节目表现的主题相去太远，但肖东坡作为制片人，坚持用这一大段看似离题的内容。他说：一个偏远地区的农民致富以后在思想上、观念上的变化与选择，既有普遍意义，又是人们关心和感兴趣的话题。结果，这一段保留的内容，是整个节目中很出彩的部分。

谁人调教好文字

肖东坡并不是科班出身，他是学工业与民用建筑的。1994年，山东电视台招聘文艺节目主持人。肖东坡兴趣广泛，文学功底扎实，对诗词歌赋均感兴趣，而且，那几年正如他调侃的那样：“正兴丑星呢，可能人越丑越有自信吧，像我这样长得丑的，反而没有思想负担，你想，台里只招一男一女两个主持人，怎么能轮到我头上呢。”

事情往往就是那么歪打正着。别的俊男靓女都念得有板有眼，跟新闻广播差不多。肖东坡心想坏了，这头一轮就得被刷下来。报考者足有1800多人呐！

令他没想到的是，从1800人刷成60人时有他，从60人到20人、10人、5人，仍然有他。轮到最后一关时，考官问他，如果这次你落选了，会怎么想？肖东坡从容地回答：“我不去想未来是平坦还是泥泞，只要热爱生命，一切都在意料中，我相信终究会有我的。”

山东电视台台长兼党委书记韩国强是看着肖东坡从一个“不太像主持人”的那种主持人成长为金牌主持人的。他认为：“东坡不是那种俊男帅哥式的主持人。1997年，他调入刚刚创办不久的农村栏目《乡村季风》，改行做了记者。对于东坡来说，这次工作变动无疑是一次人生转机。在《乡村季风》栏目组这个业务气氛浓厚的集体里，东坡开始找到了自己的感觉。更重要的是，因为栏目的需要，他边干记者，边兼职做起了栏目主持人，没想到，其不事雕琢、朴实生动的主持风格与栏目定位极其吻合，与农村观众的口味也非常合拍，从此，东坡不但一炮走红，业务能力也日见精进，每年都有获奖作品问世……”

说到山东电视台的《乡村季风》，肖东坡在那里耕耘了5年。“乡村在变，我扛着摄像机，在乡村跟着那‘变化’在奔跑，不知不觉已把自己融入其中。”

别看肖东坡混在人群当中是个极普通的后生，他的聪明灵气和奇思怪想左右着他的主持风格，在每一个不可复制的杰出人物面前，他都能像老熟人一样，信手拈来，轻松驾驭。

不错，新闻是易碎品，在肖东坡眼里，他所接触的那些人物故事中所体现的精明、正直、探索与追求精神，永远不会过时。

谁说不是天道酬勤呢，随便翻开肖东坡的《乡村笔记》，那些灵光闪闪的可喜人物真是招人喜欢。那个叫陈宜斗的放蜂人，肖东坡跟着他在野外生活了几天，身上被蚊虫叮咬了100多个包。但他同时记住了从1月到12月，蜜蜂采花从南到北，从东到西的主要飞行路线，什么油菜花、紫云英、刺槐蜜、荞麦蜜、棉花蜜、向日葵蜜……简直比赵丽蓉的报花名还丰富多彩。

如果一个人，把他采访对象所从事的工作当成一个专业课题来琢磨，那还有什么解决不了的难题？

我就奇怪了，一个搞新闻的，怎么像养蜂研究所的专家一样，将养蜂市场分析得那么透彻，枯燥的数字记得那么清楚？如果没有对生活的热爱，对被采访人的敬重，作为一个主持人，绝不会下十倍、百倍的力气学习新知识，刻苦地去搜集、记录、组织这些非专业的东西集结出版。看来，一个有心人无时无刻不在捕捉、汲取、咀嚼、积累……

肖东坡的荣誉原来就是这样来的，2002年中国播音与主持作品奖唯一的电视作品一等奖，中国广播电视节目主持人金话筒奖，中国电影电视神农奖金奖（两项），全国对农节目一等奖（三项），所主持的《乡村季风》获得中国新闻名专栏奖……

对于一个游刃有余、名声大噪的主持人来说，手持金话筒就如同端着一个金饭碗。但肖东坡感到社会的大环境不断在变，正如一位哲人所说：一切都会消逝，只有变化永恒。肖东坡好像对自己十年后的发展已经一看到底了。

他想变一变。

2003年，当中国农业电影电视中心招聘主持人的时候，肖东坡作为唯一一个外来人勇敢地挑战自我，前来应聘。结果他被选中了，成为独立制片人兼主持人，入主崭新的《乡约》。这是一个需要自筹资金、自收自支，走市场运作路子的栏目。

做人难，难在如何能够征服自己。正如友人鼓励他所说：没有劈不开的木头，只有不锋利的斧子。他面对着诸多的困难，如何提高自己，如何提高大家的追求状态和积极性，如何运用手中的纸笔、镜头、话筒，张罗一个风光阔大、才思涌动的天地。

是《乡约》，给了他一个一飞冲天的平台。他被农民兄弟所推崇，他被新浪网誉为“中国第一农民之友”，他被全国的观众熟悉和热爱。网友们用诗一般的语言赞美他。

“本来以为自己已非常娴熟地融入了都市的世俗中，面对任何现实的情感我都抱之以冷漠的伪装和掩饰，可是面对《乡约》中那一个个感动的瞬间，那一张张朴实、纯真的面孔，一个个真实的故事，所有的伪装顷刻间崩溃，至此，我相信我从未改变，改变的只是外表，而那乡情、乡音、乡意却从未停止过。”

《乡约》，说不尽的精神家园。

《乡约》，朴实、生动、深刻，像他本人。

（《光明日报》高级记者　武勤英）

链接二

《乡约》带给我们的感动

——大型户外访谈节目《乡约》创作思想评析

电视文化是都市生活的产物，或许这就是农村节目难以摆脱尴尬和不太景气境地的一个原因。尽管农业电视信息采集、节目制作费时费力，却一直难以进入人们的期待视野。但是近几个月看CCTV-7的农民谈话节目《乡约》，却有耳目一新的感觉。这个用独特的发行方式同时在全国的特快列车、民航和网站热播的大型户外访谈节目，正在引起全国电视观众的关注和喜爱。

这个节目的定位是“乡土情怀、精彩人生”，但我要说，《乡约》期期精彩，看后总能激起心头阵阵涟漪——是什么感染了我们？也许是新颖的开放式节目样式，也许是被誉为“田间主持人”肖东坡的个性风格，也许更是这个节目独辟蹊径的选题艺术——我以为，所有这一切，都深刻体现了《乡约》主创者们正在形成的崭新创作理念和对当代农民、对“三农”节目的富有新意的理解。

农民需要认同

观赏《乡约》不难发现，节目主创者们面对新时代的农民，调整了对农民的认识，以崭新的“农民观”作为节目创作思想的主轴。

基于这样的认识，他们听到了中国农业现代化跫然前行的步伐，看到希望田野上的勃勃生机。《乡约》发现了100多位有着“精彩人生”而且令乡亲引为骄傲的新闻人物，请他们做客《乡约》——比如华西村的吴红宝、西洋村的周福仁、南街村的王宏斌、九星村的吴恩福，还有硕士村长霍清廉……不仅有这些立足本土建设富裕乡村的典型，还有许多走出土地成就大业的人物，有的已名列《福布斯》排名前列。当乡亲们听着苏绣传人姚建萍介绍她的作品《爱我中华》已经随着神舟五号飞船遨游太空的时候；当他们知道普京总统和芬兰总统穿的就是“咱们”乡镇企业开创的“波司登”品牌西服时，他们脸上洋溢的是自信和自豪的神采。

荣获“金话筒”奖的《乡约》节目主持人肖东坡，有着“农村后生”的淳朴、憨直和风趣，他带着浓浓乡情，带着真诚的尊重和认同，走进农民的

“精神家园”。他在田间地头、河边山脚、炕头小院、葡萄架下与农民坦诚交谈，他善于在轻松和谐的语境中，利用远离城市喧嚣的宁静，将访谈过程变成心与心的交流。洪堡德说过“语言是精神不由自主的流射”，肖东坡的语言活泼机敏，带着几分随意，但他的每句话“流射”的是对乡亲们的理解和尊重。

有时“约会”是在集市的广场进行，这时《乡约》就显示“让农民自动放下手中的活计聚拢过来”的魅力。在“万人大集”式的节目过程中，主持人、嘉宾和农民水乳交融，节目现场流荡着没有任何编导痕迹的欢愉和快乐。

记得有一集《乡约》的访谈对象是老教授袁隆平，没料到这位平时言谈比较拘谨的院士也“卷”入主持人营造的和谐欢乐的气氛中，他“聊发少年狂”与乡民同乐，既唱歌、又拉琴，还在乡亲们面前翩翩起舞。他在其他访谈节目中，似乎从未如此动情、忘情——而在《乡约》中，现实生活与现实人物和谐“同构关系”的自然形成，也是主创者对农民尊重认同创作思想的成功体现。

农民需要快乐

在所有电视节目中，农村节目也许最少趣味性、最缺乏娱乐因素。虽然直接服务农业经济、介绍脱贫经验的农村节目自有其存在价值，但它过于直白的教化形式正在失去受众。目下“弥补”这个缺陷的普遍做法是，用都市化的色彩斑斓、花俏张扬之类掩饰其脱离农村现实的苍白，但它从未受到农民的青睐。《乡约》显然走了一条探索性的路——他们似乎就是要在农业题材节目中注重趣味元素的开掘，在体现节目多种功能的同时，更注重娱乐功能的发挥。

“面朝黄土背朝天”的农民们如今“需要快乐”。研究表明：当今农民看电视的首要“开机动机”是娱乐。基于这些认识，我们会发现《乡约》中诸如《赌王反赌》、《与蛇共舞》、《中国狮王》、《金牌媒婆》、《我为婚狂》等边缘性选题的创作意图。主创者似乎没有刻意给节目附加过多的“意义”，也没有沦入“彻底的娱乐性”的窠臼——其实“意义焦虑”可能是多余的，在节目的可视性和趣味性之外，农民们还会琢磨出一些什么来。比如《金牌媒婆》里那位解放前15岁投井抗婚的姚玉英，如今分文不取为青年男女自由恋爱牵线搭桥，30多年“成全”了300多对，而她的一句“他们幸福就等于我幸福”的朴实话语，就够我们品味良久了；还有《我为婚狂》里的陈涛，大学毕业毅然回乡，开风气之先办起“婚庆服务公司”，他艰苦创业、移风易俗，带领农村青年追求新的生活……在洋溢着欢乐的节目中，主持人以说笑式的访谈贯穿其中，故事连着笑料，揶揄连着调侃，其中穿插着农民们情不自禁的自娱自乐说唱表演，还有那位“婚庆主持高手”陈涛，将婚礼词说得溢彩流光……可以肯定，热热闹闹、笑声连着笑声之后，散去的农民们定能从姚大妈的“傻”和陈涛的“狂”里面咀嚼出一些发人深省的东西。

农民需要快乐，给农民带来快乐，也是我们的媒介责任——即使其中包含着提高收视率的期盼，也没有错，长期被忽视的9亿农民是一个庞大的收视市场，亟待我们开拓，办几档农民爱看的节目，实在是功德无量的事情。

农民需要感悟

接受美学认为，正确地把握传播对象的期待视野和思维方式是有效传播的前提。经验证明，我国农民对问题的理解和判断似乎更倾于直觉思辨，倾于对具体事物的“感悟”，这是从感性体验到理性判断的过程。而《乡约》展示的100多位新闻人物，构成当代“三农”精英的绚丽画廊，这就为农民提供了“形象演绎观念”的最佳文本。

在《乡约》中，主持人一般是先“聚焦”人物和事件，话题推进力求情节的连贯性和具象性，并通过电视艺术手段，立体展现人物形象的丰富多彩，然后在开放式的访谈中，层层深入地发掘人物的品格和感人肺腑的心路历程。节目内容没有观念的预设和宣示，主持人说的都是最平实的乡村语言，因为他相信，人物事件本身可能对他们就是一种震撼——比如“打工车夫郭荣庆”通过十年苦读考上中国社会科学院研究生，这是为了什么？而经历了市场经济风浪的摔打发展成“波司登”品牌的乡镇企业集团，年产1000万件西服，却是从11个人、8台缝纫机起家的，他们是靠了什么？节目没有直接给出答案，但是，当他们听了“西洋集团”老总周福仁说的“要富口袋，先富脑袋”那句话，可能会很快完成从形象到观念的演绎，他们的“顿悟”也许比谁都要深刻。

当然，《乡约》的选题并非仅停留于人物经历的展示上，有的就明显地带有“议题设置”的性质。比如“千万富婆”冉俊芳，为什么要同子女们签订“不留给儿女一分钱”的协议？再如8年前在102国道事故频发路段遭遇车祸的李树文，没有怨天尤人，却支撑着病躯，将有生之年和全部家产260多万元用来“救死扶伤”，皮大衣都卖了救人，但儿女结婚却没给一分钱——节目中，可以看到人们困惑的神情……还有《老于的世界》，那位在别人的嘲弄声中捏了几十年憨态可掬的半裸农妇的土老爷子，如今，怎么拿到联合国教科文组织颁发的“民间工艺美术大师”的烫金奖状？

《乡约》中这些悬念的设置，可说是对几千年农耕文化积淀的观念意识的冲击。在这类节目中，主持人有要言不烦的精彩点评，但更多的是借势布阵，将访谈推展为广泛深入的“群议”，以推动两种观念的碰撞，在这一过程中期待领悟。比如“救命天使”李树文的父子对话、儿子结婚没要到钱，媳妇也“婚纱没披上”就一道上路救人了……他们既“倒苦水”觉得“委屈”，最后还是勉强认同了老爷子对生命意义的认识。再如对曾被村民戏称“老流氓”的于庆成的访谈和议论，主持人将过去的戏谑与现实的认同作对照，与大家一道探究“老于的世界”。尽管没有给出完整的结论，但主持人构建了一个富有张力的“思维场”，节目的参与者或受众置身其中，不会不思索，不会不评判，不会不有所感悟。

农民需要关注

“城里人”对乡村田园风光往往有过多的美学想象，深入下去才会有不一样的感受。《乡约》制片人、主持人肖东坡长年在农村采访，他深有感触。

2004年母亲节，《乡约》播出《潮湿的关注》。我被西部“真实的贫困”震撼了。节目内容是对志愿者身份的摄影师于全兴的访谈，他在“责任和道义”的驱使下走访了西部44个县，向我们展示了贫困母亲们的生存状态——石垒的有些歪斜的小屋前，站着三个孩子的母亲顾彩莲，她忍着胸膜炎的疼痛，背着营养不良的婴儿，眼里流露出期待救助的企盼；在这贫瘠的乡村里，年收入不足百元，他们把能吃上酸菜包谷饭看作最大的满足。那位38岁的母亲覃纯菊，丈夫一去不归，生活困窘，大雨冲又走了破败的土屋，但她用县里的一点救助，顽强地带着孩子背沙石、垒新屋……

《潮湿的关注》通过于全兴摄影过程的“关注”，引动了我们对贫困母亲的关注。节目有个“光明的尾巴”，即以救助贫困母亲为宗旨的“幸福工程”10年推展成果卓然。但是，节目中一位县长的答问令我们很难释怀，他说：“我们县贫困母亲3万多人，受救助的是315人。”——这正是《潮湿的关注》力图表达的主题，即“救助一个母亲，就是救助一个家庭”，只有从“杯水车薪”的“关注”转变为全社会的关注，才是对生活在贫困线之下母亲的真正救助。

由此可见，《乡约》对农民的关注不是浮泛的，而是深刻的，也是全方位的：既关注他们创业的成功和辉煌，也关注他们的困惑和迷茫，既关注他们自强不息的奋斗，也关注着那些“被遗忘的角落”，这体现农民节目创作理念的嬗变，也是这个栏目选题的重心所在。

（广州大学新闻与传播学院　应天常）

第 15 章

《冷暖人生》：讲述小人物的非常故事

——对话制片人曹菈

将近八年《焦点访谈》一线记者的磨炼，多年国内外独自闯荡的经历，从激光工程师到哲学研究员再到国际化商业传媒的管理者，这样从一个极端到另一个极端大跨度地涉猎，不断开阔了我的眼界。

——曹　菈

• 制片人简介

曹菈　1988 年毕业于天津大学，获激光专业学士学位。随后在江苏省南京市电影研究所工作两年，于 1990 年考入北京师范大学哲学系攻读哲学硕士，毕业后分配到中国社会科学院工作。1993 年 12 月—2001 年 3 月，在中央电视台《焦点访谈》栏目担任记者、主持人；2001 年 3 月后赴美国工作、文化交流；2002 年 10 月回国，成为凤凰卫视《冷暖人生》栏目的创办者和制片人；2004 年 4 月，担任阳光卫视频道总监。

•《冷暖人生》简介

创办时间：2003 年 1 月 7 日

栏目性质：人物访谈专题节目

时　　长：40 分钟

播出频次：周播

栏目特色：

冷暖人生，人生如戏。《冷暖人生》要讲述的其实是生存与生活的故事，关注的是发生在普通人身上的命运起落。

始终把《冷暖人生》视作儿子

欧阳国忠：凤凰卫视有一个专门讲述小人物故事的名牌栏目，在这里你能够真切感受到一个流浪歌手的坎坷人生，你也能领略到乞丐生存的非常状态，还能看到一位老盲人一生的卖艺生涯。这样一档具有独特人文关怀视角的栏目，它的名称很有人情味，叫做《冷暖人生》。今天要对话的就是这档栏目的创办者和制片人曹莛。

曹莛：刚才欧阳提到流浪歌手、乞丐，回想起来特别亲切，毕竟是我亲手把这个栏目拉扯大的。感谢欧阳给我这样一个机会。

欧阳国忠：《冷暖人生》走过一年多时间，你还记得当时是哪一天开播的吗？

曹莛：2003 年 1 月 7 日，我记得很清楚，像孩子的生日一样。

欧阳国忠：你把这个栏目当成孩子，是否说明你对这个栏目有一种难以割舍的感情？

曹莛：这个栏目是我牵头创办、又独自在外一手拉扯大的，格外有感情。凤凰卫视的同事都知道，我始终把它称作“儿子”。

欧阳国忠：做了一年之后，是否有买家想对栏目进行运作？

曹莛：在凤凰卫视，栏目的收入主要是商业广告赞助，正式播出之前有商家冠名赞助 2003 年的节目，到 2003 年 10 月 28 日已经签下了 2004 年的广告，广告费比初创时高了一倍半。

欧阳国忠：你进入凤凰卫视时刚从美国回来？

曹莛：进入凤凰卫视的确跟去美国有关，2001年我在美国加州的硅谷工作，“9·11”事件发生时，有国内朋友打来越洋电话，说从凤凰卫视看到报道，可能有飞机正飞往加州首府旧金山（当时情况不明），让我千万小心，不要到高层建筑下面去。虽然是虚惊一场，但是在最紧张的时候，最早是从凤凰卫视得知这个消息。2002年9月回国探亲，正好又从凤凰卫视上看到了“纪念9·11一周年”的特别节目，在当天我就给凤凰有关人士打电话，表达了加盟的愿望，很快如愿以偿。其实以前在中央电视台的时候，大家对凤凰卫视一直都很好奇，1996年我也差一点进了凤凰卫视。

2002年9月凤凰卫视正在策划2003年的新节目，从周一到周五准备开一个通档栏目，全称叫做《凤凰冲击波》，都是由凤凰卫视的著名主持人担纲主持：吴小莉、窦文涛、阮次山等等。其中有一档栏目打出来的品牌是“关注弱小人生，传达凤凰的人文关怀”，这档栏目与凤凰卫视一向擅长的“大”字入手的理念完全不同。听凤凰卫视的管理高层介绍：之前凤凰卫视已经在内部进行了制片人竞聘，但是因为这档“描述小人物生存状态”的栏目实在不像凤凰卫视的风格，所以其他新栏目的制片人都定下来了，唯独这个栏目经过几轮“选将”仍然没有合适人选。正好我的电话打过去，聊得非常投缘，于是凤凰卫视台级领导和主持人陈晓楠几次到北京会面，越谈越有感觉，也是种缘分吧，看起来那么复杂的事情就这么定下了。“冷暖人生”这个栏目的名字我特别喜欢，听起来让人眼眶发热，像是带着体温。

欧阳国忠：这个栏目从你开始接手筹备到播出用了多长时间？

曹莛：我是2002年11月6日报到的，离正式播出（2003年1月7日）还有61天。去了以后马上召集相关人员开策划会，做栏目定位、招人、找选题。记得动手做的第一件事就是拆旧演播室，当时的演播室背景还是《两极大碰撞》，然后找人设计、施工，同时联系选题、安排采访等等，40天过后，我们完成了全部栏目的定位和形态，组建了一个栏目组，完成了两个样片的制作，12月16日样片通过凤凰“老板”和“院长”的审查，到2003年1月7日正式播出已经储备了六期节目。

欧阳国忠：高效率可能是凤凰操作栏目的特点，内地的一些节目号称十月怀胎，十个月孕育一档节目，很难出来，这点我非常有感触。

曹莛：这可以说是“凤凰速度”，不只这个栏目是这样。内地十月怀胎的栏目我也能体谅，因为限制太多也很不容易。凤凰卫视给创作者很宽松的氛围，所以造成这种高效率，给你一个准确的定位后就不再限制，发挥主创者的主观能动性，结合主持人的特点，最后磨合出一种独特的东西，的确是靠磨出来的。

欧阳国忠：创办一档新栏目非一日之功，你自己背井离乡，其中的辛酸可能只有你自己知道。

曹茁：从 11 月 6 日到 12 月 16 日是最困难的，必须完成两个样片的制作，在这 40 天里要做的事情实在是太多了，包括联系施工队拆装演播室，当时根本不知道施工队在哪里。组里的人除了主持人之外，一位副制片是小伙子，再就是三个女孩儿（三个女孩中有两个主持人，包括凤凰卫视著名的“健康小蹦豆子”孙晶）。那时候一直顶着压力往上冲，节目怎么办，选题怎么办，定位在哪里，什么样的故事什么样的人，什么样的形式，都是靠 40 天磨出来的，说把人的能力发挥到极致一点都不夸张。

欧阳国忠：在 40 天里最令你难忘的事情是什么？

曹茁：最难忘的是栏目组的人同舟共济，大家都难得休息，脑筋整天在调整运转，所有的东西都是不确定的。可能做电视的人都是这样，有个任务就顶上去，子弹已经上膛了，不冲不行。一路这么小跑着过来，也没有觉得太苦，倒是蛮有成就感的。忙的时候一点不觉得，精神稍微放松的时候就会儿女情长，最想念的是孩子，觉得很对不起她。去凤凰卫视之前一直在美国跟孩子相依为命，回国不久我就离开她去南方，从 11 月 6 日直到 12 月 30 日，那期间都浸泡在节目里，说实话很少想到她，电话都很少打，有时候想起打电话夜已经深了。到 12 月 30 日手里攥了四个片子才敢松了口气，当天赶回北京，直奔学校看孩子。趴着教室窗户往里看，怎么也找不到那个熟悉的小身影！脑子一激灵，才把时空转换过来。听到教室里老师正在从低向高念分数，一直到 99 分都没听到女儿的名字，最后剩下两个 100 分的时候，第一个 100 分是她。顺着声音找女儿，看到她一身灰灰的衣服，发帘遮住了眼睛，过去我在家一直很讲究她的衣着，女儿的头发也是我给剪，这两个月变了样子。我一下子好像从天上掉落到地下，感觉得到一个，又失去一个。

欧阳国忠：你比作儿子的《冷暖人生》不断成长，为此辛苦那么久，在电视屏幕上第一次看到节目播出，你的心情怎么样？

曹莛：做电视年头有些久了，开播前想象过会很激动，真到了时候那种感觉倒没有了。这跟做《焦点访谈》不一样，1994 年我交上自己独立编导的第一期节目后，电梯门一关就靠在墙上哭了。这次不一样在哪儿，毕竟自己带着一帮新手在干，需要对整个栏目负责，责任心盖过了自己的个人情绪。眼睛死盯着屏幕，看字幕的格式、片尾滚字幕掐时间，在中央电视台做编导的时候是不需要担心这一点的，有技术人员负责。中间又怕音乐断了、带子花了，有这些琐碎的事情牵动着特别紧张，反而没怎么激动。看完第一期发现一些问题，比如修改字幕的字体，延长片尾音乐等等，马上布置完善下面几期节目。

欧阳国忠：“冷暖”有一种温度的感觉，你们的制作理念是什么样的？

曹莛：揭示弱小社群不为人知的故事，探讨社会边缘的痛苦心灵。大家在以宣传为主的媒体上不多见的人和事，我们把它说成“另类人生”和“非常故事”，应该是这么两类。

沟通过去意义的边缘和主流群体

欧阳国忠：观众比较佩服你们采访到的弱势人群，面对镜头的时候能够很真实坦诚地交流出自己的真实想法、表达自己的内心。这点你们是怎么做到的？

曹莛：熟悉《焦点访谈》可能就会理解，如何打开被采访者的“话匣子”，让他们包括犯罪嫌疑人对着镜头讲述自己的心理历程。多年的《焦点访谈》记者让我积累了经验，实际上这是一种交流技巧，就是制造一个“谈话场”让对方倾吐心声。《焦点访谈》偏重叙事和表达观点，《冷暖人生》更注重心与心的交流，甚至人格与人格之间的碰撞。谈话栏目提倡坦诚、尊重、理解、宽容，而我们栏目的主人公长期生活在社会边缘，很少有人会静心聆听他们的心声，因此他们心理的开放程度会弱得多。栏目刚开播前，我曾向央视的陈虻老师请教，他说虽然人人都有故事，但是这些人为什么要对你敞开内心？因此真正的平等尊重和心灵沟通非常重要，绝不是浮于表面的一句口号。我在组里年龄最大、经历最多，前期的心理沟通工作要多承担些。主持人晓楠除了主持我们栏目以外，每周还要播报新闻，一个月有三分之一的时间与我们在一起，策划和编导会先做好预采访，交给晓楠的策划文案尽可能完备。

在预采访的时候要进行心理沟通，其实一旦阅历到了，面对面的第一眼就能够决定双方是否信任。我们的采访对象大多不是名人，没有太多的功利心去表达自己，并且对媒体满怀疑虑，加上心理的边缘化，初次接触容易惶恐不安，因此第一次眼光对接、第一次握手的时候，一定要非常坚定地

冷暖国外

传递一个信息：你们所有的想法和行为都是有根据的，请把你特行独立的道理告诉我。从眼光从语气，包括肢体语言都表达出来这种信任和期待。当对方的状态稳定下来，就说明他接受了真诚沟通，想了解什么样的事情，只要是他真正经历过的，肯定会不加掩饰地告诉你，即使到灯火通明的演播室也一样会说真心话。

比如说艾滋病人群，这是国际媒体一直比较关注的群体。在“艾滋病日”之前，我们发现了一个名叫“爱与关怀”的网站，网主是一位名叫“小汤”的艾滋病患者，是从海外归来的留学生。我们都很喜欢这个小伙子，和别的病人不一样，因为有海外经历，他的眼光特别开阔，内心没有太多黑暗的东西；小汤也很聪敏，懂得怎样与媒体合作。比如说他知道很多媒体记者会放大与“艾滋病人”握手的“壮举”，因此见面以后，小汤一定会等闪光灯亮了才伸手，很像领导人“作秀”，而对于电视采访，他提出了一系列可以说很“苛刻”的要求，时间、地点、提问，以及他的声音、图像处理等等，只有口头协议还不行，必须签文字合同，种种要求我们全都答应。但是我们从广州分手回到香港后，又接到他的电话拒绝接受采访，还主动为我们推荐另外一个人，我回答：“就是要采访你，因为你有故事，你的故事有代表性。”后来再打他的电话，已经转移到他女朋友那儿了。小汤的女朋友非常漂亮、有活力，相信是小汤的个人魅力吸引了她。就从小姑娘那里突破！听说她没见过小汤生病前的样子，我们答应会在保护小汤形象的同时，用美好的音乐和画面还原小汤的健康，另外我们也了解她的一个心愿：小汤陪伴她的日子有限，这个节目便是一段青春的见证。在十天内我从香港到广州来回跑了五六趟，不断地按照他们提出的要求修改节目，最后终于得到他们俩的签字认可。因为故事感人，就做了上下两集，这两集片子现在拿出来看还是非常动人。

欧阳国忠：感觉像《冷暖人生》这样的节目，只有非常感性的人才做得出来，你们的制作者都是感性的人吗？

曹菇：至少我是极端感性的人。

欧阳国忠：社会朝主流方向发展，你们更多关注的是弱势群体，接触这些东西多了之后，内心当中是否有一种压力？

曹菇：我们做的工作更重要的是一种沟通，沟通过去意义上的边缘人物和主流人群，这是我们栏目的核心竞争力。另外对于“主流”和“边缘”这两个概念，我琢磨了很长时间，这两个概念在社会学中的范畴是相对的。一个社会的文明程度越高，它的社会宽容度就会越广，物质文明越丰富，人的自由度也会越高。所谓的社会边缘其实就是一种个性化的生活方式。物质文明越丰富，个性化的生存方式会越来越多，“边缘”和“主流”的界限会越来越模糊。

包括我们提到的“另类”也是这样，在一个平等宽容的社会，只要符合社会法律和公共秩序，这个另类其实是可以被欣赏和被接受的。我在美国加州的伯克利大学学习过一段时间，那是美国著名的另类文化聚集地，校门口的大广场上，终年汇集着各种各样奇形怪状的人，他们自称是艺术家，他们自得其乐，从不干涉别人，他们很边缘，很另类，很可爱，怎样形容都可以，他们就那样合理存在着，而且真正是被欣赏地存在着。

一个社会的文明程度越高，它的社会宽容度就会越广，物质文明越丰富，人的自由度也会越高。所谓的社会边缘其实就是一种个性化的生活方式。物质文明越丰富，个性化的生存方式会越来越多，“边缘”和“主流”的界限会越来越模糊。

欧阳国忠：有一天傍晚我下班路过一个菜市场，一对父子拖着板车，母亲坐在板车上面唱歌，正是夕阳西下的时候，很快乐的一幅场景。他们自己觉得很幸福。

曹莛：是啊，每个人内心的幸福和满足，并不是按照“主流”与“边缘”、“强势”与“弱势”划分，这种标准慢慢在变。

欧阳国忠：有没有打算在北京也做这么一个节目？

曹莛：真的很想做这样的节目。这一年我尝到很多甜头，和那些特行独立的人接触，感觉他们太可爱了。这一年看到很多真实的人、真实的生活，他们有非常真实的缺点，也有非常真实的优点，很多所谓“主流社会”的人不一定了解，他们非常非常真实。

商业电视台和内地电视台的不同

欧阳国忠：凤凰卫视在资本到运作方式上更多属于商业

电视台。我们也希望探讨商业电视台和内地电视台，两种不同形式的电视从业者所处的环境或操作过程中的感受，包括制片人制度。《冷暖人生》有多少人？

曹菇：主持人陈晓楠，她是凤凰卫视的新闻主播，一个月有三分之一的时间在我们栏目组。另外有八个人，一个制片人，四名编导、两位摄像还有一个统筹，还有实习生若干。

欧阳国忠：凤凰卫视推行的是明星制，你去之前凤凰卫视实行过制片人制度吗？

曹菇：是我第一个提出来“制片人负责制”，当时给凤凰卫视的老总交了一个报告，明确提出制片人的责、权、利，希望人员定岗定编，并且在资金的使用上有一定的权限额度。

欧阳国忠：“制片人制”也是从国外引进的制度，国外制片人制发展很久，目前在我们国内的电视台正在推行，也在探索当中，这里面肯定存在一些探讨的东西。内地制片人更多是栏目的领头羊，包括对栏目的走向、定位要负责任，对栏目的质量负责，同时是人财物的管理者。凤凰那边情况怎么样？

曹菇：实行什么制度是形式问题，应该探讨的是怎样更适合栏目的发展，包括央视也是“主持人中心制”和“制片人负责制”并行，这种定位还是根据人对栏目产生的作用来定的。即使在凤凰，“主持人明星制”和“制片人负责制”也是不冲突的，因为是两种概念。“主持人明星制”是一种商业技巧，把主持人当作明星进行包装，利用他的知名度带动新栏目，这是商业上的做法。“制片人负责制”属于管理范畴，设立这么一个栏目的管理者对栏目整体负责，他有用人的权力和财务权利，他的责任相当于项目经理，要组织人员把这个项目保质保量按时做出来。两种制度并行，如果合作得好会事半功倍，如果抵触的话在谁负责上花太多精力，就得不偿失了。

欧阳国忠：节目的收视率情况如何？观众是不是普通百姓居多？

曹菇：从凤凰卫视的平台上来看我们栏目，播出的总体情况还是蛮好的，具体数字不知道，但是从网上发贴的数量看，在去年播出的同等栏目中最高，说明大家还是很关注。看这个栏目的人，什么职业都有。

欧阳国忠：《冷暖人生》每期栏目的流程能不能和我们讲讲？

曹莛：选题、策划、前期拍摄、演播室、后期合成。在组里我的这块工作除了全面管理之外，还兼任选题策划，尽可能多地做好前期工作，拿出比较完备的文字稿给晓楠。其他编导也要多做这样的事情，如果前期文字稿很充分，拍摄时就相对简单一点，包括该问的问题及相应的画面都会有所准备。之后进演播室，晓楠和专家做一下点评，这跟一般节目的操作流程一样。

欧阳国忠：探讨节目策划的时候，主持人的意见和制片人的意见争执不下的时候，节目往哪儿走？

曹莛：谈节目的时候我不是制片人，相当于是一个策划，不存在职位上的差别，最后还是形式决定于内容，看怎样做更符合我们对人物命运的表达。

欧阳国忠：节目整体质量上升或者下滑，最后凤凰卫视找谁负责这个栏目？

曹莛：栏目的监制会把意见告诉我或者晓楠。

欧阳国忠：央视实行末位淘汰，对栏目的市场率、占有率有一个综合的评价体系，如果这个栏目是末位淘汰的话，制片人两年之内不能再担任制片人。

曹莛：可能在管理上没有央视细致，来自赞助商的意见是我们第一要考虑的，这是商业台的运作规律。栏目的内容和质量，栏目组的话语权比在央视大得多，在央视一个节目要经过好几层审核。

欧阳国忠：“制片人制”和“明星制”是并行的。

曹莛：“明星制”是把主持人作为明星包装，它是商业操作的模式。“制片人负责制”是节目运行的管理方式，这两种模式在不同阶段起到的作用不同，但是无论如何，两个人的配合非常重要，可以说是栏目成败的决定性因素。

推出一个新的栏目相当于推出一个新产品，一个合适的主持人相当于产品的商标，本身就已经是名人的主持人会使这个栏目先声夺人。制片人同样也是产品的一部分，只是起

“主持人明星制”是一种商业技巧，把主持人当作明星进行包装，利用他的知名度带动新栏目，这是商业上的做法。“制片人负责制”属于管理范畴，设立这么一个栏目的管理者对栏目整体负责，他有用人的权力和财务权利，他的责任相当于项目经理，要组织人员把这个项目保质保量按时做出来。

的作用不同，制片人的作用是负责链接产品的所有生产和营销环节。而在管理上是由主持人还是制片人负责，完全取决于他们对这个栏目起的作用。

回想起来很有意思，我自己就经历了“制片主任”和“制片人”两个角色。第一天到凤凰卫视报到，全组开会时晓楠首先发言，进行了职责定位：“《冷暖人生》不要像央视那样，把制片人当作官衔。凤凰卫视的制片人不管节目内容，节目内容由主持人和策划负责，制片人只要哄着编导按期把节目做出来就行。”

事实上我理解晓楠当时说的工作，在央视叫做“制片主任”，为编导做些辅助性的工作，比如联系摄像、接待嘉宾、拆装演播室这些事情。这和上任之前获得的承诺有很大差距，心想“既来之，则安之”，先把栏目办起来再说。

虽然说内容不用我管，但“样片”是硬道理，时间一天天过去，距离样片截止的大限也越来越近，可是连样片的选题还没有确定。于是我想到曾经关注过的“另类人生”——被称作“变性人”的“异性症”——以前是从科学的角度感觉好奇，现在不正好有机会解读吗？于是在装修演播室之余，将电话打到各地整形医院，终于在四川找到了一位“异性症”患者小廖，说服他（当时还是“她”）接受采访。我就这样做了第一期样片的编导，带着摄像，赴成都拍摄外景。拍完把小廖领回来，连同策划文案一起交给晓楠，我去忙我的“后勤保障”工作。隔天录演播室我负责整个演播室的技术工作，包括机位的调度和切换，录了整个下午，晚上整理场记时忽然发现一个致命的问题：晓楠在演播室总共提了37个问题，但全部都是第一层面的问题，完全没有追问，这样的话意味着一个36分钟的节目，将不会有完整的故事情节和人物性格的开掘，第二天上午，我只好请小廖二进演播室，把要追问的话问出来再剪到片子里，从那开始正式介入节目。

欧阳国忠：你对陈晓楠怎么看？她是否适合主持这样的节目？

曹莚：我一直很喜欢晓楠，见到她本人之前就感觉她是个大气的北京女孩儿，非常有书卷气，真是很喜欢。但是做“小人物”的节目可真是难为她了，这个节目和新闻不一样，需要有生活积累，这与她的成长环境格格不入，她后来一直努力寻找与各种人群沟通。恰巧在这一点上，我的八年《焦点访谈》记者经历可以帮助她弥补，所以我尽可能地在业务上多做些工作。

欧阳国忠：凤凰卫视制片人和内地制片人有什么区别？

曹莛：内容决定形式，内容是谁更符合这个栏目的要求，谁能把栏目做得更好就由谁来负责统筹这个栏目，包括它的管理、人才调配、栏目发展方向，找最适合的人来做。这个人是谁不要紧，是制片人、是主持人、是制片主任都不要紧，谁能将生产链条统合起来，并且进行良性运转最重要。

推出一个新的栏目相当于推出一个新产品，一个合适的主持人相当于产品的商标，本身就已经是名人的主持人会使这个栏目先声夺人。制片人同样也是产品的一部分，只是起的作用不同，制片人的作用是负责链接产品的所有生产和营销环节。

链接

过去的二十年

1984—1993 年：一段曲折的求学经历

在我们的学生时代，流行的一句话就是“学好数理化，走遍天下都不怕”，那时做梦都想成为居里夫人那样的科学家造福人类，因此一直埋头学理工，放弃了很多兴趣和特长。其实小时候我最得意的是作文，几乎在所有的学习阶段，作文都被老师当成范文诵读，但在当时单凭这一点骄傲不起来。

高考时还是报了理工科，功夫不负有心人，不仅考上重点大学，还选择了在二十年后的今天都堪称尖端科技的“激光”专业。感谢我的母校天津大学——中国近代史上的第一所大学，相信没有多少人知道它的光荣历史。但就是这样一座默默伫立的百年老校，用它同样百年的校训——实事求是——纯净着每一位学子的心灵浮尘。虽然这段求学经历对我后来从事的传媒职业没有直接影响，却为我树立了一个坚定不移的做人标准：踏实苦干、求实求真。这个理念让我受益终身！

毕业后回老家南京陪伴父母，正式开启了属于自己的冷暖人生。当时父母身体不好已经退休，上大学前我曾向二老许诺：将来挣钱养活你们！真的毕业才知道实现这句话并不轻松。因为没有社会关系，我被分配到最脏最苦的的冲压车间实习，工资是一个月78元。记得当时每个月都给自己规定一个任务：挣到的钱一定要超过78元，哪怕多交给妈妈一块钱呢。但就是这样一个卑微的愿望，在当时的计划经济体制下并不容易实现，于是拼了命地学习各个工种——车、铣、刨、磨、钳，有次差点被冲床“咬”掉一个手指头。最拿手的技术是电焊，没几个月，我的“焊活儿”已经排在全厂第二（师傅第一)。距离现在已经18年过去了，依然记得当冲压车间的韩在银主任亲手把5元钱奖金交给我时，止不住狂跳的心脏，尽管后来经手过5元钱的千倍万倍，但再也没有体会到那样的光荣，那是建厂30多年来第一次给“学徒工”发的奖金啊！

而我为那5元钱付出的代价是：被焊弧灼成了一条缝的眼睛、被飞溅的火星烧出的满手水疱，还有鞋袜衣裤上数不清的破洞。由于能够保质保量地完成一个技术工人的工作量，我每个月就能比实习工资多拿5元钱奖金。每个月拿到这笔钱，就领上父母去工厂附近的“白马餐厅”吃顿灌汤小笼包，半斤15个，一共2.75元，三个人笑成了三朵花。

大约有一整年的时间，我都是穿着带有焊洞的衣服度过的，生活的重负让我举步维艰、自惭形秽，于是断绝了与所有大学同学的联系，强迫自己忘掉曾经是名“天之骄子”，用近乎自虐的方式快速地褪去了身上的“学生气”。后来我进到研究所做光学工程师，有了稳定的收入让父母衣食无忧。安定了一年多，掌握了几种主要产品的核心技术后，也看清了自己后半生的路。我无法回避来自内心的另一个声音，那是一种对所谓“命运安排”的不服从，为什么有的同学还没毕业，就有好单位找上门随意挑选？就是因为有个好爸爸！难道我再怎样努力也只能这样度过一生？不——相——信！在一个锥心刺骨的深夜，伴随着北京火车站的钟声我暗自发誓：进北京，尽最大能力改变自己的命运！

而当时的时代大背景也为无数梦想者提供了可能，20世纪90年代初扑面而来的社会变革，激发了无数年轻人征服的梦想，于是又经过一番艰苦的努力，我考上了心仪已久的文科专业硕士研究生，满怀歉疚地告别父母再度北上。

1993年：人生的分水岭

三年寒窗苦读，因为有了失而复得的爱情，变得无比轻松惬意。硕士毕业时凭着优异的成绩，被分配到中国社会科学的顶级机构——中国社会科学院工作；1993年年底，中央电视台面向社会公开招聘，带着对媒体的好奇一路过关斩将，我顺利地通过笔试、面试，以1%的比例考入中央电视台新闻中心评论部，参与《焦点访谈》的创办工作，并且有幸成为这批入选人员中的主持人，承担起采、编、播合一的任务，此后的八年间采访、编辑、主持了上百期舆论监督节目，还担任了“香港回归”、“国庆庆典”、“长江截流”等大型直播报道的现场主持，以及“改革开放20年”、“相逢2000年”等历史性纪念活动的策划，其间被中央电视台派往日内瓦联合国总部报道“国际人权大会”，和吴建民大使等外交专家并肩战斗，在看不见硝烟的战场上为祖国赢得了尊严。

在中央电视台工作的八年，正赶上中国电视发展的黄金时期，也是中国社会改革最为风起云涌的时代。托职业的恩赐，我和我的同事们有幸在第一线目睹了祖国壮丽时刻的到来，也经历了人生最为猛烈的考验。在此期间获得荣誉无数，最难忘的有两件事情，第一是在祖国盛世连连的1997年，被《北京青年报》评为“亲历国家大事”的代表；第二是1998年10月7日朱镕基总理视察中央电视台，我作为《焦点访谈》的记者代表汇报工作，总理当面夸奖了我的工作，“曹茳啊，你的节目比我的讲话影响还大……”，在我的心目中，这是对过去八年苦累与危险的最大褒奖。

2001年：自费赴美国“充电”

在跨世纪的2000年，中央电视台进行大胆创举，要把世界各国的欢庆活动呈现在中国的屏幕上，CCTV联手BBC直播地球上24个时区跨越千年的瞬间，我负责协调联络所有的工作环节。《相逢2000年》这个24小时的直播活动拉近了全球人的距离，最大限度地展示了电视媒体的传播功效，显示出中央电视台的国际大台风范。

在这个属于全世界的24小时，CCTV的屏幕成了梦想家的乐园，各种肤色的人分别用自己的语言争相描述自己的“千年之梦”。也是从那一天起，一颗驿动的心再次失去平静，一个中国传媒人的梦想在隐约闪现——努把力，向国际进军！在那让人又爱又恨的24小时过去之后，我开始考虑：是留下吃老本还是离开一段重新开始。我最终选择了后者，离开摇篮一般温暖的中央电视台，赴美国工作和文化交流。

到了美国一切从头开始，我的中国生活全面归零。由于是美国劳工部批准的工作签证，我有自己的社会安全号码（类似于中国的身份证号），有自己的信用卡，年末像美国人一样交高额的税，只要愿意就可以理直气壮地移民，这样优越的条件使我有机会深入美国社会和美国人的生活。

在美国将近两年的时间，曾经两次驾车横穿整个美洲大陆，在那个陌生的地方走了很多、看了很多，也想了很多，更多的是希望通过了解美国来比较中国的发展进程。有一句话“出了国才更爱国”，至今还记得当中国申办奥运成功时，得知这个消息的那一刻，眼泪“哗”地一下就流出来了。什么叫“祖国”？是无论你走到哪里都无法割断的血脉，她的荣辱已经在孕育的时候就贯穿生命。而这种感动早已久违了，在国内更多的是不满足，对自己一成不变的生活、对周围复杂的人际关系等等，然而当脱离母体之后，所有关于祖国的记忆都变得无比亲切深刻。

2002年回国探亲，联合世界著名媒体CNN、BBC与中央电视台的总编室合作课题，对电视的理论前沿进行研究，比如“新闻直播”、“隐性采访”等，将在美国学到的理论知识与中国实践紧密结合，采用“演示会”的表现手法，开启了中国电视学术研讨的新形式，被学界前辈称赞“为中国电视做了一件功德无量的事”。原本打算研讨结束后回到美国继续坐“移民监”，是央视旧友的一番话让我猛醒：从 2000 年到 2002 年，中国电视迅速发展成熟，中央电视台从 9 个频道发展为 12 个频道，凤凰卫视、阳光卫视逐日辉煌，再不回来什么机会都没有了！是啊，就算在美国读个博士、拿个美国身份，至少也要三年的时间，三年后还会有什么机会呢？在和先生充分商量后，连美国的汽车都没来得及出售，我就迫不及待地带上孩子回来了，至今我的美国律师还在催促：何时向美国联邦移民局递交文件？

2002 年 10 月，凤凰卫视筹建 2003 年的重点栏目《凤凰冲击波》。我有幸参与了前期的策划准备，11 月便被凤凰总部任命为制片人，负责组建《冷暖人生》栏目组。短短的一个多月的准备期，12 月样片通过审查，2003 年 1 月 7 日栏目正式播出，一年后《冷暖人生》已成为凤凰卫视的主打栏目之一，不仅赢得了良好的社会效益，商业收益也大大提高。

这一年多的急行军也快速地提升了我的个人能力，如果说中央电视台的八年把我培养成一名合格的电视从业人员，那么凤凰卫视则锻炼了我的团队管理能力，以及直面市场的判断力。2003 年初在凤凰卫视引入“制片人负责制”，结合凤凰的实际情况摸索商业栏目的管理模式，取得了减人增效的成绩。现在这种模式已经在凤凰卫视内部推广。除了栏目的工作以外，我还参与了美伊战争和 SARS 的报道，因为“不怕苦、不怕死”获得了吴仪等中央领导的表彰。2003 年凤凰卫视“老板”刘长乐亲自颁发给我“凤凰重大贡献奖”(凤凰卫视曾进行现场直播，大家熟悉的闾丘露薇同期获得“特别贡献奖”)，年底签下栏目 2004 年的广告，比初创时高了一倍半。这让我放下了心，至少这个一手拉扯大的孩子不会被冻着、饿着，于是在储备了二十多个选题并且确定了今后一整年的发展计划后，我告别从四面八方招来的组员，移交工作回到北京。

2004 年最寒冷的季节，也正是阳光卫视最低谷的时期。经过四轮面试，我被聘任为频道总监，负责为阳光卫视的发展寻找新的定位和方向。从参与创办央视的《焦点访谈》，到一手办起凤凰的《冷暖人生》，再到现在负责阳光卫视频道改版，从一名普通的电视观众到节目编导、栏目制片人，再到频道总监，整整用了十年的时间。幸运的是：这十年也正是中国电视发展最快的阶段。回首这十年的路程，我始终是带着对电视的景仰，一刻不敢怠慢、一步未曾远离，即使摔倒也没有时间回头，只顾爬起来继续赶路，受过刻骨的伤害，也享受过无限的甜蜜，对此，始终无怨无悔！

回到北京，又一次站在起点，下一个十年？只能说：目标已经日渐清晰，依然是不问终点，只顾一路狂奔。究竟能够走到哪里？相约十年，容我再一次细说从头。

（曹莛）

第 16 章

《都市1时间》：关注老百姓的喜怒哀乐

——对话 ETV 直播都市频道总制片人梅宏

当我们把眼光平视之后，便有了崭新的心态和视野，这不是个英雄的时代，在老百姓婆婆妈妈的平凡视角中，寻找震撼心灵的瞬间，我们愿为此而孜孜不倦。

——梅　宏

• 制片人简介

梅宏　安徽人。从小随父母移居湖南，1983 年大学中文系毕业。1989 年加入湖南广电，曾参与湖南郴州电视台、湖南经济电视台的筹办。历任新闻编辑部责编、新闻部主任、经济节目中心主任。现任湖南经济电视台副总编辑，主管 ETV 直播都市频道。2004 年度被评为全国创新创优优秀制片人。

主要代表作品有《排县发展农村教育系列报道》、《东江移民两人家》、《山里水手》、《将星闪耀洞庭》、《与三峡共振》、《洞庭天下水》等，多次获得省级或全国级的新闻奖。

•《都市1时间》简介

创办时间：2001年7月
栏目性质：民生新闻栏目
时　　长：60分钟
播出频次：日播
栏目特色：

“民生视角，本色表达”的节目宗旨十分鲜明地概括了《都市1时间》的传播理念。在节目定位上，《都市1时间》“用激情发现生活，用心力感受冷暖，用良知检讨社会”彰显以人为本、求真务实的中国主流社会发展趋势；说百姓话，言百姓事，这档节目获得了社会的广泛认同。在节目风格上，《都市1时间》注重电视新闻的镜头的冲击力和动感表达，特别强调文风的简约、朴素和直白。在节目的经济效益上，根据央视索福瑞的收视调查，《都市1时间》的年平均收视率为6%，收视排名久居湖南新闻类节目第一位。《都市1时间》的火爆甚至激活了它所在的ETV直播都市频道整个播出平台的收视率，使原本缺乏特点与亮点的都市频道在《都市1时间》及其延伸栏目的带动下，面向城市市民的特色日渐鲜明，最终定位为湖南第一家全天候的省级新闻频道。

《都市1时间》为中国电视新闻的演进、发展和走向做出了有意义的探索，为研究我国民生新闻的现状和发展趋势提供了新的线索。2004年，《都市1时间》获全国百家优秀栏目奖。

民生新闻风生水起

欧阳国忠：《都市1时间》在湖南是一个非常火爆的节目。在全国来说，最近一段时间民生新闻是很受理论界和电视业界看重的一个节目形态。据我了解，《都市1时间》提出“民生新闻”的理念是比较早的。你们是在哪个时候提出要做“民生新闻”？

梅宏：“民生新闻” 的理念很早之前我们就提出来了。2004年5月，我们就鲜明地举起“民生新闻”旗帜，对《都市1时间》这一档新闻栏目进行扩版和改版之后，我们的思路更加清晰。从它运作的情况来看，我们也达到了一定的目的。在全国我们应该不是第一家，但是我们这个民生新闻节目在国内掀起了高潮。为什么要这么说呢？从关注度来讲，从今年起，南京的《南京零距离》开始受到社会的关注，但它只是一个点。《都市1时间》起来之后，引起了业界的进一步关注。《广播电视学刊》连续两期广泛地关注包括《都市1时间》、安徽经视的《第一时间》在内的这类民生新闻节目，引发了一个高潮。这个高潮期应该是由我们《都市1时间》引起的。除了《都市1时间》栏目在收视率、社会反响方面取得显著成效之外，还有一个原因：大家以前关注的是湖南的娱乐文艺节目，突然间有这么一个栏目出来，在收视率、社会反响方面超过了娱

《都市1时间》的路牌广告

乐、文艺节目，必然引起业界一种新的反应，觉得湖南过去文艺节目引领时尚，现在又有新的开拓，拓展到新闻领域了。再放眼一看，各个省都有这样的节目，而且发展趋势很不错。

欧阳国忠：关于《南京零距离》，我看到了一篇文章《一个栏目激活了一个频道》。从指标上来看，《南京零距离》创收有1个多亿，占频道总创收很大的比重，收视率也很高。刚才你说了，湖南很多人关注娱乐节目，《都市1时间》的出现打破了湖南娱乐节目单一的架构，有没有一些指标来说明这个问题，包括收视率和创收？

梅宏：收视率基本情况是这样的。2004年《都市1时间》改版之前，栏目名称是一样的，但偏重反映领导活动等新闻，报道一些比较上层的、带政治色彩的活动。《都市1时间》扩版之后，栏目定位更加清晰，没有了会议新闻，没有了领导的镜头和新闻，你在节目里可以找到普通的老百姓，但是找不到省委书记、省长、市委书记。改版后一个月时间就开始见效了，根据央视索福瑞调查，收视率就上升到3—4个点，三个月后，收视率大幅度上升到7个点，在顶峰时间上升到11个点。目前我们稳固在8个点左右，收视份额最高达到25%，基本收视份额也有20%，比较稳定，不会因为电视剧太好或者太差受到影响。

从经营角度看，最新的统计，在《都市1时间》栏目的前、后、中间插播的广告，有几个数据：一是频道的广告由它来消化的达到7000多万元（1年），一是单位广告面积达到了每条广告9000元（10秒），这个价格目前在全国新闻栏目里头是最贵的。另外，它的冠名现在是600万元。这些全部加起来可能有7000多万，今年可能达到8000多万元。不过《南京零距离》现在已经突破1亿元了。

欧阳国忠：这在很大程度上可能因为江苏的经济总量比湖南大，另外江苏的电视节目之间的竞争也没有湖南这么激烈。

梅宏：南京电视节目的市场蛋糕本身就大，有1亿元的份额，跟整个市场还是相匹配的，而湖南经济发展水平没有这么高，《都市1时间》在这种情况下，能有七八千万元的经营收入已经很不错了。

欧阳国忠：《都市1时间》与《南京零距离》这两档民生新闻节目各自最大的特色是什么，区别在哪里？

梅宏：应该说我们打的都是“民生牌”，也就是最看重本土发生的资讯。不过他们有他们的“苏”字牌，我们有我们的“湘”字牌。我们的“湘”字牌就是根据湖南的特色——辣，湖南人有什么事情都可以吵起来，现场的东西更火爆一些，这对于民生新闻来讲，是一个至关重要的要素。从主持人来说，《南京零距离》的主持人温文尔雅，像孟辉读报，这也符合江苏台的那种底蕴很深的风格。而我们做不来这种很有观点又侃侃而谈，包括主持人的思想深度，我们都达不到。我们曾经想到过、尝试过像孟辉那样的读报节目，后来我们放弃了。从湖南特色来讲，我们没有这种优势，我们的优势在现场，在老百姓的积极参与。我们栏目里面有一个《百姓说话》板块，湖南人的这种特性、比较突出的性格在里头得到了充分的体现。我们的标题非常明确，如“我烦躁”、“我郁闷”等。市民房后面的垃圾堆成了山，我们去采访的时候，他们很配合，会把苦恼发泄出来。《都市1时间》里面还有一个小板块《百姓语录》，不是说湖南老百姓很爱说吗，我就让你到我这来说，把话筒架在街上，有说话欲的人就过来说，每天有人说，络绎不绝，头一天晚上就预告第二天说话的地方、时间和话题。一天有几十个人，我们就选择最好的，每天播出语录上十条。这就符合湖南人我要说话、我要讲的心理和性格，这就是特色。如果要和《南京零距离》真的要比个好坏，比个高低，那没法比，各有千秋吧，在本土能够获得观众的认可是最重要的。

《都市1时间》扩版之后，栏目定位更加清晰，没有了会议新闻，没有了领导的镜头和新闻，你在节目里可以找到普通的老百姓，但是找不到省委书记、省长、市委书记。

新闻争夺战催生民生新闻

欧阳国忠：你们节目的播出时段是怎样一个安排？

梅宏：其实我们在进行栏目及频道的构架过程中，想到一句话：尽力集中人力、物力、精力办好一个栏目。这个栏目就要撑起这个频道，从目前情况来看，应该还是有一定的效果。随着新闻竞争的日益激烈，《都市1时间》的播出时间不断地改动，最早的时候，晚上6点就开始了。晚上6点30分湖南卫视的《湖南新闻联播》开始，湖南经视的《经视新闻》就提到了6点20分，我们也是为了与卫视新闻错开，现在选择晚上6点55分开播，一直播到晚上7点55分，整整一个小时。

欧阳国忠：这不是与CCTV的《新闻联播》有冲突吗？

梅宏：有。

欧阳国忠：对你们有影响吗？

梅宏：没有直接冲突，主要是内部的整体协调。

欧阳国忠：按正常的时段晚上6点到7点，这样栏目的收视率可能会更好些。

梅宏：对。如果说收视份额的话，当然是越往前越好。为了整体的协调，我们还是放后一点。虽然我们这个新闻是最后一个出来，这是一个不利的因素。但是我们更多的是做特色，靠特色取胜，如果要靠发布信息来吸引人，观众就不看你的了。

欧阳国忠：民生新闻在区域新闻节目里面竞争特别激烈，就长沙来看，《都市1时间》的竞争对手就有政法频道的《政法新闻》、湖南经视的《经视新闻》等，而且中央电视台的《新闻联播》也是你们的主要竞争对手。你认为，中央电视台的《新闻联播》对全国的民生新闻，包括对你们有什么影响？

梅宏：毫无疑问，中央电视台是老大哥，没有办法可以匹敌的，在新闻的权威性，以及信息的全面性方面，目前各个地方电视台都还没办法和它比。那么我们怎么办？各个地方台就要打地方民生新闻牌，也切合新闻本身的特性，就是它的本土性和贴近性。我们觉得，做这样的新闻我们有很独到的资源，央视可能也想要这样的地方资源，但是现在各个地方新闻竞争激烈，激烈程度比以前要多一点，不像以前那样无偿供稿，所以各个地方台都很注重对自己品牌的保护。《都市1时间》就是确定在长（沙）、株（州）、（湘）潭城市和其他主要的大城市，等把这一块占领了之后，我觉得这个资源就是独一无二的。当然，我们对央视的一些国际国内信息的关注，也不会放弃，但我们有自己地方的主打新闻。

欧阳国忠：《都市1时间》的本土新闻占多少比例？

梅宏：基本上都是本土新闻，国际国内的新闻以飞字的形式报道。凡是能够传递给大家的一些国际国内宏观信息，我们都通过屏幕下方设字幕来提供，也就是说央视拥有的一些信息，在我们这里同样能够得到。

关注老百姓的喜怒哀乐

欧阳国忠：《百姓语录》板块，还有《走进社区》板块的操作形式和优势在哪里？

梅宏：《走进社区》我们办了一些活动，以《百姓语录》这个小板块为单元，每星期到社区去搞一次活动，这个活动纯粹是去解决社区最基层老百姓的疾苦。比如说，在《百姓说话》里头有一个老太太，她家里有一个小孙子，正在读书，成绩也很好，但是他父母亲过世了，奶奶养着他，家里很苦，现在上初中了，他想要个电脑，买不起，怎么办呢？我们发布新闻之后做了一个发动。马上有人响应了，周末的时候到社区比较大的场所，老太太和小孙子就会来接受某个人或某单位捐赠给他的电脑。除此之外，我们每周还向社区供应大米，有些老百姓缺乏生存最基本需要的油和米，我们每星期就登门上访。有人来赞助，通过我们栏目送到普通百姓手中。这样社区也比较互动，他们有一个这样的组织，叫“帮助银行”，不是存钱，是存物的。我们搞这个活动之后，有很多人送东西，一时发不了，就存在我们这里，每周根据我们得到的需要帮助的信息，来帮助那些需要帮助的人。

欧阳国忠：原来我们的新闻概念是“对最近发生或正在发生的事情进行报道”，现在我们的民生新闻这里面有互动、有自己策划的活动，这个里面是不是对新闻概念有一个新的解读？

梅宏：应该讲，新闻就是对新近发生的事最直接、最及时的反映，这是新闻的本质。但是在做新闻之后，我们感觉新闻还有一种引导的功能。我们在引导的过程中，通过互动的这种形式，一方面把老百姓的眼球吸引过来，同时对于我们一些前瞻的东西有一个放大。比如就我们希望《百姓说话》，不仅仅是对新闻事件的一个关照，也是对未来可能发生的新闻提前的一种干预。比如我们预测到9月份开学的时候会有不少学生上不起学，预料到这可能发生的事情，但是现在还没有发生，我们会先做好准备，开始筹备，开始与社会联络，在新闻发生之前我们就做好预备了，到时的反映就会更加直接。

欧阳国忠：比如谁来资助读不起书的大学生，这种行动最大的优势就是现场感、参与感。在《都市1时间》里面互动性非常强，老百姓和栏目联系紧密。

梅宏：新闻以往是单向传播，就是我播你看，我播什么你就看什么。但是现在更多强调的是双向的，我播你看，你看了以后，有什么反应再反映给我，我通过这个反映又会有新的想法，再传播给你，这种方式就是互动。互动现在运用得也是很多，在《都市1时间》里面有几种互动形式：一种是现场短信飞播，就是我们一天有一条主题新闻，能够引起观众兴趣、反应的新闻就提出来，播出之后打上字幕，让观众对此发表看法、意见。还有一种是短信调查，就是针对一个现象，发布之后，我们会提供几个选项，让观众对赞同的答案进行选择，最多的一次，一小时之内收到的短信竟达上千条。有人会问，你搞短信调查是不是为了挣钱？按常规来说，短信是一条1元，而给《都市1时间》发短信，一条才1角，我们是亏的，因为我们还要给电信部门付钱。参与形式的多元化跟日新月异的高科技发展有关，比短信更进一步的是彩信，我们的电视是画面的，观众可以抓拍画面，拍到后通过彩信发到我们这里。观众拍摄这些东西的时候，不仅仅作为老百姓，他更是以记者的行为来参与了。我们搞过一次征集，路上交通有人违规了，你去抓违规，这种参与就不是老百姓的参与心理，这时的心态就是，我是记者，我看到你有不道德的行为就把你拍下来，在电视屏幕上批评你，这样观众就从被动参与转为主动参与，甚至变成记者式的参与了。

欧阳国忠：你们是不是经常打电话到百姓家？

梅宏：我们提出的口号是“扩音到你家”。现在很多家庭的喜怒哀乐，平时通过电话不一定采访得到，为此我们专门设立一个栏目，每天通过电脑滚动筛选，来选定一个电话号码。有兴趣参与的就把电话号码输入进来，现在已经有将近十万个，我们就从中挑选，每天都选，如果选到你，就通知你，第二天到你家采访，让你准备好，有什么喜怒哀乐要表达。

老百姓重收藏，现在老百姓家里收藏很多，有时候家里有一个青瓷瓶，不知道是真是假，他希望有人帮他鉴定，如果他拿到市场去鉴定要出钱，而我们栏目是免费的，他还可以学到东西，这个互动环节也是每天都有。现在有些老百姓希望每个季度都搞一个比较大的全民参与的鉴宝会。我们也在想，条件成熟的话，明年就可以搞技术鉴宝会，把故宫博物院的一些老师和鉴定专家请过来。

我们还有一个 DV 团队，已经发展到将近 100 人，由我们对这个队伍进行培训，目前只是在长沙市。在长沙市的各个角落，我们在表上有一个标记，如果你是个 DV 爱好者，就可以参与我们 DV 团队。你住在什么地方，我们就希望事件发生后第一个到达现场的不是我们的记者，而是我们的 DV 爱好者，我们称他们为“新闻志愿者”。我们频道的办公地点在城郊，到市区还有一段距离，有了这些“新闻志愿者”，最鲜活的现场不至于漏掉。一有新闻事件发生，我们在通知记者出发的情况下，还优先通知我们的 DV 爱好者，他们可能比记者先到事发地点，这也是一种互动。

欧阳国忠：DV 技术的发展也丰富了我们的新闻题材。

梅宏：我们现在还没达到这个理想。理想的状态是，所有的新闻稿件里面有四分之一到三分之一应该是由我们的 DV 团队提供的。他们更直接更贴近人们的生活，对新闻事件会有更鲜活更原生态的反应。一开始可能很稚嫩，通过培训和实践，他们会掌握得更加好。

欧阳国忠：在电视领域，技术门槛往往阻挡了一些人的参与。《都市 1 时间》的一些操作理念和实践，进一步拓展了新闻外延和内涵。原来我们讲新闻记者是记录者，而现在不但是记录者和参与者，还是一个事件的推动者。新闻的资讯功能是第一位，在这个前提下，给一些有困难的人帮助，这是它的社会功能。还有一个是娱乐功能，大家参与，不单有资讯、服务的成分，而且可以看到自己的形象或自己代表性的形象在新闻里面，这时候老百姓就有一种愉悦感。这样，新闻不仅有了服务性的功能，还有娱乐性的功能。你觉得这几个方面在将来还有什么内容可以充实？

梅宏：以前的新闻主要是资讯，高高在上，对老百姓真正有用的不是很多，生活中用得到的不是很多。民生新闻确实把新闻的门槛降得很低。如今我们的娱乐节目门槛已经降得很低，像湖南娱乐频道的《超级男声》、《超级女声》，唱得非常差，又非常难看的人，还是可以很自信地站在那唱。新闻怎么不可以降低呢？你不能老是板着脸说话，你要让普通老百姓亲近你，喜欢你，你就必须降低你的身份，记者出去采访，和老百姓是一样的。以前我们采访的时候，和官员们，名人们在一起，我们要把眼光降低，眼光要平视而不能仰视他，这样才能采访得比较真实。同样的，我们现在做民生新闻，我们的眼光应该还要降低，降低到和普通老百姓一样，这样你才能理解老百姓所处的环境、他的疾苦、他的喜怒哀乐，你才能够对他感兴趣，这就要求眼光向下，向下，再向下。

欧阳国忠：这说明电视的功能回归到它的本性，电视应该是大众文化，更多地为大众服务。还有就是分众化，现在新闻也开始分众化，有民生新闻、经济新闻，可能有一些高端的人，有比较好的职业，比较高的收入，他关注的新闻肯定和普通老百姓不一样。民生新闻应该为最大众的人服务。

梅宏：我们曾经看过一个调查，是央视调查的。最初我们觉得我们的观众群可能更多的是女性，年龄偏大，文化程度偏低。但从调查结果来看，恰恰相反，我们的收视群体中，男性偏多，年龄在三四十岁，他们是最有活力的人群，最有购买力的人群，文化程度在大专以上的也比较多。这个调查结果大大出乎我们的意料。同时也说明，你放下身份办的民生新闻，并不只是吸引最底层的人，也为我们的白领和高层所关注。

欧阳国忠：你认为这其中的原因在哪里，白领阶层为什么关注底层老百姓的生活？

梅宏：因为白领阶层对这种底层老百姓的生活接触较少，不大了解，他可能想通过我们这个节目来了解。另外，民生新闻展示的是现场的、突发的、事件性的，更符合新闻的本质。不管是白领也好，普通老百姓也好，他们更喜欢看到的还是鲜活的、新闻现场所反映的、真实的、没有粉饰的新闻。这样的新闻可能不管什么样的人群都会去关注的。

欧阳国忠：有需求才有市场。需求在哪？在你刚才说的受众群，他们把民生新闻作为一个窗口来了解这个社会，是不是有这样的需求？

梅宏：是。不管你是一个什么样的人，身份多高或者多低，你都希望了解你身边具体发生的事情是什么，更琐碎、更直接、更百姓的事情。比如说，哪里有车祸了，哪里堵车，哪里的下水盖被偷了，哪个地方又起火了，人不管在哪个城市，都是社区人，社区发生的事情应该对他们最有吸引力。

最初我们觉得我们的观众群可能更多的是女性，年龄偏大，文化程度偏低。但从调查结果来看，恰恰相反，我们的收视群体中，男性偏多，年龄在三四十岁，他们是最有活力的人群，最有购买力的人群，文化程度在大专以上的也比较多。

欧阳国忠：人的本质是一个社会的人，对社区、对城市、对这个国家发展都会有所关注，而关注度是通过每个具体事件来体现的。

梅宏：首先每个人是社会中的个体，他是这个国家的、这个城市的，更是他那个小区的。个体的人更关注的是与个体有关的事件，他可以说我们国家怎么样，但更多的会说我们这个城市怎么样，我们这个小区怎么样，我的隔壁邻居怎么样等等。

金杯银杯，不如老百姓的口碑

欧阳国忠：刚才你说了《都市1时间》基本上没有会议新闻，但很多会议上发布的信息与老百姓的生活也息息相关，影响的层面也很大。《都市1时间》在做足民生新闻的同时，怎么样把这些宏观新闻有效地吸收？

梅宏：因为以往人们对会议新闻有一种厌烦的心理，我们再以会议的形式来传播新闻，信息传达的效果可能不好，我们通过其他的形式同样可以把信息传达出去。比如飞字幕、口播等，都能传达这个信息，而且效果可能更好一些。另外，在国外的新闻里面，市长的活动和动向也是老百姓比较关注的。所以，我们的民生新闻也应该关注市长的活动和动向。出于同样的原因，我们淡化了市长的活动本身，市长出来的形态有些改变了，有亲民这一面在里面。但是从采访的过程来讲，我们能够采访到市长镜头背后的故事还不多。所以，以后随着社会的进步和发展，我们会更多地把镜头深入到市长的身后，那么，市长就会成为我们民生新闻里很重要的部分，我们期待市长在我们民生新闻中多一些镜头。

欧阳国忠：记得1996年的时候，如果栏目组没有接到一些重要会议的通知，就会觉得自己没有实力，所以没有人来请你参加会议。慢慢做起来之后，就会接到很多的会议通知，会议新闻就成灾了。而且很多会议的镜头是领导排排坐，下面也是排排坐。这种会议新闻形式单调，导致老百姓对此乃至新闻本身有一种反感。目前《都市1时间》没发过一条会议新闻，但这些会议请你们去报道的时候，会不会派人去呢？

梅宏：首先我们会了解会议精神，信息是什么，和我们栏目贴不贴，是不是百姓所需要的。如果不是，我们就不会去。要知道，并不是人家给你发了会议通知，让你去参加这个会才显出你这个媒体的身份和实力。刚开始我们也有同样的失意，那时我们会想，他们不来请我们，政府不来请我们，是不是我们实力不够，是不是我们不是主流的新闻媒体。后来我们想，这应该讲一个口碑，可能在政府机关有一个口碑，在普通的百姓中也有一个口碑，这应该是栏目或媒体定位的问题。作为一个媒体，对国家的大政方针不可能不关注，但是不一定非得要靠政府部门发通知来显示自己有多大的实力。我们的记者出去采访，老百姓都知道《都市1时间》，我觉得这个口碑比政府机关发一个通知会更让人舒畅一些。

欧阳国忠：正如"金杯银杯，不如老百姓的口碑"。但是，媒体终究还是党的喉舌，各个职能部门肯定需要你们去传达他们的精神，传达某些领导的形象，以此来抬升这些部门的声誉。虽然最近中宣部提出了"三贴近"，这是最贴近老百姓的最正确的体现，但是在实践当中不去报道这些东西肯定还有各种阻力和困难。这些阻力你们是怎么排除的？

梅宏：这个也不是阻力，而是一种需要。不管是普通百姓，还是政府部门也好，媒体都要替他们反映，替他们表现，但是应该站在很公正的立场。不管是你老百姓反映上来的，还是政府部门需要反映的，我们的标准是看它是否贴近百姓，是不是百姓实际需要的东西，如果是实际需要的，我们就去采访；不是很需要的东西我们就不去。我们还有意识地剔除一些所谓的官方东西，做久之后，就形成一种风格，如果突然在我们的节目里面插一个会议新闻，你会觉得别扭，如果是老百姓开会，比如社区选举，根本不需要发通知，我们会很主动。并不是会议我们就不去，我们排除的是没有意义、对老百姓影响不大的会议。

欧阳国忠：目前，全国上下掀起民生新闻的新高潮，对每个省从事民生新闻报道的媒体来说，这也是一个推动和鼓励，以前是孤立的。

梅宏：琐碎和平凡支撑了老百姓的生活，我们没有理由不关注他们，没有理由不反映他们的琐碎，正是这种琐碎构成我们最平凡的生活，你要反映那种生活，为什么不反映他们的琐碎事情呢？但是我们对这些琐碎的事件进行归纳，不是很自然地把它们展示出来，会有归纳，会有提升，会有引导。

欧阳国忠：我现在看《都市1时间》，它进一步靠近人们的本质和生活的原生态，提升之后又成为有整体走向的一种新闻，包括它的某一类，比如《百姓语录》，它反映的问题有主题，有策划，成系统，这样就可以整体推进。全国民生新闻热的新高潮，对每个地区民生新闻的进一步发展形成了有利的支持。

梅宏：其实我们都是在看央视怎么走，央视的民生化也是很明显。它的民生化的调度手段比地方台可能有更多的优势，各地的民生新闻都可以和它进行互动和接纳，而我们只

作为一个媒体，对国家的大政方针不可能不关注，但是不一定非得要靠政府部门发通知来显示自己有多大的实力。我们的记者出去采访，老百姓都知道《都市1时间》，我觉得这个口碑比政府机关发一个通知会更让人舒畅一些。

是其中的一分子。我们也希望央视把民生新闻做大，这可能带动各地民生新闻的发展，从而形成一个大气候，对整个新闻的改革都是一个很大的推动。

向直播新闻频道进军

欧阳国忠：央视现在有一档地方新闻联播形式的新闻，就叫《社区新闻》，明确提出了“社区新闻”这个词，而且它们的新闻表述方式与民生新闻很相近；新闻节目的发展和其他节目形式的发展一样，有一个发展和不断丰富的过程。以前，我们看到的新闻主要是上传下达的新闻，后来增加了民生新闻这种下情上传的新闻。我们国家提出以经济建设为中心的时候，经济新闻又出现了；当电视的娱乐功能开发出来以后，娱乐新闻又成为一种新支。民生新闻在近几年内形成了一个热点，将来国家进一步发展，民主进一步推进，新闻节目的内涵和外延进一步丰富。现在可能是民生新闻作为主打，将来是不是会有新的丰富？像美国 CNN 的新闻做到了全球范围的传达和播出。从全球的角度进行新闻报道，是“地球村”的概念，美国的东西我们中国人也是会感兴趣的，在这方面以后我们是不是也会有进一步发展？

梅宏：目前的民生新闻，可能吸纳了更多的新闻元素，很多新闻类型都可以在民生新闻中找到影子，民生新闻对它们是一种吸纳。我们上层领导人通过民生新闻更多感受到民生，民生新闻有一个下情上传的作用，是他们了解民生，了解民间很重要的方式。新闻到最后是一个“地球村”的概念，经过各种先进的手段，我们可以了解到国外一些信息，我们国家发生的事情国外也能很快了解到。

随着广播技术的提高，我们发现一种现象：民生新闻在慢慢发展的过程中，它给电视技术手段增加了一个档次。比如，现在比较流行卫星转播车，几乎所有有民生新闻的电视频道都有卫星转播车，或者都在准备购进这个车，他们的目的是什么？一个是需要更及时的现场传播。我有一个想法，至少可以把南方这些有民生新闻、有卫星转播车的频道联合起来，做一个这样的联盟，各个地方发生的事件，第一时间能够接收的不仅仅是本地，而是我们这个联盟的区域。慢慢地扩展开，就成为全国性的，甚至地球村的。我看这是一个发展趋向，从今年到明年，这个势头会非常明显。像《都市 1 时间》马上就会有两台卫星转播车，一个新的频道就要诞生了，我们以直播的概念来构架这个频道。民生新闻发展到最后，会由原来的一个栏目演变成一个频道，一个区域频道的联合体。

欧阳国忠：民生新闻发展到今天，需要进一步的突破，从一个栏目拓展到一个频道，可能你们在全国的电视领域会成为一个领军人物。

梅宏：我们不敢说我们能做领军人物，但是我们想做这样的尝试，希望在这样区域的联合体里能够做出更多的贡献。

欧阳国忠：在你这个构想中，基本构架是怎样的？

梅宏：一开始我们想的是民生新闻频道，但是现在新闻频道很多了，这种发展趋势更多需要嫁接技术上的一种进步。从全球来看，电视发展到一定阶段之后，如果想往更深程度发展，你必须突破一个瓶颈，这个瓶颈就是技术。目前来说，我们掌握的就是卫星直播，这种直播带来的好处是显而易见的，所以我们就想以"直播"这个概念来替换原来新闻频道的那种概念。一个新的频道模式能够出来，它既是新闻民生化的一种表现，一个出口，又是一个很及时、很时尚的面貌。我们的卫星直播车可以把最现场的一些事件在当时就能够播出来的，随时在我自己频道中插播。我们的卫星直播车不只是每个星期做一趟，作为一个点缀，它是一个实实在在每天需要出现多次的工具。我记得央视每个星期做一次《直播中国》，是从日本的《日本列岛》栏目吸取过来的，每周做一次，后来却停了，原因是，这种直播手段应该是特殊事件发生的运用手段，而他们每个星期都在用，展示的都是大好河山、旅游胜地等不需要直播的东西。到目前来讲，随着时代的进步，直播应该成为常规的新闻表现手段，变成每天必需的，不再是遇到一个重大的事件才能用直播车，而是所有的新闻表现都可以用直播车，这是我们的一种追求。

我有一个想法，至少可以把南方这些有民生新闻、有卫星转播车的频道联合起来，做一个这样的联盟，各个地方发生的事件，第一时间能够接收的不仅仅是本地，而是我们这个联盟的区域。

欧阳国忠：现在国外许多发达国家，直播已经是新闻表现的常态。而在中国，把直播作为一种手段和内容来表现，在湖南你们还是第一家提出，将来人们看多了直播新闻，再过来看现在的录制的节目就不习惯了。

梅宏：就像现在的新闻在演播室里直播，习惯之后，我们就把录播新闻看成是不可想象的事情。现在我们就是把演播室的直播延伸到了新闻现场。

欧阳国忠：刚才说的是直播，将来可能成为都市频道的常态形式。你们启动直播的时间是在什么时候？

梅宏：卫星直播车 11 月份到，我们有一个演练的时间，正式开播时间在 2005 年元旦。

欧阳国忠：区域性直播表现形式作为内容主打之一，以及区域性的联合两个概念在全国来说也是领风气之先的。

梅宏：为什么别人称我们为“电视湘军”，在很大程度上是因为我们有冲劲，有新的想法，敢吃螃蟹。比如我们对新闻频道的思考，为什么不叫新闻频道，而提出“直播频道”概念，在全国首先以直播车的架构来对整个频道进行常规的支持？因为我们总是想走别人没有走过的路，或在别人走过的路的基础上走得再远点。

第 17 章

《英雄古道》：将真人秀进行到底

——对话总制片人陈强

我觉得真人秀实际上是一个过渡性产品，而将来这个产品会往前推进。因为真人秀最大特点是将生活、戏剧、事件与表演等很多东西通过媒介现在的发展进行混淆，它的下一步会更互动，更直接。

——陈　强

• 制片人简介

陈强　美国爱吾华大学艺术硕士、纽约大学公共传媒硕士。现任北京维汉文化传播有限公司总经理、北京银汉广告有限公司总经理。曾策划并参与制作过全球 27 小时大型卫星直播节目《跨越 2000》，在全国 132 家电视台成功直播。

他策划并领导制片的系列真人秀节目有：《真实电视》、《走入香格里拉》、《完美假期》、《英雄古道》、《谁将解说北京奥运》等。

•《英雄古道》简介

创办时间：2004年5月底

栏目性质：大型真人秀节目

时　　长：30集

栏目特色：

“生存大挑战”特辑《英雄古道》是由广东电视台、新疆电视台、北京维汉文化传播有限公司联手斥巨资1400万元倾心打造、历时90天的全新野外大型真人秀节目。在90天里，8位青年男女在各种真实而残酷的自然环境中，利用7辆赛车、8匹骏马、8双健腿以及热气球、直升机等各种现代工具，漂流、辗转于冰川、高原、沙漠、古城、湖泊、雪峰之间，展开英雄式的竞技对抗，重现“动物世界”优胜劣汰的古老生存竞技法则——追捕与逃亡。

这是一场残酷的极限挑战。在这里，竞技比赛的悬念性、野外生存游戏的刺激性和娱乐性融为一体。

参与性和互动性是《英雄古道》的拿手好戏。本节目通过在全国（包括港澳台）多种媒体征集、评选“角斗士”。该节目采用边录制边播出的方式，因此，观众几乎将参与整个节目的制作过程。观众可以通过互联网、手机短信随时向角斗勇士提出建议、参与投票、选择自己认为能够获胜的角斗士，还可以通过全球卫星定位系统跟随新疆竞技现场的比赛展开网上竞技游戏，其互动性大大超过传统电视节目。

《英雄古道》的幕后英雄

欧阳国忠：你操作的真人秀节目《英雄古道》，情况如何？

陈强： 2005年已经在全国多个省级电视台的黄金档播出，节目主题为“追捕与逃亡”。两年前我们就开始准备，在新疆选了63个点，全程两万多公里。从踏点，选择雪山、草地、原始森林、古迹等不同地貌，直到2004年6月才开始拍摄，总共拍了90天。

欧阳国忠：现在你们的节目被很多电视台看好，你认为该节目之所以成为真人秀节目中的佼佼者，本身有什么独到之处？

陈强：该节目的成功得益于一个好的模式，包括团赛和追捕赛。我们从230个报名者中初选出60个，最后在新疆选出14个参加团赛。比赛是男女搭帮进行。到追捕赛时，在第一轮中谁输了就逃跑，其他人追。这是人与人之间智力、谋略和胆识的对抗。不管是追方还是逃方输了，都给你最后一个机会，比如说把你放在沙漠里，48小时只给你两瓶水，看你能不能走出来。这是对参赛者意志的考量。新疆独特的地貌和人文环境也为节目增色不少。这个地方在人类史和人类文化史上具有深厚的历史文化沉淀，而且绮丽的风光也是节目中不可缺少的内容。在节目的制作过程中，从一般受过训练的人上千米高空跳伞，到赶马，以及攀登七千多米的雪峰，我们试图做到极致。因此拍摄难度也很大，但最后完成了。

欧阳国忠：《英雄古道》这么一个大型节目，动用了多少台机位，如何保证录音的清晰度？

陈强：14个选手没有规定路线去爬山，这个机位怎么跟，确实存在很大的困难。其实拍摄机位我们有很多方法，这是非常有技巧性的。我们少则七八台机器，多则十多台，我们可以把所有的状态都拍到。每爬一座山前，我们导演都会爬五遍，五遍下来他们知道什么地方应该放弃，什么地方是应该着重拍摄，这就是职业性。但这都不是最难的，最难的是录音，包括杂音、距离、选手的状态等等因素，很多人很奇怪，说在7000米以上的高度或者是在原始森林、夜间的山上，你们这个声音是怎么拿到的。我们在录音上同时使用了三套方案。一般在野外我们起码是两套方案同步进行。我们这次拍摄的声音非常好。

欧阳国忠：无线麦克可以达到这个效果吗？

陈强：不行。光是无线的话，第一距离有限，第二无线经常在选手身上会摩擦，声音不安静。而且，无线有的时候没有指向性，所以旁边有水和树的声音，这个声音杂得一塌糊涂。还有，无线的电池只能坚持4个小时，换起来很麻烦。我们实际上是把监听电台，把话筒、无线麦克穿插使用。所以这次声音处理很好。

欧阳国忠：你们这么大一个节目，会有很多人参与，整个拍摄群有多少人？他们的分工怎样？

陈强：我们有90多个人，最少时也有80人左右，分为四五个拍摄组。它是散还是汇总，根据拍摄需求和目标决定。制片组也有四五个。我们的后期是在野外，连工作站和分线都在野外。所以前期和后期绝对不脱节。我们整个组里面还有一个采访组、造型组，分工比较严密。也就是说，谁拍现场，谁在休息时间进行采访，谁进行补拍，谁进行后期连接，都进行了明确的分工。

欧阳国忠：我感觉到这个节目真正的英雄可能还是幕后的拍摄者、执行导演。那些参与游戏的人，爬一次就行了，而执行导演要爬五次。这个过程当中有哪些艰难的故事？

陈强：比如说9个小时的跳伞。我们队伍整整等了4天飞机。因为当时不是这边下雨，就是那边下雨。我们带了一天粮食，在山上待了3天，好不容易看到天空有转好的迹象。我们明白，如果再不拍的话，整个拍摄队伍就垮掉了，山上很冷，大家已经坚持不住了。当时那边问飞机要不要起飞，起飞的话要冒很大风险，但是我们就下决心说起飞。他们飞过来时正好跳伞中间出现了一个云的大洞。所以观众看节目，看到周围全是云，人就是在这里面跳出来的。

登山的时候，执行导演问满天大雨，爬还是不爬，我们当时下决心说爬。结果晚上有七八个人爬上来，丢了一半人，就到处找。下山的时候路很陡。我们将近 70 人的拍摄队伍在山上下不来。晚上马匹就开始往上送东西，但是东西也送不上去。直到第二天这些人才撤下来。这绝对是惊心动魄。

再比如说穿越赛，我们两台机器，一台车，五个人，三公里倒一次机器。中间一共遇到三次沙尘暴，因为迷失了方向，根本就找不到人了。我们制片人那个时候爬到山顶上就找，三次沙尘暴，丢了三次。如果找不到，就死定了。当然我们也有准备：第一，直升机是 24 小时准备；第二，有一辆救援车。我们给他们卫星定位仪和全套装备包括无线电话。穿越五公里沼泽，走了十几个小时。沼泽地有的地方可以到胸部，到大腿根是常事。而我们机器还要跟踪拍摄，在里面还不能动。通过这个节目我觉得我们的专业水平和专业性已经进入到世界级的行列。

欧阳国忠：你说为了保证这些选手真实表达自己的情感，采取极致化的生存环境，可能这里面有一些安全的问题。作为一个总负责人，你是如何调度的？

陈强：我们在装备、保障、保险、医疗各个方面做好了充分准备。比如我们爬 7600 米雪山的时候，给我们做保障的是新疆登山协会，而且我们的登山装备是专业级的。从通讯角度来讲，包括卫星装备、电话、蜂窝式的电台全部给配备了，跟打仗的通讯水平是一个级别。我们还有直升机，万一丢了人，这架直升机马上就起飞。另外每一条路我都要求执行导演亲自走，确定哪些路不能走，哪些路可以走。在这个过程中先把一些风险排除掉了。

欧阳国忠：计划没有变化快，你当时是不是也有紧张的时候？虽然有这么多的准备，有把握，但是万一事情出来的话怎么办？

陈强：可能是过去操作大型活动比较多的原因，我觉得我能保持冷静。第一，我们的保障很好；第二，我们对当地的现场评估都做了准备，几乎是63个现场都去过了。另外，除了我们的预案，除了前面的踩点，我们有六次安排，所以安排非常严密。能够同步有5个组拍摄。为什么这么多人能够集中在一起？我觉得是天时、地利、人和。我们的拍摄队里有广东台的、贵州台的、河北台《勇者胜》的、新疆《纪录片》的，包括中央电视台《欢乐英雄》的主持人、导演和舞美。等于中国制作真人秀节目的导演群、制片人以及拍摄群的主力军基本上都进来了。另外还包括我们公司的13个制片，中国探险协会也参加了我们这个节目。所以说这个节目的产生是中国前几年真人秀拍摄的积淀，大家找到了一个结合点。这里面有很多人获得过国家级奖，像金鹰奖、纪录片奖等，水平很高。

开创中国电视节目模式海外销售先例

欧阳国忠：这个节目是否达到预期，和你当时预期的效果有差距吗？或者更好？

陈强：有失分的地方，也有补分的地方，我觉得应该可以打80分。

欧阳国忠：该节目会在全国一些省级电视台上播出。听说国外一些传播公司也都比较看好。

陈强：这个节目是一个新的模式，一些国际网络的大公司也打算推这种模式。在节目完成之前，就有11个国外的频道买了我们这个节目。我们在全国的发行开拍前就开始了。在节目编辑过程中的看片会后，就有三十几个省台购买我们的节目。整个运行过程比过去成熟多了。

欧阳国忠：这个节目场面很壮观，有飞机、热气球，还有上千匹马的壮观场面，以及新疆广阔的地域。这就意味着需要很大的投入，投入大概是多少？

陈强：直接投入是1400万。我们和广东台各投一半。

欧阳国忠：真人秀节目是目前欧美最热的节目样式，比如说新闻集团也正在筹划明年初推出真人秀频道。但在国内还是处于起步的阶段，从北京维汉文化传播有限公司制作真人秀节目的过程也可以看出。从《走入香格里拉》

到《英雄古道》有什么进步？

陈强：四年前我们做《走入香格里拉》时，很多人对“真人秀”是什么以及节目规则、选手之间的关系都不太明白，所以在拍摄团队里，现场执行导演和主创层对节目的很多看法都不一样。可想而知，这是尝试性的节目，我们获得了很多教训。与《走入香格里拉》不同,《英雄古道》在设计情节和规则时把拍摄的可实施性做得非常到位。比如说爬一座山，我们经常进行50公里的跟踪拍摄。这种拍摄，过去由于我们的经验不够，虽然现场很精彩，但是表现不出来。这次的规则、拍摄的布景和手段都比较准确，效果都很好。

另外一点，对于阶段奖励和阶段目标的规定也更清楚。《英雄古道》参赛者的近期目标是获得团赛、追捕赛的胜利，而终极目标是成为王者。每个阶段能看到实实在在的阶段性奖励，最终超越自己，完成梦想。

总之，无论从节目的规则、模式，还是从节目的设置、定位、推广，应该说都比原来成熟多了。

欧阳国忠：据我了解，在中国没有一档节目模式销往国外。北京维汉这档节目如果销售成功的话，可能成为中国第一例销售模式的案例。

陈强：我认为该节目的模式比西方同类节目模式更好，更有推动力。比如说团赛除了克服各种不同的地貌以外，还要分析旁边的人；到追捕赛时是三组对一组，而且常常需要考虑在弱势时如何摆脱；到生还赛的时候，人的状态到了底线，但是他们不甘心，要跟自己较劲。也就是说，这个节目的推动力很强。另一方面，在新疆这块土地做这样的节目，确实很好。

真人秀：真实生活与虚拟戏剧的融合

欧阳国忠：从《英雄古道》的片花，我也看到一些《幸存者》的痕迹，包括使用了火把。你认为真人秀节目共性和个性之间有什么样的联系？

陈强：这次我们的舞美从头到尾指导，所以每一场火的玩法都不一样。当然《英雄古道》也体现了最基本的模式，包括水、火、粮食。

我觉得真人秀有一个共性，就是在虚拟空间中用游戏规则产生的推动力，让人们进行选择，而后在现场的进行中产生情节、故事、矛盾。这是基本的共性。怎么样被淘汰，怎么样择优，形式可以有很多种，但是在择优和汰劣上，本质是一样的。

我觉得真人秀实际上是一个过渡性产品，将来这个产品会往前推进。因为真人秀最大特点是将生活、戏剧、事件与表演等通过媒介现在的发展进行混淆。我们的媒介概念和科技水平处于可以做到的，但是真正在社会普及上还做不到。所以目前真人秀还是一个过渡性产品，还有一个成长期，下一步会更互动，更直接。比如说中央电视台做的连续七天的《梦想中国》，虽然不是直播，但是一旦这种形式将来成为社会主体的时候，现在反过来看“真人秀”节目是为社会曾经做出贡献的。

欧阳国忠：如果用一句话来概括，构成真人秀的核心要素是什么？真人秀和其他形态不一样的要素是什么？

陈强：它把真实生活和戏剧混淆了。用规则和现代的一些科技成果把它混淆了。

欧阳国忠：刚才我听您说新的真人秀节目形态还是一个过渡阶段。真人秀将来会不会更加真实，更加互动？

陈强：从艺术规律角度来讲，我不认为绝对的真实是一定的。当然从科技角度来讲，在若干年后是可以实现的。比如说今天可以把一个中等城市的每一个空间置于我们监视范围之内。但是，我觉得艺术未来的发展恐怕有两个方向：一个方向是通过高科技，出现更梦幻、在感觉上更有幻觉的东西，这可能是从游戏的角度往前发展，发展到混淆视听的程度。这个发展可能会取代电影，是下一代所谓艺术文明的一个切入点和将来会得到很大成果的方面。另一个方向是通过高科技报道我们在新闻现场、原生活形态的资讯，包括真人秀在现场真实生活中的戏剧，这也是一个发展。但是我并不太看好把原态生活进行大规模的检测，产生一个观赏性的效果。所以说我对真人秀的态度是，真人秀毕竟是一种节目形态，把这个节目制作的非常好看至关重要。

欧阳国忠：真人秀吸引人的元素，有悬念、冲突、真实感。我们如何使参与者面对镜头时表现出原汁原味的感受？这个是不是拍摄当中比较难处理的问题？

陈强：每一个节目都有各自解决问题的方法。《英雄古道》解决的方法，就是极限运动，生命极限中人的真情流露。比如节目中有 80 公里的戈壁穿越，如果在 48 小时内不能穿越，就会被淘汰。这时就需要想办法，白天不能走，就要整夜赶路，而白天把自己埋在沙子里面休息、准备。就是这样通过极限运动打破人的平衡，让志愿者，表露出他真实的情感，这里面关键是打破平衡。而《谁将解说北京奥运》是一个职业比赛，有一个比较统一的规范标准，谁能够摸得高，谁就会成为中央电视台 2008 年奥运会的主持人。所以真情表露都不一样，但每个节目都需要找到这些东西来配合状态。

我觉得真人秀有一个共性，是在虚拟空间中用游戏规则产生的推动力，让人们进行选择，去进行现场的行为，而后它产生情节、故事、矛盾。这是基本的共性。

媒介前沿的探路人

欧阳国忠：你为什么一直钟情于真人秀的节目？

陈强：我做电视从纪录片、艺术片出身。我做真人秀节目，并不是我中意于真人秀这样的形态和拍摄方法。这里面有一些挑战和新鲜感、好奇心，这是一个方面。另外一个方面是从媒介行业的战略发展角度出发来选择。也就是说，今天媒介的发展从单向变成互动，从一元变成多元，从模拟变成数字。在这个过程中真人秀是一个过渡性产品。我们在前沿进行发展，就需要找到这个前沿到底在哪儿。在前沿的地方，哪些地方适合于我们公司的特长，哪些是能进行突破的一个突破点。我们正是从这些角度去出发，去寻找，去操作。

欧阳国忠： 你以前操作过非常多的大型节目，包括国际化的操作，能列举几个典型的案例吗？

陈强： 我在纽约的时候，做过一个30集的《人在世纪末》的节目。在纽约照了3000多个流浪汉的照片，表达20世纪90年代初全球化的冲击，对家乡概念、文化概念重新定位的故事。当时中国还没有完全感受到全球化的冲击，但是纽约、伦敦、柏林这些发达国家的大城市受到的冲击很强。很多人到了北京想纽约，到了纽约想北京，对自己家乡的定位定得不准。节目中一边是自由女神像，一边是这些流浪汉照片。与此同时，它所配合的是大规模的海报、广告、电视台、广播电台。当时《纽约时报》、《华尔街日报》、ABC等等世界级的大媒体在不同的领域里都参与了这个节目的操作。

所以我对媒体信息技术的工作的了解，实际上是在1988年开始的。储备是从1986年开始。1990年比较成熟，开始做几十个媒介，包括日本的几个杂志、NHK当时都参与了项目。1992年我操作《黄河渡过》，已经对整个媒介的运行比较成熟了。

1992年回国以后，我做了《黄河渡过》的节目。在黄河的5646公里中，一公里一个点，一共是1093个点，以同天同日在1000多个点上取一立方水，把这1000多个立方水送入黄河的入口，建了几个纪念碑，里面还有取水的时间、地点。我们当时拍了《黄河一日》，就是在32个点，以“一”的概念，一个家乡、一个学校等等。

1996年我成立了公司。当时同我做大型活动的伙伴，跟着我做了两三年，但是我没有一个实体去养活他们，他们等于是半条腿在别的单位，另外半条腿跟着我玩。当时就想成立一家公司，全心全意做自己喜欢的事。

1992年我就想，能不能把全世界的24小时变成一个屏幕。随着太阳的升起那时候，互联网刚刚兴起，卫星传送问题当时还没有完全解决。一个时区一个时区往下走。这是一个非常艺术的想法。于是就有了《跨越2000》的节目。BBC《跨越2000》的节目就是从我们这里做的。后来全国132个台做了，连续播出了27小时。我们在海外派了28个组，国内50家电视台，卫星同步上传，我们自己有卫星，一共是257个信号。该节目在元旦期间的收视率是第一次压倒了中央电视台。

回顾我自己走过的历程，从20世纪80年代末90年代初开始做信息技术，1992年做了信息工程，之后做了大型直播，后来是媒介的前沿探索直到今天做真人秀，我觉得是冥冥之中所想做的。

欧阳国忠：你的大型活动给我的感觉是，很有创意，很大气，整合运营的特点突出。你刚成立公司，就操作《跨越2000》这么大型的节目，是怎么完成的？

陈强：其实花钱不是很多。当时有10家电视台支持我。我们在武汉开了十个台的台长会议，我说完了以后，大家同意，就派工作队到北京与我一起工作。当时我们也投了一些钱，主要是得到了终极市场的极大支持。

我们公司的标志中间是一个惊叹号，两边是翅膀。这是我对媒介的根本看法。媒介需要内容，但内容是给别人惊叹号和问号。有好内容就会有市场，关键是要有好的内容、好的创意，如果你知道怎么创意，没有钱会有钱，没有人会有人。但是如果你没有创意，那么就会做很多表面的东西，会很吃力地运作资金、渠道，最后就算运作了还是会失去。所以在媒介这个行业最根本的核心竞争力就是你的创意，同时你要能够进行综合的整合运作。

在媒介这个行业最根本的核心竞争力就是你的创意，同时你要能够进行综合的整合运作。

欧阳国忠：很多公司都有很大的创意或者功能目标，但是最后能够成功的微乎其微，你觉得问题出在哪儿？

陈强：第一是判断力。每个人都可以提出很宏伟的目标，但是可操作性和定位的准确性，以及很多问题还没有发生时，每个人的悟性和判断力会有很大差别。要具备综合性经验，包括对媒介、资源、政治背景、政策以及受众群的综合判断。我们进行高层的所谓策划人的对话当中，交手只在少部分人的空间当中，知道哪个能干，哪个不能干，但是更多的人都觉得自己能干。

欧阳国忠：在《跨越2000》之前，你做过什么？

陈强：在这之前，我做过《黄河渡过》，还做过将近1300多集的电视剧。我跟台长、制片主任都比较熟悉。我是什么样的人，我是不是能做事情，我是不是说话算数，我有没有这个能耐，他们都清楚。在《跨越2000》开播之前，我签了108个协议，也就是说有108个电视台把这个时间空出来。最后我们直播室有200多人，连续三天没有睡觉，因为中间有时差。播完了以后，大家一块吃饭，几个技术和主管基本处于瘫倒的状态，有一半是累的，有一半是吓的。

欧阳国忠：你们公司目前主要是做真人秀节目，下一步打算做什么？

陈强：我们公司做电视剧出身，也做大型活动，做直播。从中我们看到两点：第一，随着技术的发展，媒体变成多媒体；第二，随着互动性的增强，内容的目标客户群越来越细分。所以内容肯定会多元化，而且是多媒体的。我们是伴随着技术的成长，来实现我们的内容提供方式和整个公司的战略。这是我们的战略目标。

目前我们有11个自己开发的模式，不光是《英雄古道》，还有《走入香格里拉》，包括现在正在做的《谁将解说北京奥运》。如果我们单纯抄别人的东西，那不适合中国的国情。我们希望可持续增长，同时有后劲。我们已经具备两个优势：第一，我们有自己的独创性的模式；第二，中国的制片市场很便宜。我们的市场加上我们的模式，在不久的将来我们就能和西方的很多大公司竞争。

欧阳国忠：目前正在与中央电视台合作的《谁将主持北京奥运》这个大型的项目，你们的独特性在哪儿？

陈强：这是一个针对主持人的职业考核节目。我们为考核主持人专门设计了一套规则，而且完全用职业实战的方法进行主持人的选拔。也就是说，主持人应该具备什么，在虚拟的情景中，你应该设计出什么样的规则引导他去表现，整个过程成为节目的时候如何具有观赏性等等，从规则到需求、到整个的节目形态都是我们自己开发的。

欧阳国忠：你们和中央电视台合作是什么样的方式？

陈强：中央电视台出制片投资，出总监和与台的资源连接。除此之外，其他事情都由我们来做，包括规则、模式、制作，全国十七八个主持人选拔点的操作、选拔，以及专家的组织等等。

第 18 章

《非常接触》：电视时代的快乐阅读

——对话总策划兼主持人阿忆、制片人曹征、节目总监李李

武林高手出招儿的时候，是没有套路的。从现在开始，《非常接触》将怎么好看，就怎么做，编导不再受原有设置的任何束缚。

——曹　征

•制片人简介

曹征　毕业于北京广播学院导演系。曾就职于北京电视台，担任摄像、编导、制片人。

主要作品有：1.电视栏目制片人：《什刹海》、《今日女性》、《TV 家庭》、《互动游戏挑战赛》、《智慧接触》、《非常接触》。2.电视剧导演：《叔婆》。3.纪录片导演：大型文化系列片《走进喜马拉雅》、系列片《中国八五》、《三峡备忘录》。4.宣传片导演：《北京申奥宣传片——陈述片》、《世界科技园年会北京申办片》、《北京外宣形象宣传片——魅力北京》、《中关村形象宣传片——中关村拥抱未来》、《UT 斯达康形象宣传片——新想法新通信》等。

•《非常接触》简介

创办时间：2004 年

栏目性质：访谈类电视读书节目

时　　长：50 分钟

播出频次：周播，在全国二十多家省市电视台播出

栏目特色：

《非常接触》栏目是一档样式全新的读书栏目，由北京电视台科教频道原创，以推介名人名著为内容。以往的电视读书栏目多为“小众”节目，《非常接触》栏目从大众表达的立场出发，突破旧有读书节目的老套路，非常贴近群众和生活，拥有广泛的收视群体。自 2004 年创办以来，收视率不断攀升，曾创造收视占有率 64%的辉煌纪录，目前已发行到全国 20 多家省市电视台，并获得北京广播电视优秀栏目奖等多项奖励，是北京电视台 2004 年收视率成长最快的节目之一。

快乐阅读：快乐比深度更重要

欧阳国忠：2003年底，各地电视台读书栏目已纷纷下马，而这档名叫《非常接触》的新读书节目却悄然上马。资深策划人阿忆从内地人很难看到的凤凰卫视消失，转入内地电视台的主战场。我先请问制片人，现在《非常接触》在多少个电视台联播？

曹征：目前是24家，还有6家正在酝酿待播。虽然这个节目的样片在2003年年底，由于种种原因，拿出来很晚，但各地电视台在看到它之后还是毅然决然地拿下原定的节目，把它临时而坚决地安排了进去。节目播出后，很快获得了比较好的反响，所以我们相信，这个节目的全国播出网络还会进一步扩大。

欧阳国忠：《非常接触》栏目的名称取得好！

阿忆：是曹征取的。

欧阳国忠：怎么取的？要跟观众贴近、贴近、再贴近？

曹征：不是。去年年底，科技节目《智慧接触》不再做了，要改版为读书节目，我列了30多个新名字，每个名字中要么有"智慧"要么有"接触"两字，希望新旧节目之间有一点连续性。后来，阿忆、王新生、李李一致认为更名《非常接触》最好。但也许明年或后年，我们找到了更有意思的名字，也可能还会改变。

欧阳国忠：你们觉得电视读书节目好做吗？

曹征：我觉得，电视读书节目绝对是一块非常难啃的骨头。刚开始的时候，我对能不能做好一个读书节目，心里有一定疑问。我们的电视台原有的一些读书节目，做着做着，最后都没有了。后来会同阿忆、李李以及北京久和成影视机构的总经理王新生，我们碰出了一个非常好的方案，而且经过仔细论证，认为在实际操作中有可能不败，我才建立了信心，才决定做这样一个电视读书节目。

欧阳国忠：当年的电视读书节目，像上海的《阅读长廊》，还有湖南的《爱晚书亭》都停办了，凤凰中文台的《开卷有益》也没办下去，当时很辉煌的电视读书节目，都纷纷下马了。当初你们有多少同类节目？

曹征：2000年前后，纯文化栏目还是有一定生存空间的，但随着电视体制的变化和它面临的经济压力，这种纯文化节目都处于很困难的生存境地。一些纯文化节目，像我们在北京电视台制作的《什刹海》就下马了。2004年我们上《非常接触》时，也同样面临着市场压力。我们为什么能够逆风而上？是我们找到了一个既坚持文化品位，又能在市场上赢得一席之地的比较巧的角度。所以我们不但能上，而且能够坚持下来。另外我觉得，电视读书节目能够上马，和观众成熟度的提高有一定关系。现在的观众，看得多了，眼界宽了，品位也在提高，所以今后关心读书的观众会逐渐增加，这也是我们节目能够获得进一步发展的希望。

欧阳国忠：我特别感兴趣的是你们的两句话，一句是“为2004年打造一档全新的节目”，还有一句是“从此一档另类的读书节目横空出世”，那么阿忆，这个“全新”和“另类”你怎么理解？

阿忆：2003年年底，王新生、曹征、阿忆、李李曾秘密而又紧张地开了两个多月的会，我们共同建立了这样一个原则：原来的电视读书节目，是把电视当成船，船上的货物是书，目的是用电视这条船，向观众运送一本好书。我们要革命，把书当作船，把电视节目当成货，目的是用书的信息，向观众送达一个好看的电视节目。我们看到的央视《读书时间》和《东方儿童·读书》、河北卫视的《读书》、东方卫视的《读家报道》，都是传统的电视读书节目。它们是用电视节目介绍书。而24家电视台联播的《非常接触》恰恰相反，是用书做作料，制作电视节目。所谓“全新”和“另类”，大概就是这个意思。因此我们把节目收视率放在了第一位，有人看的节目才有意义。

欧阳国忠：收视率是一个硬道理。

阿忆：对。这也是没办法，毕竟是目前频道考核栏目的唯一指标，当然也是广告主和广告商考核栏目的重要目标。

第18章 《非常接触》：电视时代的快乐阅读

——对话总策划兼主持人阿忆、制片人曹征、节目总监李李

曹征：我觉得，做电视读书栏目，首先要知道“节目读书”和“读书节目”是不同的。如果一想起做读书栏目，就想把书里面的背景啦、意境啦、文笔啦统统塞在电视节目上，那是“节目读书”，忽略了“文字”和“电视”这两种介质的不同。比如说，古诗里的许多意境是无法直接拿到电视上去的。许多东西，一定要经过百姓习惯的电视方式的“翻译”，才能铸造好“读书节目”。而在电视节目里读书，那是不动脑筋的一种方式。另外，一个好节目，打动人的是什么东西？应该是人的命运。所以我们嘉宾来了以后，在和阿忆谈笑风生的时候，谈的一些事情，并不全在他的书中。总之，我们的焦点，并不全在书上，而是穿透书中文字，经常找到书外的故事。

> 原来的电视读书节目，是把电视当成船，船上的货物是书，目的是用电视这条船，向观众运送一本好书。我们要革命，把书当作船，把电视节目当成货，目的是用书的信息，向观众送达一个好看的电视节目。

李李：我想谈一下“快乐阅读”这个概念，主要是谈一下“快乐阅读”和收视率的关系。现在电视观众非常躁动，什么样的东西能吸引他们？咱们经常说的“大气”、“品位”、“深刻”，这些东西都太虚了。那我们用什么标准来要求我们的制作人员呢？我们的方法是，告诉所有编导，我们的栏目必须有笑声！我不知道阿忆是不是天生就有一套制造笑声的办法，但他真的总可以在节目中找到笑点。比如，我们采访儿童文学大家郑渊洁，录像前我觉得跟他对话比较乏味，但一到阿忆手上，他忽然变得爱说爱笑，而且整个节目中都表现得非常智慧。所以我觉得，许多作家并不像传闻中说的那样不适合做电视节目嘉宾，关键要看他们的对手是谁。阿忆，说一下你的幽默！怎么很多嘉宾本来非常刻板，但一到咱们节目中，就不一样了？

阿忆：嘉宾的智慧是因为主持人给足了空间，对着了火儿，幽默是因为主持人首先放弃了狭隘的自尊，而所有这些的前提是，我们决不打无准备之仗。火花的碰撞和富余的空间，完全取决于主持人是否对嘉宾有着透彻的了解，是否提前准备好了层次分明的问题顺序。有了这个基础，幽默就有

了灵魂。

欧阳国忠：其实，《非常接触》是披着读书节目的皮，做一档娱乐节目。你们对这个说法同意吗？

李李：CCTV总策划阿正说过，《非常接触》是“披着书皮的人生故事”。我觉得，这至少不能算是《非常接触》的缺点，而且我们愿意承认，这是我们节目的精髓。

曹征：我们只想取我们电视最想表现的东西。如果想找到书的滋味，我觉得，还是去读书好。看电视和读书，从行为上说，是不一样的。电视再普及，也不可能替代你坐在床头看书的感觉。

阿忆：《非常接触》再重申一遍，我们是为了做一档好看的电视节目，不是为了深度理解一部著作。如果你要轻松打发一段时光，就看电视节目；如果你要深度，你就去选择直接看书。用书去体会深度，用节目体会快乐。这个革命的首要原则如果弄反了，《非常接触》就会像老式电视读书节目那样死去。我们不想死，所以我们就对“深度”革命了。说真的，快乐比深度重要。

曹征：直接吟诗是一种感觉，但要做成电视，就是另外一个感觉。比如“月落乌啼霜满天，江枫渔火对愁眠。姑苏城外寒山寺，夜半钟声到客船”，这个意境怎么体会？你秉烛夜读是一个感觉，把它画出来又是一个感觉。如果拍成电视，那100位导演有100种拍法，每个感觉都不同。所以，看电视不能替代读书，电视节目和书也不是一回事。

快乐秘籍：主持人阿忆

欧阳国忠：我觉得你们还有一个定位非常精辟，就是“在别人的书中，找出自己的答案”。这样就会把观众拉近。据说，这是阿忆的手笔。你们能否总结一下，《非常接触》最吸引观众的元素有哪些？

李李：我觉得，最吸引观众的元素，应该是阿忆。

曹征：北京电视台开编前会，《非常接触》经常得到表扬，但99%集中在阿忆身上。可以说，是阿忆的幽默、阿忆的亲和力、阿忆的才气带来了我们的荣誉。我们可以看到，国内很多谈话节目，打的都是感情牌，逗出的是观众的眼泪。但我们的节目里，只有笑声，带给观众的是轻松。这个节目在全国播出的时间，大部分都是在黄金时间，这是大家期待合家欢乐的时候。所以我觉得，欢乐的现场气氛和阿忆知识渊博的大哥哥形象是我们的主要特点。

欧阳国忠：这些“秘籍”有哪些是不可复制的？

曹征：比如说，阿忆就是不可复制的。

李李：是的。最初策划总方案由我来起草，阿忆是总策划，负责最后定夺。当时主持人人选还没确定，阿忆发过来的定稿有四条是关于如何确定主持人的：第一是必须是男性，第二是年龄必须 35 岁以上，第三学历必须是硕士以上，第四必须要有书卷气。看完之后，我心里说，这不就是阿忆自己吗！你刚刚说“不可复制”，我想，即便是我们把这四条条件公布了出去，甚至按这标准找到了主持人，那他也不会是阿忆。阿忆是这个栏目的重磅炸弹，无法复制。

欧阳国忠：你们的杀伤性武器就是阿忆？

曹征：可以这么说。我们以前做节目有一个概念，是“制片人中心制”或“编导中心制”，而在谈话节目中，实际上应当是以策划人和主持人为中心，恰恰阿忆台前幕后身兼二职。

欧阳国忠：阿忆，与您在凤凰卫视主持的《世纪大讲堂》相比，你现在主持的《非常接触》有什么不一样？

阿忆：最大的不一样是，《世纪大讲堂》是一个百分之百的“嘉宾节目”。它的成功与否，直接取决于嘉宾的质量。对于质量不高的嘉宾，再好的主持人也无济于事。但在《非常接触》里，主持人可以发挥更大的作用，施展各种技能的空间也非常大。所以，与《世纪大讲堂》比起来，《非常接触》是一个“主持人节目”。

《非常接触》主持人“阿忆”

欧阳国忠：我看了《非常接触》，觉得你的机智和幽默表现得非常充分，这在以前的《世纪大讲堂》里不容易做到。有人说，谈话节目是主持人的节目，主持人是节目的灵魂。阿忆你认为，谈话节目的主持人，该怎么定位自己？

阿忆：请允许我把话题稍稍绕开一点。阿忆是把“访谈节目”和“说话节目”严格分开的，尽管它们同属“话语节目”，都是以语言为核心手段推动节目发展，但“访谈节目”的目的是求得相对真实的答案，“说话节目”的目的是问答过程中的信息处理，因此“访谈节目”主持人更像是记者，核心任务是聆听和提问，而“说话节目”的主持人更该是明星，主要任务是“假装质疑”和对嘉宾答案进行幽默处理。这个关键界限，在内地电视节目制作界，基本是一锅糨子。我们的制作人和审片主任，常常是套用对“访谈节目”主持人的要求和标准，来判定“说话节目”主持人的好坏，这是内地说话节目绝大多数惨不忍睹的致命原因。所以，我要表达的是，《非常接触》在形式上是一个典型的电视说话节目，它的男女主持人都该是明星而不是记者，因为他们的任务不是求得嘉宾答案，而是在求得答案的过程中，对嘉宾吐出的信息进行快速有趣的纠缠。因为，他不是记者，他甚至可以贩卖一些私货，以营造宽松的谈话气氛。总之，说话节目的主持人都应该把自己定位为明星，而恰恰不是记者。

欧阳国忠：我觉得，看你的节目很过瘾，其间不断地笑，不断有冲突，偶然还有些意外收获。有时候，你提问嘉宾，会一连串问题从各个角度不放过他，直至产生兴趣点。我觉得，营造谈话节目的“谈话场”很重要，你在这上面有些什么招数吗？

阿忆：话语节目主持人的提问，按性质分类，实际只有四类半提问形式。这“半”是指推进嘉宾叙述速度的“插话提问”，我这里就不啰嗦了。其他四类问题：第一是“简单问题”，获得的是简洁信息，比如我问“欧阳你多大岁数了”，你的答案会非常简单。第二类问题叫做“诱发问题”，获得的是大段的自圆其说的自述。可以说，这两类问题，从实质上说，都是“顺向问题”，并不代表提问者的价值和水平。那么第三类叫做“递话提问”，以明知故问和将错就错的方法，获得嘉宾的更正性的辩答。比如我说，“欧阳，你好像75岁了吧”，你一定会辩答：“我有那么老吗！我欧阳生于1971年！”第四类提问，是“质疑问题”。如果你看王志的《面对面》，你会发现他使用的大量问题是“质疑”。可以看出，后两类问题属于“逆向问题”，会使用这两类问题的主持人，才会获得观众的记忆和追捧，因此他们更有意义。请注意，崔永元是使用第三类问题的高手，他带给社会的意义是笑；王志是使用第四类问题的高手，他带给社会的意义是真。按照上述序列，阿忆在《非常接触》中使用的也多是第三类问题，从而获得了幽默，最终打破了电视读书节目通常的沉闷。至于“谈话场”，我更愿意用“生活态”来解释。我喜欢在主持节目时，把生活状态下的聊天儿，自然地搬到演播室里，以换得嘉宾甚至所有录像人员的轻松。

曹征：阿忆的亲和力非常强。举个例子，凡是嘉宾，大多带有一点紧张和戒备的心态来我们节目，但他们跟阿忆聊完，都如释重负，说这个节目非常轻松，也非常高兴，愿意再来。

李李：我觉得，阿忆的“架子”只体现在他的学术上和他的文风上。在学术上，我可能找不到第二位像他这样清高的人，但他的为人，却又不是一般的亲和，就跟家里的大哥没什么区别。

欧阳国忠：我觉得阿忆的这些招数在录像现场表现得十分充分。我还发现一点，作为优秀主持人，你对现场内容的机智把握和对语言的精炼表达，都做得很到位。

阿忆：《非常接触》每星期三开例会，大家要一起研究录像方案，我拿着这个方案去录节目，基本是有备而来。

欧阳国忠：我看过葛优他母亲那期《非常接触》，阿忆怎么会知道元素周期表呢？

阿忆：我上过初中化学课呀，而且我要告诉你，我背的这个元素周期表，其实没全背对。我背的是“氢氦锂铍硼，碳氮氧氟氖，硫氯氩钾钙”，中间落了一句——“钠镁铝硅磷”——在这期节目中，葛存壮说少年时期对他影响最大的

“访谈节目”的目的是求得相对真实的答案，“说话节目”的目的是问答过程中的信息处理，因此“访谈节目”主持人更像是记者，核心任务是聆听和提问，而“说话节目”的主持人更该是明星，主要任务是“假装质疑”和对嘉宾答案进行幽默处理。

一本书是《百家姓》。对于说话节目，这个答案并不重要，重要的是我们怎么处理这个答案。按照一般的办法，可以让这位75岁的老先生背诵一遍《百家姓》，但显然，这个办法并不好玩，甚至会沉闷。于是我要求老爷子，把《百家姓》里包含表演区里几位主要人员的姓的那句分别背出来，以验其实。针对韩晓艳、周阿忆、非常向导苏京平、葛太太施文心，还有葛存壮自己，葛存壮流畅地找到该找的那句话，其间引起了阵阵欢笑。此时，老爷子余兴未尽，挥指台下，问现场观众："你们姓什么，在下都会背!"结果有位观众姓"贾"，不知道为什么，老爷子认真地背了两遍，就是没意识到"贾路娄危，江童颜郭"。于是我在他背第二遍时，迅速问自己——我还能背出化学元素周期表吗——其中"硫氯氩钾钙"的"钾"与"贾路娄危"的"贾"同音，既可以制造出奇的意外笑点，又可以借机加强主持人特殊的印记。我发现，我还能背，结果造出了那个爆笑。

欧阳国忠：大家现在都用诸如犀利、睿智、沉稳、稳定、庄重、深刻、亲切、大气、幽默、平和等风格来给阿忆定位，阿忆怎么看自己？

阿忆："犀利"不敢说，那是王志；"睿智"不敢说，那是窦文涛；"沉稳"我压根儿没有，它属于赵赫；"庄重"不敢谈，那是赵忠祥大伯的特点；"深刻"我不求这东西，那是《世纪大讲堂》的事情；"亲切"，我能做到，这属于我；"大气"我做不到，那是周涛吧；如果大家不觉得我贫嘴的话，"幽默"这东西我愿意认领；"平和"是我日常的生活状态，但在节目中我没表现出来。这样看来，"亲切"和"幽默"是属于我的东西。

欧阳国忠：你怎么看待《艺术人生》这种节目？这个节目催人泪下，很让人感动，你的节目可能感动的东西少了一些。

阿忆：笑而不哭，这是我们《非常接触》的集体共识，我很不习惯把嘉宾弄来当着大家的面哭。这件事儿对于嘉宾来说十分简单，每位演员都善于假哭，但对我却非常之难，我的天性不允许我去看一个人当众流泪，无法容忍这个人还是被我弄哭的，我的道德原则更无法容忍一个善于做戏的演员施展假哭。我们大多数人误以为，《艺术人生》和《超级访问》充满笑声，实际上，它们的笑点并不多，而主要是以感动作为利器。我自知，这是我的弱势，我的优势在于让你轻松，从头到尾的欢乐。或许，这种以笑为主要动机的说话节目，能跟《艺术人生》和《超级访问》明显区分开个性。我和王峥、朱军、李静、戴军是要好的朋友，我喜欢他们的节目，特别欣赏他们的努力，但我只能按照自己习惯的方式生存下去。

欧阳国忠：主持人要有自己的特点，不知道阿忆如何评价自己？

阿忆：我从来没把自己当成“主持人”，只是把自己当作一个“聊天者”。

欧阳国忠：当初你在凤凰卫视主要做什么？为什么后来又转战北京？

阿忆：只是做一些大型历史专题片和《鲁豫有约》这一个栏目的总策划。在《世纪大讲堂》栏目，我只是主持人。因为没有更大的发展，我便把全部的电视制作精力转移到北京久和成影视公司，担任法律顾问兼节目总策划，全力打造李立风制片人的《夫妻剧场》和曹征制片人的《非常接触》，而把天生的教学热情安顿在母校北大的新闻与传播学院，为研修班讲授《电视节目策划》和《广播新闻研究》。

如果大家不觉得我贫嘴的话，“幽默”这东西我愿意认领；“平和”是我日常的生活状态，但在节目中我没表现出来。这样看来，“亲切”和“幽默”是属于我的东西。

快乐招式：无招胜有招

欧阳国忠：一个谈话节目，需要一个基本形态。《非常接触》一开场，是《带一本书》，接下来是什么？

李李：我们现在已经没有硬性规定的程序设置了。在节目还没成熟的时候，阿忆为防止有的编导因为水平有限而被落下，精心设置了一套流水线式策划、录像、后期编辑的严格程序。首先是《书中至爱》，其次是《题审某某某》，再次是非常向导用题板的方式破译《在别人的书，找出自己的答案》，第四是阿忆宣读摘自嘉宾书中的《非常语录》。在整个节目中，还会固定穿插非常助手晓艳的两次《非常书榜》。

曹征：这些设置，除了托住理解力较低的编导，还有利于培养观众的固定期待。现在这个节目基本成熟了，这个版块也就陆续取消或被改造了。换句话，从现在开始，《非常接触》将怎么好看，就怎么做，编导不再受原有设置的任何束缚。

欧阳国忠：就是说，一档节目基本形态由几个版块组成，观众喜新厌旧，所以你们就需要创新。

曹征：武功高手出招儿的时候，是没有套路的。

李李：有这层意思，但最主要的是说，对一个成熟节目来说，实际是无招胜有招。一开始时，观众必须很容易看到清晰的板块设置，才可以很好地确认这是不是一档自己喜欢的节目。喜欢的人越来越多，节目也就成熟了，这些板块也就变成累赘了。如果不主动及时地去掉这个板块，水平高的编导和已经提高的编导就会感到束缚。

欧阳国忠：我看过节目，有一个漂亮女孩站在男主持人边上，但是她的话不多，节目是不是让帅哥配美女，来吸引观众的眼球？

李李：你说的是晓艳，现在是《非常接触》的女主持，最初我给她的定位是“非常助手”。我对阿忆屏幕形象的评价是，“长得太临时”，总觉得他的形象不清晰，比较模糊，好像再有加笔才能印象深刻，对于一档读书节目，有可能会给人枯燥的感觉，所以还是配上一个鲜亮的美女主持才好。于是我们迅速搜索。判断男主持，我没什么问题，但在女主持问题上，我觉得还是男士态度优先！最后，王新生总经理发现了北京电视台《精品生活》主持人晓艳，得到曹征、李李、阿忆一致赞赏，因为她没有北京广播学院培养出来的任何一点“播音腔”。

《非常接触》节目总监李李

曹征：我确信她绝对会是吸引观众的一个视觉亮点。我们在看电视的时候，都会有一个搜索过程，我们被吸引的第一瞬间，往往都起因于视觉审美，而与智慧无关。所以这一点上，阿忆处在劣势，晓艳优势十足。晓艳有两个特点：一个是外貌乖巧；另一个是，她不像其他司空见惯的女主持那样说话。不过，我们虽然同在一个电视台，但我对她不是很了解，王总第一个发现她之后，我去见她，觉得她并没有屏幕上那么靓丽，也不是很疯很闹。她很沉稳，有一点我们说不出来的特殊味道，正是这种味道，我们在屏幕上给她放大了，最终变成她不同于大多数主持人的特色。

欧阳国忠：你们设置了一个“非常助手”，据说还有一个“非常向导”？

李李：“非常向导”现在已经取消了。

曹征：这个角色，非常难当。他既要博学多知，又要表现适度，需要在关键时候说关键话。实际上，这个角色，阿忆担当最合适。但阿忆是主持人，很难再找到一位与他各方面水平相当的人担当“非常向导”。我们设置“非常向导”后，试了好多期，效果都不是很好，于是就取消了这个策划方案。当然，如果有合适人选，我们也许会重新设置“非常向导”。

欧阳国忠：李李说，阿忆的形象，很“临时”？

李李：我先替晓艳说几句。我觉得，晓艳挺有内涵的，她为节目做了一定的牺牲，完成了我们要求她充当的角色。看电视的人，年龄、文化水准、审美都不可能完全一样，有一些深奥问题，需要阿忆破译，但有一些相对来说比较“初级”的问题，阿忆去问，不是很合适，所以就分配给晓艳去问。但似乎这没给晓艳带来什么不好的影响。有一天，我接了一个电话，是我过去的同学打的。他说，你们每周几开策划会啊，我说周三，他说我要去参加！他就是想看看晓艳！也就是说，晓艳虽然做了一些智力形象上的牺牲，但她分寸把握得很好，所以观众似乎并没有太在意她的“幼稚”。而且，晓艳和阿忆配合得很好，这可以问一下阿忆。

阿忆：我喜欢美女，所以非常喜欢她，已经爱上她了。根据平常我对她的了解，我相信，她会越做越好，甚至比我做得好。

欧阳国忠：看了一个她的《非常书榜》，我觉得她介绍得不错。另外，男女搭配，做起节目来也不累！现在《非常接触》有多少人？

曹征：如果全算上，不少于 40 人。

欧阳国忠：那核心团队呢？

曹征：王总、我自己、阿忆、李李，一共四位。每一个举措，需要我们四个人全都同意，才可以下达实施。

欧阳国忠：你们的组织结构是怎样的？

曹征：一个是节目制作，另一个是节目营销，这两块统一在以总策划为核心的领导团队下。节目制作部，有策划人、编导、助手、制片主任、各类技术员、实习生。营销部，包括广告、发行、宣传。所以，一个节目成功，要有一个策划团队作核心，没有它，这个节目即使外包装再漂亮，编导手法再棒，也没有办法向市场发展。同时，也还需要一个好的配套团体，你这个策划再好，但没有强有力的后盾支持，没有像久和成这样非常专业、非常有远见的公司配合来经营推广，一切只是空中楼阁。

欧阳国忠：你们的嘉宾定位是名人，那怎么维持嘉宾资源，保持长久生命力呢？

曹征：如果把电视观众做一个阶级划分，我们会发现，普通百姓一定远远多于知识精英。而关注明星是老百姓的普遍习惯，于是我们就奔着这大多数人的习惯去了。当然，当观众对这个节目认可了，我们会悄悄引着他们，朝新开掘的深度选题走去。这好比我们吃饭，第一个上的是凉菜，凉菜之后是热菜。《非常接触》元旦上马后，除了台湾作家刘墉，其他均为影视明星。后来，我们开始试探着请一些编剧做嘉宾，比如《天下第一楼》的编剧何冀平女士和《别了，温哥华》的编剧高璇。现在，我们就更大胆了一些，请来了心理咨询师毕淑敏、儿童文学作家郑渊洁、哲学家周国平。所以，我们会稳妥适时地端出各种各样的大菜，希望渐渐改变口味，越吃越好。这样看，嘉宾资源不是问题。

欧阳国忠：先做明星，为了打品牌，这是一个立足点。请明星过来做嘉宾可以吸引眼球，但人们同时还对明星出书有着这样那样的指责，认为他们的书水分太大，或是枪手所做。对于这点，你们如何处理？

李李：那要看是什么明星。陈鲁豫的书写得非常好，阿忆最清楚这件事儿，那是陈鲁豫自己写的。阿忆曾说，明星书，有两本最棒，一本是《日子》，再就是陈鲁豫的《心相约》。大家都懂，明星能吸引观众，所以我们是从市场战略角度考虑，让他们暂时成为《非常接触》的主要嘉宾源。无论是他们自己写的，还是别人写他们，我们都愿意请他们到节目中来。但这不是《非常接触》的最终嘉宾定位。我们希望，各界名流都能到我们节目来，包括那些最不愿意抛头露面的职业作家。我们正在做这方面的策划。

阿忆：是我个人觉得她俩的书最好，其他的还行，有一些很烂！我想补充一点。在《非常接触》最初做总策划方案时，我们急需知道明星嘉宾资源够不够维持节目生长。我们当时只知道有那么 10 多位明星出了 10 多本书，结果我到网上检索，发现有 172 位明星出版了各式书籍。我们每年的节目是 52 期，172 位明星意味着可以做 3 年节目。而且，这些明星中有人出了不止 1 本书，比如方青卓已经写了 10 本著作，其他明星也可能再出自己的第二第三本书。再比如蔡国庆，是解放军作家写了一本关于他的书，我们照样可以把他请来，不一定是他自己写的书，不一定非得是写得好的书。我们不是说了吗？我们任务是“在别人的书中，找出自己的答案”，并不是给大家推荐这本书，而是在这本不像样子的书里，找出蔡国庆经历过的值得我们吸收或避免的经验和教训。事实上，蔡国庆这期节目的收视率，在 BTV3 的频道榜单上，高居第四位。

欧阳国忠：很多做电视的人不看电视，你们看电视吗？

曹征：当然要看！但我们看电视的心态和普通观众不一样，会看一些诀窍和技巧。我有时候真希望忘掉自己的导演身份，还原成一个普通观众来看电视。

快乐愿望：做成常青树

欧阳国忠：中国人的一些节目，因为经营模式没搞好，没有办法生存下去，最后都下马了。这是一个现实。作为一档读书节目，你们有什么好的经营模式，支撑你们的发展？

曹征：节目需要好的想法，也需要好的运作。2003 年，北京电视台科教频道希望推出一个新的读书节目，而久和成影视公司正好也有类似想法，双方又有成功合作《夫妻剧场》的光辉先例，所以就再次一拍即合。和《夫妻剧场》一样，《非常接触》也是立足北京电视台，发行到外省。北京人才荟萃，有种种优势。但北京电视台是地方台，广告规模有限，所以必须搞全国发行，增大广告量。我觉得，北京电视台自己做这档读书节目，会有种种局限，而由体制外的一家专业公司来做，统合首都各种资源和他们已有的全国电视播出资源，可能恰到好处。事实上，这两种强大的支撑力量，使这个节目拔地而起。可以说，这样的电视读书节目，头一年肯定赔钱，第二年能打平就不错，如果靠电视台目前的状况来做，恐怕很难愿意承受。所以我说我们这种盈利模式，是影视公司加联播电视台，强强联手产生了“1+1>2”的效果。

欧阳国忠：你们也成立了《非常接触》书友会，现在这个书友会，建设得怎么样了？

曹征：还在建设中。这毕竟是电视读书节目，首先关心这个节目的，是广大读书人。我们希望在每个星期六短短的50分钟播出时间之外，我们能有更大的平台跟观众交流。我们只是在筹建，下一步我们会推出各种各样的活动。

欧阳国忠：中国的电视读书节目很少，我们希望在祖国的大花园里，再多几朵花。我也了解到，像法国的读书节目，那都是红了几十年，一直做得非常好。你们对国外读书节目有一些了解吗？

阿忆：海外的电视读书节目，欧洲较多，我原先最推崇的是毕沃在法国电视二台主持的《Apostrophe》，不过这个节目在1990年宣布结束，前后成功播出了15年。1990年，毕沃在观众的热烈呼声中，开办了文化范围更为广杂的《Bouillonde Culture》，再次获得成功，至今，毕沃的头发已从青丝变成白发。这个新栏目的名字具有多重含义，有生物学上的“培养基”的意思，也有“文化杂烩汤”的意思，读书仍是其中非常重要的组成部分。在美国，我最喜欢的是黑人女主持温芙瑞的节目，任何一位嘉宾上了她的节目，就意味着这位嘉宾即将一夜暴富。由于电视读书节目的成功，温芙瑞组织了自己的书友会，影响力巨大无比。

欧阳国忠：中国大部分节目命短，这大概与中国还不成熟的制片人制度也有关系，作为制片人，想必您也很有感触。

曹征：探讨这个问题，必须回头看看中国电视制片人的发展轨迹。老北京城的布局是，前朝后市，左祖右社。老祖宗的商业模式是，前店后厂，老板一手操办。如今，时代变了，买卖做大了，要提拔掌柜，怎么办？或者从做东西的人里挑出一个，或者从卖东西的人里挑一个。今天的电视制片人，就像是刚被提拔的掌柜，什么出身的人都有，处理问题的方法全不一样。制片人恰是这样一个很杂的群体，但他们正在向专业化发展。此外，中国电视的问题，决不仅仅是制片人的问题。目前的制片人，更多的像总经理。可能他节目做得不是最好，策划不是最到位，美术设计上不是最强的，但他一定有管理能力，有判断力，能把节目组织起来。电视节目是集体合作的产品，需要各方面的专业人才。只有一个好制片人，仍然做不出好的节目。《非常接触》有非常好的策划，有成熟的编导，有非常有特色的主持人，有一大批经营人才，有在北京算不上最棒但屈指可数的包装设计部，有很得力的广告部和发行部，这个节目才能撑得起来。这些都不是一个制片人可以代替的，制片人不过是一个纽带。

中国电视的问题，决不仅仅是制片人的问题。目前的制片人，更多的像总经理。可能他节目做得不是最好，策划不是最到位，美术设计上不是最强的，但他一定有管理能力，有判断力，能把节目组织起来。

欧阳国忠：在现存的读书节目中，你们比较看好哪一个？

李李：我们把《读书时间》视为“老大”。我们曾商量过，能否和“老大”，还有其他“兄弟姐妹”聚一聚。本来我们这个电视读书节目的门派就比较少，所以更需要团结。

阿忆：坦率地讲，我对中国的电视读书节目——包括台湾和香港的——没有什么喜欢的，但“电台读书节目”却有好的。比如广州电台钟路明的节目。英达曾说，说话节目有两个必备的东西，一是幽默，一是冲突，没有这两个东西的说话节目，基本是徒有其表。对于冲突，在我们内地，因为种种限制，很难施展。但幽默这东西，大可发挥利用。钟路明像老顽童，非常幽默，所以这读书节目非常好听。

欧阳国忠：最后我提出一个问题，请诸位用一句话回答。你们三位觉得《非常接触》最成功的地方是什么？

曹征：我觉得《非常接触》最成功的时刻就是，阿忆走在街上，被人围观，说“这人不是那个节目主持人吗！”

阿忆：我个人认为，《非常接触》最成功的地方是，把同行们不大敢涉足的电视读书节目做活了。

李李：做这个节目时，我立下军令状，就是收视率必须在1以上，现在我们做到了！

欧阳国忠：我们通过一个半小时愉快的交流，通过与《非常接触》的接触，得到了非常多的有益知识。阿忆说，法国那两个电视读书节目特别棒，做了将近30年依然是常青树，我祝愿曹征、阿忆、李李三位，希望你们和《非常接触》一起慢慢变老，也祝愿《非常接触》将来会更火爆！

附录一

作者策划和操作过的大型活动代表作

一、大型评选及颁奖活动

1. 2004年5月22日，担任在人民大会堂举办的“华夏医魂电视颁奖盛典”总导演、总撰稿，全国人大常委会副委员长布赫、全国政协副主席杨汝岱为获奖者颁奖，颁奖盛典作为CCTV-7《乡约》栏目特别节目于2004年6月26日播出。

2. 任“中国新青年十大新锐人物撞击2002”大型评选及颁奖活动执行制片人、导演和总撰稿，在北京大学举行颁奖典礼，2002年5月1、8、15日节目在湖南卫视播出。

3. 与《英才》杂志合作成功举办“2001年十位最具人气企业家、十位最具价值经理人”推选活动。为活动总协调人之一。

4. 任“中国新青年十大新锐人物撞击2001”大型评选及颁奖活动执行制片人、导演和总撰稿，2001年5月节目在湖南卫视播出。

二、大型论坛

1. 2005年12月31日，为CCTV-1黄金剧场年度压轴电视剧举办“长丰汽车《铁色高原》创新论坛”。为论坛总策划。

2. 2005年11月12—13日，以一批德高望重的传媒学者、经济学家，以及相关权威机构领导为论坛指导委员会成员，携手50多家全国性主流媒体合力打造的“首届传媒领袖与企业家高峰论坛”在北京盛大举行，30余位国内传媒领袖、企业家与200余名来自全国各地的参会代表进行智慧碰撞，共享思想盛宴。为论坛发起人、总策划及秘书长。

3. 任主导演在清华大学成功录制《亲手触摸一下历史——“郭店楚简”揭秘》，主讲嘉宾为当代著名历史学家庞朴先生，2001 年 3 月 29 日节目在湖南卫视播出。

4. 任主导演在上海复旦大学成功录制《中国文化的历史回顾》，主讲嘉宾为当代著名历史学家朱维铮先生，2001 年 1 月 28 日节目在湖南卫视播出。

三、大型文化演出、文艺晚会

1. 2004 年 9 月 18 日，任《盛世中国——第二届中国时代新闻人物文艺晚会》总导演。节目于 10 月 4 日在贵州卫视晚上黄金时间播出。

2. 2000 年 9 月 12、13 日晚，湖南大剧院联合邀请著名的奥地利维也纳女子圆舞曲乐团到长沙举办“2000 年中秋音乐会”。任演出活动执行总监。

四、大型文化考察

1. 2005 年 8 月，任“舜帝文化万里行”活动总策划。

2. 2003 年 8 月，任大型文化考察活动“明驼万里行——重走丝绸之路”策划之一，并任大型纪录片总导演。

五、其他大型活动

1. 2005 年 1 月 25 日晚，由中国农业电影电视中心、农民日报社主办，CCTV-7《乡约》栏目承办的《盛世乡约-时代新闻人物》颁奖典礼在人民大会堂举行。 与第十届全国政协副主席周铁农、农业部副部长范小建、公安部原副部长罗锋、农民日报社社长张德修等作为颁奖嘉宾为获奖者颁奖。

2. 2002 年 9 月 10 日，湖南卫视《新青年》迎来了它的三周岁生日，为此策划并在深圳录制了一组名为《寻找金一代》的系列特别节目。

3. 2002 年 4 月，为 TCL 集团成立量身定做《青春与成就》之“人才篇”、“企业篇”特别节目。

附录二

作者近期应邀作主题发言的传媒论坛及研讨会

1. 2005 年 12 月 31 日，主持“长丰汽车《铁色高原》（CCTV-1 黄金剧场 2005 压轴电视剧）创新论坛”。

2. 2005 年 11 月 12—13 日，主持由典盛传播独家创意、50 多家全国性主流媒体合力打造的“首届传媒领袖与企业家高峰论坛”。

3. 2005 年 10 月 27 日，应邀参加由腾讯网主办的“中国网络新传媒区域合作高峰论坛”，并作《互联网媒体服务的区域化趋势》主题演讲。

4. 2005 年 10 月 23 日，应邀参加传媒人俱乐部主办的“2005 中国传媒高层沙龙论坛”，并作《新锐媒体与商业媒体》主题演讲。

5. 2005 年 10 月 19—21 日，在国内第一个全国性的媒介广告行业年度交易会——中国广告媒介年度代理、采购洽谈会论坛上，作为特邀嘉宾主持分论坛“把蛋糕做大——共建和维护中国广告市场的良好生态”。

6. 2005 年 10 月 15 日，参加“移动学习 MEONE”网站可行性论证会。

7. 2005 年 8 月 16 日，在由《时代人物周报》主办的“人物类媒体：现实与前景”主题研讨会上作《如何打造报刊的产业链条》的主题讲话。20 多位国内人物类媒体领头人、专家学者参与研讨。

8. 2005 年 8 月 2 日，为银汉传播全体栏目制片人（北京电视台生活频道大部分栏目）作大型活动方面的专题讲座。

9. 2005 年 7 月 23—24 日，应中国社会科学院世界传媒研究中心和东方未名传播研究中心之邀，在“2005 中国大型活动制造暨传媒影响力营销论坛”上，作《大活动提升大活力——以湖南卫视“超级女声”为例》的主题演讲。

10. 2005 年 7 月 2 日，应秦皇岛广电局之邀，为秦皇岛电视台人员作

《香港电视媒体的新闻流程管理及启示》主题讲座。

11. 2005年6月18日，在由中央电视台研究室、重庆电视台、中国广播电视协会西部研究基地和四川大学新闻学研究所等单位联合举办的“电视制片人与中国电视传播的改革发展”理论研讨会上，作《栏目管理与节目创新》主题演讲。

12. 2005年6月1日，在“北京电视台《5味人生》节目创新研讨会”上作《节目创新的新方法》主题发言。

13. 2005年5月22日，应湖南大学新闻与传播学院之邀，在其成立十周年庆典大型学术活动“第一届中国·岳麓传媒与文化产业国际论坛”上，作题为《有效传播是媒体的核心竞争力》主题演讲。

14. 2005年5月17日，与贵州省委常委、宣传部部长李军，贵州电视台副台长白方芹等“多彩贵州”活动组委会一行探讨“大型活动与文化产业”。

15. 2005年4月21日，在由人民网、斯坦国际、《福布斯》主办，《第一财经日报》、《环球企业家》、《新京报》、《经济观察报》、《财经时报》、《互联网周刊》、《南方周末》等协办的“第二届中国传媒投资年会”上作《新媒体面临新机遇》的主题演讲。

16. 2005年3月11日，在“中国列车移动电视广告营销高层座谈会”上与10多家4A广告公司的业界知名人士，以及中央电视台的有关负责人一起探讨。

17. 2005年1月13日，在“CTTV（中国列车移动电视）节目构建与运营研讨会”上与原中宣部文艺局局长梁光弟、中国电视艺术家协会张德祥、中国人民大学新闻学院副院长喻国明、清华大学尹鸿教授、中国传媒大学黄升民教授等20多位专家一起交流。

18. 2005年1月12日，出席中国第一部由电视台、网络、列车电视同期播出的贺岁电视剧《萍水相逢过大年》的新闻发布会，并作主题发言。

19. 2004年10月29日，接受中南大学文学院欧阳友权院长颁发的兼职教授聘书之后，为该院研究生首次讲课。

20. 2004年10月16日，为河北电视台名牌栏目《猜中彩》做改版方案。

后记

没想到和想要做

读小学时，每天走在上学的路上心里就会想山外是什么，山外的山外又是什么，如果哪天能去探个究竟该多好，一念及此，心情就会变得像蜜蜂遇到了花丛一样。没想到，我会走出山窝窝，并在大学暑假，像江湖游侠一样“千里走单骑”，一路领略祖国的锦绣河山。

中学时代，我一想到香港和澳门回归的日子，就似乎看到了人间美丽的天堂一样。没想到，那一天我会作为一名记者亲赴香港和澳门见证这一伟大时刻。

没想到，在大学里天天与化学实验打交道的我，后来会与创意产业结下不解之缘，并在中国创意产业发展的黄金机遇期创建了北京典盛文化传播有限公司。

没想到，从我们这一代开始会用上手机、互联网、数字电视……

没想到，我们会见证神舟飞船上天、2008 年北京举办奥运会、2010 年世博会莅临上海……

有太多太多的没想到正在我们眼前发生，因为历史的巨轮正以前所未有闻所未闻的速度在向前奔跑。

这是个制造传奇故事的时代！当然也是个英雄辈出的时代！雷石东、默多克以及迪斯尼创始人沃尔特·迪斯尼等在极短的时间内缔造了一个又一个传媒神话。在中国，盛大网络陈天桥将“传奇”游戏在极短的时间内真正做成了国际水准的“传奇”故事，还有像网易丁磊、搜狐张朝阳、分众江南春、百度李彦宏、腾讯马化腾、阿里巴巴马云等许多新生代也都在讲述着自己与这个时代的传奇故事。

想到，做到，最后才有可能得到。不停追梦的人，才有可能梦想成真。

“资本的时代已过去，创意时代在来临。谁占领了创意的制高点谁就能控制全球！主宰21世纪商业命脉的将是创意！创意！创意！除了创意还是创意！”未来学家托夫勒这样预言。其实，日本人早说过“独创力关系到国家兴亡”，韩国人也讲过“资源有限，创意无限”，新加坡早把“下一个繁荣”寄托于创意产业，英国国会在1998年就提出“人民的想象力是国家的最大资源”……当全世界创意经济每天创造220亿美元产值的时候，中国的创意产业却还刚刚起步。而另一组令世人眼前一亮的数据是，中国人口占世界1/5的迷人市场和中国人在境外人均购物达987美元（2005年统计）的超强消费力。

创意改变生活，创意改变品质，创意改变世界。韩国政府对文化产业采取扶持政策，不到十年，就形成了强劲的“韩流”。美国的文化出口更是席卷全球。目前我国政府正对创意经济显示出浓厚的兴趣，并对设计、网络、游戏、艺术、文化、品牌等领域做了规划，把它定义为中国的“创意产业”。“文化搭台，经济唱戏”的话音还未落，如今又有人高呼“文化将成为经济的驱动力”。

也许有人会抱怨，在中国发展创意产业的条件还有这样那样的不足。但是，我想正因为制度安排上还有诸多的不如意，市场游戏有这样那样的不规则，才有需要我们去改变的价值需求和发展机遇。想象空间决定发展空间，创意产业最迷人之处便是可以实现非常规非线性跳跃式的发展。2005年底，专注于创意产业的典盛传播应运而生，并从诞生的那天起就开始尝试着讲述属于自己的精彩故事……

在激烈的全球化竞争格局中，对于公司这样一个经济生命体而言，思路决定出路，蹲位决定地位，布局决定结局。典盛传播标识的构成元素是：一个打太极拳的人在“玩”转地球，整个看起来又像一个象征中国文化的中国印。“拳无拳，意无意，无意之中是真意”，这就是八卦太极的绝妙之处。正如典盛传播标识所诠释的那样，他将立足中国交流国际，立足现实追求长远。

拼抢机会就像百米赛跑，靠的是爆发力和速度。成者王，败者寇。许多机会很多人都能想到，谁跑在前面，谁就是胜出者，谁就能成为屈指可数的行业英雄。典盛传播，传播典盛。典盛传播的近期目标是依托大型活动和环球活动网(www.hhddw.com)，在一年时间里塑造出一个有分量和号召力的品牌，三年时间实现大的飞跃，概括成一句话讲便是“起步 2005，奔跑 2006，腾飞 2007，扩张 2008”。

经营则如同马拉松赛跑，靠的是耐力和韧性。大浪淘沙方显英雄本色，笑到最后才是真英雄。典盛传播将在追求“专注、专业”的基础上，不断通过创意整合资源，始终保持奔跑的思考者姿态，坚持与客户同心，与科技共舞，与时代同步。

有德才能得，人立则事达。即所谓“小成靠智，大成靠德”。典盛人一定是要有社会责任感的人，典盛传播的远景目标就是做一个有责任感和使命感的百年文化企业。典盛信奉“合作是一种相互给予”，典盛推行的是“坦诚是减低沟通成本的最佳方式”和“让客户受益的同时自己也受益”的做事原则，典盛追求的是“奔跑的姿态离理想最近”的精神特质。

本书关注的是中国电视栏目的管理与内容创新，而影视制作与传播恰恰是创意产业的重要组成部分。欧洲可谓是全世界新电视节目的研发中心，如席卷全球的真人秀和益智类节目等都是在那里原创出来的。如今，节目模式的研发和版权交易在全球范围已形成一个巨大的产业。而在中国，目前还没有一家专业的新节目研发机构，有几个观念先进的影视集团设立了节目研发部，也因为缺乏市场运行机制和专业人才而流于形式。典盛传播旗下的文化产业研究中心将与众多签约专家一道，为中国本土原创节目的研发、生产开辟一条新路子。

创新意味着第一个吃螃蟹，虽有风险但意义却不言而喻。立志成为创意产业领跑者的典盛传播，今后肯定会创造更多的第一。典盛传播同时坚信，从“中国制造”到“中国创造”，从“克隆”、“模仿”到“自主创新”，融入东方智慧的“创意中国”新构想和文化产业新浪潮，必将开启中国经济的新篇章。

借此机会，我要特别感谢中国电视艺术家协会主席杨伟光老师、中央电视台研究室主任王甫老师、北京师范大学艺术与传媒学院院长黄会林老师、清华大学新闻与传播学院副院长尹鸿老师、四川大学新闻传播研究所所长欧阳宏生老师等一大批专家、领导对我的鼓励与支持。感谢已是第二次愉快合作的南方日报出版社。感谢为此书的文稿整理付出许多精力的我的同事和朋友史红涛。感谢我的另一半简海燕博士。当然，要感谢的人还有很多很多，朴素的感情才是最真挚的，我在心里默默地祝福大家——祝你们无论是在事业上还是在生活中，一切顺心顺意！而且还要过得有创意！

在这个制造传奇故事的时代，故事到了哪一步不重要，关键是要讲得精彩！

欧阳国忠
2006 年 1 月 18 日于北京奥运居